近現代の日本文化

新保 哲 編著

北樹出版

はしがき

　私が文化女子大学で担当する大学院では、「比較文化研究」は数年前までは「地域文化研究」（日本文化）〈演習〉と「地域文化研究」（日本古代・中世・近現代の文化）〈講義〉という表記で科目が示されていた。そこには「日本古代・中世」の文字が明記されていた。ところが、今では「近現代の文化」だけの表記法となり、さらに大きく変わった点は「地域文化研究」が「比較文化研究」に名称統一されたことである。学部ではつい数年前、文学部が現代文化学部に改名された。このことは今の日本の教育指導の方向路線のあり方を暗示している様である。

　つまり、近年の地球的グローバル化の影響をうけて、国際社会、国際文化のなかでの比較文化を求められることを方向・意味づけられ、また、古典教養科目が少しずつ削られている現状でも理解できる。今年2009年から、本学では「古典文学」の教養科目が消えていったこともその一証左であろう。たしかに時代が現代に近づけば近づく程、人物も思想や文化も身近に感じ取れ想像し易いのも事実なのだが、果たしてそれで良いものか疑問が残る。

　ともあれ、そこで若手執筆者の先生に聞いてみたところ、最近の一般的傾向として担当科目のシラバスの記述内容が古代・中世期またはいわゆる古典教養という世界から離れ、できたら近世・近代・現代に関する講義への切り替えが求められているというか、少なくとも間接的にはそうした印象を感じていることを言っていた。

　それならばいっそのこと、近世・近代・現代を併せて〈近現代〉に限定し焦点を絞り込んで、思い切って一冊の日本文化論に纏めてはと私は考えたわけである。丁度そのとき、いつもお世話になっている北樹出版の代表社長・木村哲也氏から新しい企画内容で日本文化に関する専門性が備わった大学生向きテキストと一般的啓蒙書を兼ねた本を出したいという、嬉しい話を直接うけた。まさにこれぞ渡りに舟である。

そこで考えてみると、研究対象を近現代を中心になされている各執筆者は私を除くと6人もおり、また、私のように鎌倉新仏教を専門領域と建て前上は称しても、近現代に関する人物の思想史の論文は数少なくはない。同時に、他の先生方も容易に執筆が十分に可能な研究者であることもあって、『近現代の日本文化』という本題となった。年代は30歳～60歳代で平均的にバランスがとれていることも書き添えたい。

本書の各執筆者の専門分野は多種多彩であるばかりか、実に多士済々である。たとえば執筆順に紹介すれば、私は日本思想史・比較思想史、小林奈央子先生は文化人類学・宗教学、米田達也先生は日本思想史・日本仏教史、岩瀬誠先生は日本宗教思想史・日本神道思想史、大橋康宏先生は教育心理学・人間学（担当科目）、笠井哲先生は日本文化史・技術者倫理、和田真二先生は宗教学・近代仏教学、そして村島義彦先生は教育思想史・教育人間学である。本書の内容は宗教、歴史、文学、心理、哲学、倫理、科学、芸道、教育に関し多義にわたる。

以上から通り一辺倒ではない本書の特色とユニークさがご理解いただけよう。改めて纏まった全体の書き下ろしを私は通読して見て、各氏の自信作品の編集となった感をいっそう強く覚えた。と共にその労苦に対し感謝の気持ちで一杯となった。一言お礼申し上げたい。

最後に、北樹出版の取締役社長の木村哲也氏、編集で何かといつもお世話になっている古屋幾子さんには、ここに厚く感謝とお礼の言葉を申し上げたい。

2009年3月3日

新保　哲

目　次

はしがき ……………………………………………………………………… 3

第1章　古代から近現代の信仰／宗教 ………………………………… 11
第1節　修験者と霊山 ……………………………………………… 11
第2節　修験道の霊山行場 ………………………………………… 13
第3節　山岳信仰から見た山伏修験 ……………………………… 14
　　1　修験道とは何か　14
　　2　修験道と道教　19
　　3　山伏修験道に見る装束　24
第4節　役行者 ……………………………………………………… 25
　　1　『日本霊異記』に見る役行者　25
　　2　役行者および修験道の特色　29
　　3　役行者に関する記録　31
第5節　御嶽信仰 …………………………………………………… 34
　　1　御嶽信仰の歴史　34
　　2　「里の行」を中心とする信仰活動──御嶽講と御座　36
　　3　御嶽行者の行　39
　　4　里にありて山を思う──御嶽信仰のこれまでとこれから　41

第2章　近現代の思想／宗教 …………………………………………… 43
第1節　富永仲基と思想批判の学 ………………………………… 43
　　1　客観的な視座と「加上」の説　43
　　2　言語・民俗の類型と「誠の道」　46
第2節　清沢満之の宗教思想 ……………………………………… 49
　　1　宗教哲学の誕生　49
　　2　精神主義と宗教の近代化　52

第3節　古沢平作と阿闍世コンプレックス …………………………………… 56
　　　　1　エディプス・コンプレックスの座標　56
　　　　2　阿闍世コンプレックスと日本人　59
　　第4節　植村正久の神道理解 ………………………………………………… 62
　　　　1　信仰の形成と展開　62
　　　　2　植村の神道理解の諸相　67
　　　　結　び　70
　　第5節　日本的キリスト教徒佐藤定吉の宗教観 …………………………… 70
　　　　1　信仰思想の形成　71
　　　　2　佐藤定吉の神道理解　74
　　　　結　び　78

第3章　近世日本の社会と元禄文化―西鶴、芭蕉、近松の挑戦 ………… 80
　　第1節　時代的背景 …………………………………………………………… 80
　　　　1　近世の時代　80
　　　　2　封建社会と貨幣経済の進展　82
　　　　3　「忠臣蔵」とその周辺　84
　　　　4　元禄文学の背景　86
　　第2節　井原西鶴と浮世草紙――町人文学の誕生 ………………………… 89
　　　　1　生　涯　89
　　　　2　作品紹介　91
　　　　3　西鶴の挑戦　100
　　第3節　芭蕉――風雅への挑戦 …………………………………………… 101
　　　　1　生　涯　101
　　　　2　作品の紹介　105
　　　　3　芭蕉の挑戦　120
　　第4節　近松門左衛門と人形浄瑠璃 ……………………………………… 121
　　　　1　生　涯　121
　　　　2　作品紹介　122
　　　　3　近松門左衛門の挑戦　132
　おわりに ………………………………………………………………………… 133

第4章　近現代の倫理／科学技術 …………………………………… 135
第1節　福沢諭吉における道徳教育と科学技術 ………………… 135
1　福沢の道徳教育　　135
2　福沢の道徳観　　136
3　独立自尊　　139
4　自然科学への啓蒙　　140
5　技師の徳義――技術者倫理の先駆的思想　　141
第2節　三木清における行為の哲学としての技術哲学 ………… 142
1　環境適応と技術　　144
2　生産と技術　　145
3　主体と環境　　146
4　『哲学入門』の技術論　　147
5　主体的かつ客観的なものとしての技術　　148
第3節　戸坂潤における科学的道徳と技術的精神 ……………… 150
1　科学的道徳の提唱　　150
2　科学的精神・技術的精神に関する著作　　153
3　戸坂の科学論　　153
4　戸坂の技術論　　154
第4節　下村寅太郎における精神史としての科学論 …………… 157
1　方法としての精神史　　159
2　数学の精神史　　160
3　近代科学の精神史　　161
4　下村の現代性　　163

第5章　近現代の禅文化 …………………………………………… 165
はじめに ……………………………………………………………… 165
第1節　禅文化の七つの特色 ……………………………………… 169
第2節　禅の美 ……………………………………………………… 174
第3節　禅と芸道 …………………………………………………… 179
1　禅と武士道　　179
2　禅と茶道　　184

第4節　禅と詩歌 ………………………………………………………… 188

第6章　近現代の教育 ……………………………………………………… 198
　　プロローグ　　198
　　「死」を語る　　200
　　「苛（いじめ）」を語る　　214
　　エピローグ　　228

近現代の日本文化

執筆者・担当一覧　　　　　　　　　　　　　　　　　　　　　　　　　　（執筆者）

新保　哲（編者）	文化女子大学現代文化学部教授・博士（文学）	第1章第1〜4節
小林奈央子	慶應義塾大学文学部非常勤講師	第1章第5節
米田　達也	中央大学文学部非常勤講師	第2章第1〜3節
岩瀬　誠	立教大学文学部非常勤講師	第2章第4・5節
大橋　康宏	山陽学園短期大学教授	第3章
笠井　哲	福島工業高等専門学校教授	第4章
和田　真二	帝塚山学院大学人間文化学部非常勤講師	第5章
村島　義彦	立命館大学文学部教授	第6章

第1章　古代から近現代の信仰／宗教

第1節　修験者と霊山

　平安末期になると、天台・真言系の修験教団が形成され、修験道と等しく大峰・葛城・箕面・金峯・熊野の霊山を根本道場とするようになる。したがって、平安時代頃から末期にかけて山岳信仰としての修験道は飛躍的に大いに発展期を迎えた。また、諸方霊山を渡り歩き、頭陀抖擻(ずだとそう)に専念するいわゆる修験聖なる者も多くなる。

　そうした山村修行者の流れをくむ者から平安仏教は密教が主流となっていくのだが、そうした密教の験者修徳たちのうちに山林修行によって験を修めて加持祈禱に優れた者が、修験者と呼ばれるようになっていった。これが「修験」の名の起こりである。密教系修験者も含め、彼らは山に伏(臥)して修行するから「山伏(臥)」とも言われ、山岳修行に勤しむ修行者たちを指して総じて呼ばれるようになった。また修験道の行者は、一般的な仏僧の装束とは一見異なり、中世から民間に定着したが異様に映る服装は非常に独特な装束や道具類を身に着ける。そうした装束や道具は、嶺入り(みねいり)(入峰(にゅうぶ))修行において山岳の険しい場所に入っていくためには欠かせない便利な服装であり身にまとう道具であるばかりか、深遠なる神仏の教えを象徴する聖なる法具でもあった。たとえば、修験者が腰にぶらさげている「引敷」(ひっしき)というものは、厳しい修行で霊山を駈け廻る抖擻中、一時休憩する際、雪の上や濡れた所でも腰を下すとき、保温性と濡れ汚れるのを防ぐ最も軽装な便利極まりない道具である。のみならずこの「引敷」には「仏の乗り物の獅子を象徴し、その獅子の上に腰をおろす自己は正に仏そのもの(即身成仏観)だ」とする密教思想が存在するが、それは置いて

おき、一般人から見て山伏修験者が必ず身から離さず常に装備する「引敷」は修験とイコールで結ばれて、これをもって山に伏す姿とイメージ的に捉えられている部分もあると考察されよう。ついでに修験者が身に着ける「山伏十二道具」とは、法螺・頭襟・斑蓋・結袈裟・鈴懸・錫杖・金剛杖・最多角念珠・笈・肩箱・引敷・脚絆の12種からなる。

　要するに、時代によって修験者・客僧・験者・行者と様々に山岳修行者は呼ばれたが、一般的には文献などから理解して奈良時代では優婆塞・禅師・沙弥で呼ばれており、天台・真言の山岳仏教が盛んな平安中期以降は山伏・聖と呼ばれていた。彼らの特色は、特定の寺院に所属せずに専ら山林での抖擻に見る遊行性と、もう一方で特定の洞窟や岩穴に閉じ籠って、瞑想修行による悟りを目指し、「見仏」「即身成仏」体験を求めたのである。また天台系・真言系の山伏修験系の教団組織が確立された近世になると、特に入峰度数が決定的に山伏の資格とされてくるようになる。その基準は奥駈けの回数によって決まる。加えて思想・信仰の面から見落としてならない点は、たしかに役行者が山伏の祖と尊称されるが、修験道という広義的な立場から全体を見た場合、簡潔に表現して「釈尊が修験道の本師・教主である」という結論に結び着く。つまり修験道と言っても、本源を尋ねて行くと、役行者に行き着き、さらに古代の原始修験道（山岳宗教・山岳信仰）に辿り着き、最後に帰着する本師・教主は釈尊ということになるのである。したがって、「修験」から「修験道」と広義的にその世界の宗教を解釈理解すると、修験道とは釈尊を「本師」「教主」と崇め、帰依し、その覚りに到達されるまでに行われた修行を模倣し、峰中において十界修行を行う、いわゆる山岳仏教信仰だと言えよう。一説の伝承によれば、修験道の根本道場である吉野・大峰山は釈尊が説法された霊鷲山の東南の角が日本に飛来し、鎮まった御山だとされる。そして大峰山中において山上ヶ岳で役行者が祈り顕わされ「見仏」された修験道の本尊つまり金剛蔵王権現は、釈尊がもろもろの衆生の悩みを救い摂らんとする慈悲心から起きた決意を現わす処の忿怒身に他ならないと説く。以上の如く、山岳修験道とか山伏修験道といっても、山岳仏教であり、覚りの境界や修行、神々の守護、本尊など、修験道の思想体系

から捉えると究極に行き着く人物は釈尊でありその師表となる。

　そこで、纏めとして「修験道のおもな法流」と「修験道のおもな霊山」についてここに補足説明的に記述しておきたい。

　奈良時代に生きた役行者が開山したとされる葛城山・金峯山・大峰山を修験の霊山行場とされるがそれからさらに溯って古代になると仏教信仰が介在しない山岳宗教・信仰があり、それは仮に通称「原始修験道」と言われる。そうした法流から連綿と受け継がれ、一時途絶えても再び復活し現在に残る修験道の法流は、すべてを網羅できないが、大方、下記の名称で呼ばれている。すなわち、南都修験、金峯山修験・当山派修験（醍醐寺）、児島修験、本山派修験（聖護院）、羽黒修験、日光修験、白山修験、英彦山修験、その他、石鎚・立山・木曽御嶽など各地国峰道場の修験道等、独立した本流の修験は9、その他大きな組織形態を持たない修験の愛好者の拝登参詣を目標にした「本教」「大教」「山派」「教」「派」「神社」と名の付く小集団が複数存在する。

第2節　修験道の霊山行場

　また、「修験道のおもな霊山」とされ、一般に広く知られるものに、下記の様な霊山行場がある。すなわち日本列島の北から南に順次その山の名を挙げると、恐山、岩木山、早池峰山、出羽三山、葉山、日光山、高尾山、武州御嶽、赤城山、筑波山、大山、箱根山、伊豆山、富士山、秋葉山、八海山、飯縄山、戸隠山、木曽御嶽、立山、石動山、白山、比良山、愛宕山、笠置山、金剛山、葛城山、吉野山、熊野、友ヶ島、伯耆大山、三徳山、厳島弥山、石鎚山、剣山、英彦山、六郷満山、求菩提山、宝満山、背振山、阿蘇山などである。

　先に「修験」の名の起こりと「山伏」について言及したが、そのことは何も密教の験者に限らない。それは神職も陰陽師であっても、山岳修行をする身ならば修験とか山伏と見なされることもあったという事実は無視できない。

　たとえば室町の戦国期、江戸期になると宿坊を経営する御師という修験のグループがいて、旦那たちは中間役の御師に祈禱を取り次いでもらう。そうした

修験の先達が時には念仏聖であったり、陰陽師であったりして多様化していくのである。そうした先達を御師を通して別当(職)が掌握していく、山伏修験道の教団の組織が特に室町期・江戸期に発展形成されていくのである。それは、やがて伊勢にも羽黒にも、日光にもというように、いろいろな諸霊山に伝わっていったのである。

第3節　山岳信仰から見た山伏修験

1　修験道とは何か

　ここで山伏修験道の特色について様々な角度から考察してみたい。つまり、それは一言で言って修験道とは何かという問いである。これに関しては、いわゆる「山伏問答」の内容表現が最もそのことを的確に意味している。山伏問答とは、採灯護摩道場に他山の山伏が来山し、採灯護摩への参列を申し出るが、それが本物の山伏か否かを見極めるために様々な問答が交わされる。そうした修験道の教えが説かれたものである。この問答は『三十三通記』という修験道の口伝集をもとに作られたもので、修験者が心にとどめ置くべき教えが簡潔な文言のなかにすべて練り込んであり極めて優れた内容と成っている。乙が「そもそも山伏の義、修験道の義は如何に」と問うと、甲は「山伏とは山に伏し、野に伏し修行する心なり。山は三身即一、伏とは無明法性の義、しからば真如法性の山に入り、無明煩悩の敵を降伏するの義なり。修験道の修とは苦修練行、験とは験徳を顕わすなり。」と答える。

　山林修行の実践者として、山伏・山臥・修験・修験者・客僧など、何通りかの名称が知られている。こうした山林修行者に関する様々な呼称については、15世紀末頃に修験道教義が整い始めて以来、近世にかけて字義解釈が展開された。また山伏の独特の装束衣体の出立ち姿、すなわち頭に頭襟、身に鈴懸(法衣)をまとい、結袈裟をかけ、腰に貝の緒と引敷をつけ、背中には道具箱の笈を負い、手甲、脚絆といった出立ちで、念珠・錫杖を持ち、法螺を吹く山伏像をわれわれはイメージする。それについても派によって様々な宗教的な意

味付けがなされてきた。山伏とは「野に伏し、山に伏す」ところから名付けられる呼称であり、原始的で野生的な荒行を生命をかけてのダイナミックな修行、身体をはっての精一杯の極限までの修行の行者をまず想像する。そして山伏行者は山ふところにひろがる険しい山岳の谷や頂上の峰を行場にして、次から次へ峰中修行を続けながら、山頂登拝を目指し練行する姿を私は心に描いてみる。山伏修験者たちの心底には、「山は権現」「山は仏の世界」と見て、「我は仏と一体と成り」切った仏人不二・神人不二の宗教観・自然観・宇宙観を悟道体得するとともに、その神仏の功徳を身に付けた行者の加持力をもって一切の苦しむ人たちの身心の癒しのみを心に念じ「実修実証」する、炎が燃える如き行者の願い目的がある。

　江戸時代になると、幕府は正体のつかみ難い山伏を、何とか統御したいと考え、慶長8（1603）年に「修験法度」を出す。それは修験道を大きく本山派と当山派に分けた。本山派修験とは天台宗寺門派の修験を指し、熊野は修験の道場として栄え、羽黒、日光、白山、立山、伯耆大山、彦山（英彦山）など各地の修験霊山にも熊野権現が勧請された。この熊野修験は天台宗寺門派の三井寺（室町中期以降は聖護院）の重代職とされ熊野三山検校に掌握され、戦国期には本山派と呼ばれた。当山派修験とは真言宗の修験を指し、近畿地方の霊山に依拠した修験の行者講の流れの先達衆を醍醐三宝院が各地の山伏を掌握し、それは当山派と呼ばれた。当山派では醍醐の三宝院が吉野の鳥栖の鳳閣寺で、日食や祈雨の修法に優れた験力を示した聖宝理源（832～909）大師が恵印灌頂を始めたという伝承を根拠に勢力を伸ばしてきた一派である。しかし実際は本山派・当山派のどちらにもつかずに、独自の峰入りを行ってきた、東叡山の輪王寺門跡の配下にあった吉野の金峯山寺や山形の羽黒山、日光などがあった。『修験道法度』が幕府より公認することになり発布されると、それに抵抗したのは東北地方の羽黒山と九州地方の英彦山であり、その結果は寺社奉行の決裁により英彦山は「天台修験別山」であると公認される。元禄9（1696）年のことである。その他の修験道としては、最澄の天台密教の流れを引く相応（比叡山回峰行者）——叡山三塔の巡礼と葛川山籠を中心とする山門派の修行形態の千日回峰

行——の山岳修験もある。と同時に先に一言触れたが、この流れと合流する独立する修験道一派を持つ金峯山修験本宗（総本山金峯山寺）がある。これは天武天皇の元(673)年に役の行者によって「金剛蔵王大権現」を感得され、それを役の行者を開祖として修験の発祥の地とするもので吉野の金峯山寺蔵王堂を中心に拠点として門戸を開いて、今や日本に限らず世界に向けて山岳修験道の蓮華入峰を実施するとともに、そうした修験の世界を大きく発信している。

なお、修験道と何らかの関係がある修験道系の寺院・教団・教派は現在の所、総数54を数えることができる。

修験道は一般には日本古来の山岳信仰がベースとなって、それに神仙道、シャーマニズム、原始神道、道教、呪禁道、雑密、陰陽道、仏教の影響が加わって、平安朝末期頃にひとつの宗教体系を作りあげていった。そこで、霊山と古代から民衆に敬われ尊崇されてきた信仰の山を舞台にして山林修行者たちが、いつしか修験道の行場として「峰入（入峰）」するようになった山岳信仰の場・彦山について、開山伝承を辿ることにより、修験道が外来の諸宗教の信仰や思想を取り込み、その影響を受けながらも山岳信仰としての独自な修験道を築いて行ったかを理解したい。

山岳信仰の視点から山伏について考えると、山伏とは何かを定義づければ、簡単に言って、山岳に登拝修行し、そこで体得した験力をもって、加持祈禱の呪法を行う行者という事になろうか。そこで、このような行者が日本の社会に現われたのは、いつ頃、どうしてであろうか。これを理解するには、一般人の山岳信仰のことを顧みておかねばならない、そして以下の様に民俗学者和歌森太郎氏はその著書『山伏——入峰・修行・呪法』（中公新書）のなかで記述している。

「山岳信仰とか山岳崇拝とか呼ばれるものは、かくべつ日本人のあいだばかりでなく、多くの民族に、いわば世界的に、原始信仰の一つとして保たれてきたものである。天に対する信仰は、農民だろうが、漁民だろうが、あるいは放牧の民だろうが、それぞれの生業との関連において抱かれてきた関係上、その天と人界とを結びつける媒介点として、山の頂はとかく神秘に見られがちであった。

天界には神がいる。その神が人の世界に降臨するときには、まずもって山頂にその拠を占めると考えられた。したがって、山の頂にはしばしば祭場が設けられた。日本のような、どこの土地に立っても周りを見わたせば山が仰がれるといったような列島の地形の上では、当然、山に対する関心がもたれやすい。〔補記──日本海沿岸には霊山とあがめられる山々が多い。海上から山アテの名山（霊山）として数えられるものを見ると、日本海沿岸の山が目立つ。それは、青森県から九州の対馬までネットワークを張りめぐらせたかのように、ほぼ一定間隔で分布する。それには北から、岩木山、太平山、男鹿の真山・本山、鳥海山、大山（山形県）、金北山（佐渡島）、弥彦山、米山、立山、石動山、白山（石川県）、伯耆大山（鳥取県）、焼火山、高山（山口県）などがある。これに対して、太平洋側では関東や紀伊半島で集中的な分布をみせている。〕……日本民族といってもいろいろの種族の混成だが、そのひとつの、しかもかなり原始段階に列島に寄りついていた種族であれば、死人の行くべき冥土は海の彼方に考えられたであろう。海、つまりアマの遠くに行ってしまった霊は、やがて天としてのアマに往生するのだと考えられていた。そうしたアマに赴いた祖霊も、子孫のところに訪れるときには、海辺に近い山の頂を介しておりてくるのだと考えられていた。……これに対して、稲作を主として、やや内陸部にわたって分布した種族は、死者の霊は直接山に入っていくと信じていた。……山陵という言葉は中国の言葉にもあったわけだから、べつに死者の世界を山と見ることは日本独自のものではなくて、古く中国人のあいだにも行われていたろう。」

　日本人にとって山とは特別な意味があった。それは死んだあとに黄泉の国に赴く処であり、それは人の遺骸を山中深く、また古墳に見るような丘を造って墓所とする日本人の古い習俗となって現れている。つまり高い処にある山を死人の世界と見、死者の霊・祖霊が山に集まる、一種の冥界として厚く信仰した。霊山に神霊がいるとの一般的な観念を前提にして、死者の霊も山にいると縄文人・弥生人は考え、さらに原始古代人も恐らく神・死者在す山として、特別な畏敬の念をもって信仰の対象として山を仰ぎ眺め想いをはせたことと想像する。そこに日本の原始山岳信仰があった。

　翻って元に戻り、修験道とは何か、という問いを改めて考察してみたい。それは字句通りに理解すれば、験を修める道のことを顕わす。ではその験とは何

か。

　たとえば羽黒山の例で言えば、松例祭のときに、100日間の冬の峰の修行をした2人の松聖が、験比べをして、修行で体得した超自然的な力を競い合う一場面がある。それは自分自身が神になり、神の力を用いて摩訶不思議な験徳験力を顕わすことが験だと言えよう。西行法師 (1118～1190) の歌に「なにごとか、おわしますかは知らねども、かたじけなさに涙こぼるる」というのがある。これなどは日本の伝統的な神道観だと思う。これではあくまで人びとの前に神の姿・力が現わせないことになる。その点、生死を掛けて厳しい肉体的精神的修行を積んでいくと、神が自分の目の前に現われ、感得するとともにその功徳の力で人びとの願いごと、悩みごと、そして諸病諸難を実際に祈禱祈願の呪法力によって諸願成就することができる。そうしたところに修験道の原点が存在すると考える。

　たしかに病気平癒の加持祈禱は山伏修験系をはじめ、真言密教系および天台密教寺院に多く見られ、祈禱寺と称される寺院は熱心にそれを売物として宣伝し積極的に実践する。このような祈禱によるヒーリング療法は現代では衰退するどころか、むしろこうした技術者・専門家たちとそれによる救済を頼る依頼者の数は近年増加一途の傾向にある。最近では科学の医療効果がなかった患者が高額の祈禱料を支払ってでも病気回復を願いアメリカから密教系僧侶の祈禱師に直接に念力送信による祈願を依頼する人が増えていると聞く。そうした行法の一種に「呪い」の呪法が摂られているのが山伏修験道であり密教系祈禱師である。そもそも「呪い」の呪は、中国の「禁厭(きんえん)」から来た「まじない」であり、専ら災厄を除去し、幸運をもたらす方法である。これを「のろい」とよませる場合もあり、これははっきり言って邪悪な霊を招く悪法とされている。そうした呪いの知識体系のひとつに密教の加持祈禱があり、それは仏教に伴い伝来し、密教系寺院とそこに修行する修験者たちを担い手として民間にも普及した。特に病気平癒の即効的方法として受容されたもので、現在でも祈禱師の民間療法の一部として伝承され行われ、多くの人たちを救った祈禱効果を実証している。

　そこで、山の修行の原点は、山中の洞穴に籠って修行していると、仏が岩の

なかに実際に見えてくることだと言えよう。たとえば、役小角が、吉野金峯山の山上で金剛蔵王権現を湧出したという神話などは、普通の人には決して見えないものが一生懸命修行した者には仏が姿を現わし、また仏の力が行者に移って力を得ることが「権現」という意味にある。山伏修験者によって神仏を実際に体験することに出発点があり、その力を下化衆生救済によって民衆の種々の諸病をいやし、健康幸福を導く具体的即効的な宗教、それが山伏修験の呼称に他ならない。ここで記憶にとどめておくべき要点は、修験道の修行の根本には「捨身修行」すなわち「即身成仏」の義がある。また仏典で言う「上求菩提、下化衆生」などの義が行法の思想形態のなかに大きく位置づけられている。すなわち「上求菩提」は悟りであり、「即身」の義である。

さて、神は実態のないものだから、人間は神が何を考えているのか、神の言葉を聞きたくなってくる。そのためには神を自分の身体に憑依させて、託宣をする人が必要となってくる。それが神社で言えば、宮司であり禰宜と呼ばれる人たちである。その様に託宣を得るためには、定められた厳しい修行を通して体験しようとするのが修験道と見なされる。

一方、託宣にはシャーマニズムが関係してくる。そのシャーマニズムにはシベリアから朝鮮半島を経て日本に入ってきた流れが中心となっている。すなわち神を自分の身体に憑依させ、いろいろなことを話させる。また自分自身が死者の世界に浮遊して行って神の話を聞いてきて、それを信者に伝える専門とするいわゆる霊媒者である。それは巫女や神女、イタコ、ゴミソ、カミサマ、ノロ、ユタ、祈禱師などが神がかりになって霊魂を呼び寄せ、神霊や死者の霊と交信し意志を通じ合う術を持っている。そうした限られた者のみが特殊な超能力を先天的に持っているか、または厳しい訓練によって得た人である。そうした技術を身に着けて展開したのがシャーマニズムである。

2　修験道と道教

また、修験道に取り入れられているもののもうひとつは中国の道教である。簡単に言えば、道教は中国の民間信仰のようなものであり、特に不老長生を目

的とした宗教である。

　そもそも道教に見られる神仙術の目的は、生死を超脱することにあった。つまり荘子(生没年不詳)のいわゆる真人になることにあったが(『漢志』)、次第に生命の永続だけを目指し、医経・経方・房中の方技と呼ばれる医術の三科と結びつくようになった。道教はそうした神仙術を取り入れることによって益々と庶民の心を引きつけていった。民間信仰としての道教を考える場合、宗教としての道教は後漢の張道陵(ちょうどうりょう)(2世紀頃の人)、孫の張魯(ちょうろ)を経て確立されたものである。そしてその根底にはアニミズムやシャーマニズムの原始信仰、あるいは合理的思弁を多少含むとはいえ、いわゆる原始的神話的思考から脱し得ない陰陽と五行(木・火・土・金・水)の理説、または十干・十二支などの占星術的知識、さらには不老不死を目的とする神仙術などが雑然と同居していることである。したがって、古代より庶民の実生活を動かし心の支えとなっていたのは、各種の呪術的な信仰であったと言える。いみじくも孔子(B.C.551～B.C.479)の言葉「怪、力、乱、神を語らず」(述而、孔子の門人の言葉。孔子は奇怪なこと、力をたのむこと、世の乱れや人の道を乱すこと、神怪なことなどは、口にし、説明はしない。常にあたりまえのことを説いた)というのは、かえって当時の庶民生活において呪術的信仰の実態を暗に証していよう。

　それが2世紀後半頃になると、魏伯陽が現われ、3世紀後半頃には東晋の葛洪(かつこう)(289～363)が現われ、これ迄の呪術的な信仰に対し、道教としての神仙説を集大成して神仙の実在を説くのみならず、神仙術の理論と方法を確立するようになる。特に葛洪が著わした『抱朴子』(ほうぼくし)はその代表である。

　この『抱朴子』対俗篇・微旨篇に、病を治し、不老長生を目指すには倫理的行為が求められている点は注を要するところであり、全体としてよくまとめられている。まず仙道を修めるには、功(善)を立て、過(悪)を除くことが大切で、忠孝・和順・仁信の肝心であることを説いている。そして積善の程度に応じて、その人の寿命の長短が定まり、どんなに仙薬を服し医方を施しても、それだけでは益がないとする。こうした倫理要求には、儒教的徳目と重なるところが多いばかりか、仏教思想の因果応報や罪福観とも通ずる面がある。その意味では

儒教や仏教などからもかなり影響を受け取り込んで深く融合していることが分かるが、格別の修練を経なくとも、日常生活の心がけ次第で一般民衆にも仙道が修められる可能性がひらけたことは大きな意味と意義がある。

　日本では『抱朴子』が読まれ、流布していたのは既に9世紀末頃には確認できる。ただ、それが修験道との関係で考察した場合、間違いなく何らかの思想的影響を受けたとされる点は、次の様なところに認められよう。

　この本には、山で修行して不老長生になるための技術が書かれている。それによれば、山に入るときには、まず「入山符」というお札を必要とする。符というのは、簡単に言えば、尋常ならざる文句の書かれた「おふだ」を言い、身につけたり、枕の下に置いたり、地中に立てたり、符水として飲んだりする。つまり、そのモノの呪力（符呪）を期待するわけだ。これは本来は、僧尼のよく行うところであった。日本では時には国家や天皇を危うくしたり、妖術で人をのろい殺したりする、厭魅・呪詛に符ないし道術の符禁（道士または方士の行う呪術に符が結びついた場合）がしばしば用いられてきていて、長屋王の変を契機に律令国家として神亀6（729）年に道術符禁の存在そのものを否定する姿勢をとった。すなわち「異端幻術を学び厭魅呪詛しあるいは山林に住み詐って仏法を言い教化するを禁ず」と。

　また、道教には悪鬼などを避ける方法のひとつとして、「臨兵闘者皆陣列前行」と一字ずつ誦えながら、横、縦、横と空中を斬るやり方であった。しかし、この九字の護身法は、日本に伝わってからは臨兵闘者皆陳烈在前と変化し、しかも密教の剣印を結んで四縦五横に切り、最後に斜めに切りおろす作法も付け加えられた。

　このことは、まさに山岳修行者の行法の姿を如実に表現している。ここで道教の方術との関係を述べてみたい。道教の方術の重要な部分を占める医術のひとつに五穀断ち（辟穀）がある。これは五穀（米・麦・粟・豆・黍または稗など諸説がある）や火で調理したものを食べず、草や木の実、木の皮を食料とすることを言うのである。それは何を意味するかは、辟穀によって肉体が清浄になり、道教が目的とする長寿と精神の自由が得られると考えられたことから来ている。

葛洪の主著『抱朴子』にも説かれているように、神仙の技術として最も力点を置き重要視した服薬がある。それは金丹であり、この薬の効用を力説している。金丹とは上薬中の上薬のことである。これを飲めば長生きができ、仙人になれると宣伝した道教の一系統がいた。それは金丹道といった。仙人は山にいるとされたが、道教と山との関係も非常に密接であった。なぜなら、金丹は、犬や鶏の鳴き声の聞こえないところで作らなければならないので、その場所は山のなかしかない。したがって、道士が修行するのも、多くは山中となる。このように、山岳と密接なところから、道教は日本の修験道とも深い関係がある。
　いかに神を祀り祈禱しても、それだけでは仙道を得る効果はない。そこで仙薬の服用が必要とされ、最上の金丹以下各種の仙薬についての製法や材料の採取法などに関する一定の禁忌や方術を具体的に詳述した。そうしたことは山伏修験者の生活のなかに取り込まれ顕著に生かされ守られていることが分かる。山伏（修験者）が峰入修行で得た験力や深山の渓谷で手にした薬草を持って、春峰・秋峰の行が終わると里に降りて来て、里人の病気平治を、祈禱と併合して薬草を調合投与して用いた。そして、里人にとっては修験者が山から降りてくる季節を知っていて、呪法の功能を期待し、それによってもたらされる降伏来招の期待感は現代のわれわれが想像する以上に数倍も大きなものがあったに違いない。山伏修験者は、常に山谷を駆け廻っていることから、薬草の知識は詳しい。したがって、彼らは何が毒であり、また、何が身体に効くかを病状に合わせて投薬することができた。山伏たちは医師の役割を同時に持っていたのだ。
　翻って、道教と民間信仰を考えたとき、たとえば中国人たちの人生の目標は、〈福・禄・寿〉の実現と見ることができるが、この三つは現世利益を指す。つまり除災招福という現世利益をかなえようとする一面があるのが道教という宗教だと言えよう。
　ところで中国において、紀元前に始まる道教が目標にしたのは自然と我が合一体となることにあった。つまり宇宙との合一である。それは人間を自然のサイクルに、リズムに適合して行くことであり、決して逆ではない。そうすることによって長生が適えられ、遂には永劫の命が適えられると考える仙人思想が

生まれてくる。そのためには人気の全く居ない深山幽谷にひとり分け入って、その山頂高い聖なる境域で、中国の蓬莱山に象徴される仙人の霊峰でただひたすら五穀を断った徹底した厳しい行を積み重ねるのである。その修験の行法とは、高位高僧とか高邁な仏教学問知識の碩学者とか、また学の蘊蓄を極めた僧とは全く異質な価値観を持つ異世界に属していたことを、ここで改めて確認しておく必要があろう。

　道教が日本人の生活のなかに入ってくるのは6世紀頃であり、そして神仙思想が確認されるのは7世紀に入ってからである。そうした基盤の上に、それから1世紀遅れて修験道の鼻祖役行者が登場してくるわけである。

　山岳宗教の開祖とされる役行者は役の小角と一般に称されるが、その小角は吉野の金峯山に修行の場を求めた。そして天智天皇の10（671）年正月に金峯山に登った。この金峯山という名前は「かねのみね」「金のみたけ」と称され、役行者が来る以前から深い信仰的な願望ある黄金の山として世に知られていた。大和吉野の山に対し霊異の山、神秘な力を持った霊地霊山として、奈良時代初期頃から、広く上は天皇朝廷をはじめ一般庶民に至るまで飛鳥人たちにはその関心は強く、広く意識されていた。そして人間の現実的願望成就と結び付いて、富貴と延命と厄除攘災が求められたそうした歴史ある山である。

　中国の民間信仰の不老長生を説く道教の神仙術の理論と方法を著した『抱朴子』に見るように、役行者も穀断ちをして入山入峰し、精進潔斎をするとともに、洞に籠って行をしたり、山谷を駆け廻る抖擻を行った。彼はどこかで外国の山岳宗教のそうした思想的影響を受けていたに相違ないと考察することも理解の上で重要な要素であろう。日本人の山岳信仰を考える場合、山そのものを御神体として遠くから拝む遠望遥拝形と、他方、聖なる神が宿る泰山に直接参入し、籠って生命を掛けた苦行修行を積極的に果たすことによって神と一体となる。そしてパワーを得て、衆生救済、下化衆生を実践する山伏修験の形、そうした二形態の山岳信仰が考えられる。修験道は、明らかに後者に属すると言える。

3　山伏修験道に見る装束

　ここで山伏修験道の行者が必ず身につける装束について一言触れておきたい。

　修験者が身に帯びる装束や道具には、古来より基本的な12種の道具があり、それは「山伏十二道具」と称される。それは法螺・頭襟・斑蓋・結袈裟・鈴懸・錫杖・金剛杖・最多角念珠・笈・肩箱・引敷・脚絆の12種からなる。平安末期に後白河法皇が今様歌謡集を編した『梁塵秘抄』には、明らかに山伏修験道の行者の修行姿を端的に歌った一首に「峰の花折る小大徳、面立よければ裳袈裟よし、まして高座に上りては、法の聲こそ尊けれ」(『梁塵秘抄』巻第二　経歌八首。〔歌意〕仏前に手向けようとしてであろう、峰に咲いている花を折るやさしい青年僧がある。顔立ちもまことに好ましい美僧であるし、また腰衣、袈裟を身につけたかっこうも優れている。それがまして高座に登って、美声をもって経文の深い心を説かれると、この上もなく尊く聞きなされることである)がある。

　また、歌舞伎の「勧進帳」において、弁慶と富樫氏とのやりとりのなかで、山伏の出立ちのことが問答される件がある。そこでは「掛けたる袈裟は」の問いかけがあり、それに対し弁慶は「九会曼荼羅の柿の篠懸」と答えている。江戸時代の歌舞伎の目に触れる山伏の一般的な姿が象徴的に語られている。

　ここで服部如實編『修験道要典』の「木葉衣」(巻二、行智)のなかの「二十一、鈴懸衣、皮衣、苔織衣、柿衣」の箇所には以下の説明が記されてある。

　「鈴懸けと書くは借字なり、鈴とは篠の事にて、山路に分入るとき、衣の裾の篠の葉などにおほひいかかるを以て名づくと聞ゆ、懸又は掛の字を用ゆと雖も、高く物を懸るを云ふ義にはあらず、上より覆ひかくる如く成るをも懸ると云ふは、彼のかかる雲霞のかかるなど云ふ詞の、古歌にも詠めることを以ても知るべし」とあり、鈴懸とは篠懸を表わす言葉の意味であり、身を覆ふ掛衣であって、それが真宗や浄土宗の僧衆も僧侶が一般に広く服用着用する直綴(偏衫と裙とを直接に綴り合せ、腰から下にひだのある僧衣。本来は尼衆の服であった)という衣服がそれである。ただ、「山伏問答」にも記されてあるように、そこに綴り込まれた12のひだは仏教が説く十二因縁の教えを象徴したものであり、輪廻の苦のなかにある凡夫と、そこから脱した聖者(仏)が不二一体・聖俗一体であ

ることを表わしたものである。

　また謡曲にも「旅の衣は篠懸の、旅の衣は篠懸の、露けき袖や、しをるらん……」と歌われるように、篠懸は俗人の直垂(もとは庶民の平服が、後に武家の正式の服となり、公家も内々に用いるようになる)と同形で、よく見ると一般的な仏教僧とは多少違い、山伏修験道独特な装束であり色彩である。この装束は峰入り修行において山岳の険しい場所に分け入っていくための、活動しやすい便利で合理的な「登山服」であり、さらに通気性も良く、また深遠なる仏の教えを様々なかたちで象徴している聖なる法衣でもある。それは帯結びや下半身の半袴とともに、非常に実践的機能的な修行衣であって、山中の修行に実用として引敷と共に着用される。引敷とは、修験者が腰にぶら下げている、鹿皮の毛のことであり、入峰修行において山中で腰を下ろし休憩を取るときや、雪や濡れた所に座す場合でも決して尻が濡れたり汚れたりすることはない便利な敷き物である。そして山伏の装束は白衣に象徴され、それは死出の旅路を表わす死装束の意味があり、峰入り・山駈けの行が既に現世から離脱した神仏の世界、他界、異次空間への旅を意味している。そしてそうした装束の姿は修験道の開祖・役小角へと溯る。以上の諸点を考え併せた上で、外来文化が日本に定着するためには、日本の自然風土に合うことが必要であるとともに、同時に思想的、宗教的な風土性もまた大きく受容に関し影響するということも考え合わせることが大切であろう。

第4節　役行者

1　『日本霊異記』に見る役行者

　修験道行者の祖役行者(634〜?)について記した日本最初の仏教説話集の『日本国現報善悪霊異記』(延暦6〈787〉年より弘仁13〈822〉年の35年の間頃に増補も加わり完成)の「孔雀王の呪法を修持して異しき験力を得、以て現に仙と作りて天を飛びし縁」(上巻、第28)の条には、葛城山の一言主の大神が人にのり移って、「役の優婆塞が陰謀を企て天皇を滅ぼそうとしている」と讒言した。天皇は役

人を差し向け捕縛しようとしたが、つかまらなかった。そこで母をつかまえて、母を許すかわりに自分から出て捕らえられ、天武3 (699) 年、伊豆に島流しされた、という話が載せられて出てくる。そして文末には、一言主大神は役の優婆塞に呪縛されて以来、今になってもその呪縛は解けないでいると記されている。

　ここで孔雀王について一言簡単に説明しておこう。『大孔雀明王経』によれば、孔雀明王は蓮華・具縁果・吉祥果・孔雀羽を持って、孔雀の背に乗り、一頭四臂の菩薩の姿をしている。その孔雀明王を本尊とし、一切の毒物・畏怖・災悩を滅ぼすことを念ずるのが、この孔雀の呪法である。特に雨乞いや厄難消除のための修法につかわれることが多いことである。こうした呪法秘法は決してどんなことがあっても他人に教えたりしない、個人の秘法であり、秘法中の秘法である。

　次に一言主の大神に言及し触れておきたい。「私は悪事も一言、善事も一言で解決する言離（ことさか）の神」だと名のるこの一言主の大神とは一体何物か。それは、大昔からこの葛城山の地主神として、日本人の民衆から崇拝され頼られて来た国津神・氏族神だと考えられる。しかも、その名が一言主大神とあるように「託宣（たくせん）」の神として、時の天皇を動かすほどの権威を持っていたことが想像される。そしてその日本在住の神が役の行者に呪縛されて、いまだに解脱できないでいると記されていることから、彼の行動を通して日本在来の神が外来の神である仏法の験術に負けたことを表明しているとも解釈できるのである。この役の小角は、葛城（木）山麓に勢力を持った賀茂氏の一族であり、大和の国葛木の上の郡茅原（ちはら）の村の生まれだと『日本霊異記』上巻第28の冒頭に記されている。

　ところが後半部には次の様にある。わが国の人道照（法相宗で元興寺の僧、629～700）法師が、勅命を受け、仏法を求めて唐に渡った。あるとき、法師は500の虎の招きで新羅へ行き、その山中で法華経を講じたことがある。その聴講の虎の群れのなかにひとりの人がいた。そして日本の言葉で質問をした。法師が、「どなたですか」と尋ねると、それは役の優婆塞であった。法師は、さては、「わ

が国の聖人だ」と思って、高座より下りて捜したが、既にどこにも見当たらなかった。……この優婆塞が不思議な霊験を示した話は、あまりに数多くあって、いちいち挙げるのも煩わしいので省略することにした。このことからも仏法呪術の威力は広大であることがよく分かる、として自度僧（私度僧）景戒は著わしている。

　ここで気になる点がある。それは道照法師が朝鮮半島の新羅に行き法華経を講じたこと。そして役の小角がそこに居たというストーリーは、当時の日朝間の交流があったことを物語るものである。僧道照は帰化人の家系に属することを忘れてはならない。実に『日本霊異記』には渡来の人や帰化人の登場する説話が多いことである。目に触れたものを挙げると、渡来の人には、円勢（百済人）、弘済（百済人）、道登（高麗人）、義覚（百済人）、多羅常（百済人）。また他方、帰化人の家系でいくと、衣縫氏（きぬぬい）（衣縫伴造義通）、船氏（道照）、高志（行基）、鋤田連氏（すきた）（智光（とかりのすぐり））、利苅村主氏（利苅優婆夷）、岡田村主氏（岡田村主姑女）、任那氏（みまな）（三間名干岐・観規（かんき））、呉原忌寸氏（くれはらのいみき）（呉原忌寸名妹丸（なにもまろ））などである。本書には、説話の主人公で名前が書かれていなかったり、僧で出身が不明のもの、仏像が主人公などの説話が48話もあるから、仮にそれを除いても、渡来帰化人の説話は非常に高い確率である。もし景戒を帰化氏族の出身と見ると、景戒がかずかずの歴史資料、仏典のたぐい、また中国の唐の時代の仏教霊異奇譚『冥報記』『金剛般若経集験記』などを多く利用した事実が理解しやすくなる。

　さて、道照は入唐のときには新羅船に乗って入唐を果たしたと考えられる。その証拠に『日本霊異記』には、「法を求めむとして太唐に行き。……新羅に至り」と記されている。つまり新羅経由で太唐に入ったと考えられる。ただ、日本最初の仏教説話集『日本霊異記』には、記録と異なる処が2点ある。まず、役行者は配流中にひそかに京都に帰ろうとしたが、それがまた重罪にあたったという。『扶桑略記』文武天皇の大宝元（701）年冬の条に、役行者が再度の罰を受けたとする。一言大神が再度朝廷に訴えたために、役行者を誅罰する勅命が下った。しかし誅罰の剣に、役行者を許せとの富士明神の神文が現われ、それで彼は刑罰を免れたという。ここのところが、日本在来の地主神一言主天神が

2度目の訴えにも成功したかに見え、結果的に役行者の呪術妖験により、富士明神の神文によって難を免れたとしている。この点が異なり、ここの記述は重要である。なぜなら既にこの頃、富士浅間山大明神の神格は全国でも最上位にあり、そこが妖術師であって比丘によく仕えてその教えをまもる在家の信者優婆塞の役行者を認めたという筋書きは意外であり予想外であるからだ。天皇・朝廷側は苦吟の生活3年が過ぎると、慈悲により特赦の詔が下ったということ、並びに日本古来の地方でも神格神威の高い一言大神を見放し呪術師を容認した形となって富士大明神の神文によってとしているところには、かつて役の小角が駿河の富士山の嶺で修行した経験があり、そことの何らかの繋がりがあってのことと思うが、それにしても役行者が富士大明神を味方にしたことは完全に仏教そして神仙思想も有する外国の神の勝利である。そこには日本の象徴としての富士山を、富士信仰を中心とする山岳信仰の基盤に、山伏修験の開祖役行者を富士山の修行者に仕立てている。役の小角の富士山での修行を示す記述は、原始山岳信仰、山岳修験道を考える際に重要な点である。言い換えると、大権現の力によって罰を免れたことが、地方で絶大な信仰と権威を持つ一言大神でさえも、神通力及ばず、官位を得ない在家の一行者優婆塞によって、遂には験力に負けたという「役の行者に呪縛せられて、今に至るまで解脱せず」という結末にすり替えられている。

　さらにもう一点は、道照は文武4 (700) 年3月、72歳で寂しており、役行者が許されたのは大宝元 (701) 年だから、道照が役行者に会ったというのは年代上に矛盾がある。これらの所伝はかなり伝説化・変形装飾化されている。しかし見方によれば、役行者の霊験性をよく示している。

　そこで、以上のことは一体何を意味するかを考える必要がある。『日本霊異記』の小角の行状の記述を拝見すると、次のようにある。

　「小角は生まれつき賢く、博学の点では郷里で第一人者であった。仏法を心から信仰し、もっぱら修行に専念していた。いつも心に願っていることとしては、五色の雲に乗り、はてなき大空の外に飛び、仙人の宮殿に集う仙人たちと一緒になって、永遠の世界を遊び、百花でおおわれた庭園にいこい、心身を養

うに足りる霞など、霊気を十分に吹うことであった。このために、初老を越えた四十有余歳の齢で、なおも巌窟に住んでいた。葛の粗衣を身にまとい、松の葉を食い、清らかな泉で沐浴し、これらの修行により、種々の欲望に満ちた人間世界を超脱し得て、孔雀経の呪法を修め、不思議な験力を示す仙術を身につけることができた。鬼神を駆使して、どんなことでも自由になすことができた。」

2　役行者および修験道の特色

　ここで役行者像はどんな姿形であったのかを想像してみたい。吉野山桜本坊に蔵されている重要文化財となる鎌倉時代の役行者像は、右手に六輪錫杖を握り、左手に密教の経典を持ち、長頭巾をかぶっている。そして足は脛を丸出しにして高下駄をはいている。また、『木葉衣』の役行者立像には左手に医薬の入った宝瓶を持っている。奈良大峰山寺の役行者坐像では左手の方に六輪錫杖を持っている姿である。また滋賀県石馬寺の役行者像は右手に六輪錫杖を持ち、右手には数珠を持っている坐像である。

　奈良時代の役行者の姿は実像に近く、または修行者が二世三世の役行者と称したその風貌も行者の実像を想わせるものである。しかし江戸期幕末嘉永3 (1850) 年の『役行者御伝記図絵』に画かれた多くの挿し絵は、元の姿から次第に変貌して虚像とまでいかないが、実像から遠ざかった感を受ける。

　役行者は護法のために鬼神を自由に使役し、鬼神を呪縛することができたという。それは大峰山寺に蔵される前鬼後鬼像を左右に従者として従えた木彫像からも十分に想像し窺える。因みに金峯山本堂の絵像の方を見ると、前鬼・後鬼は一方が両手に斧を、もう一方が右手に薬草の入った小壺を持っている姿が、役行者を大きく描き、その真下に小さく描かれた正座と片膝立ちの姿勢で画かれている。熊野山伏の五家五流と成るこの前鬼・後鬼（後鬼には5人の子、鬼童・鬼熊・鬼継・鬼助・鬼上がいて、それぞれ鬼童は不動坊・五鬼童家、鬼熊は行者坊・五鬼熊家、鬼継は森本坊・五鬼継家、鬼助は小仲坊・五鬼助家、鬼上は中之坊・五鬼上家を起こした。そして前鬼の三重滝近くに居を定め三重滝、深仙、釈迦ヶ岳などの行場を管理した）は名字として残っていて、前鬼の方は絶えたが、後鬼の方はつい近年まで大峰山の麓に子孫が平家の簡素な構えの家を造って、ひとりひっそりと拝登客に売店を開

いて生活を続けていた。今では里に下りたか他界されたのかのどちらかである。平成18年にたまたま奇しくもテレビでその子孫が映って語っていたのを私は見聞きして知った。

　ところで、このような役行者の仙人の風貌は鎌倉・室町時代と絵師に画かれ仏師によって彫られ、江戸時代も一貫して異様・怪異なその独特な風貌は受け継がれて来ている。そうしたなかにあって、一般民衆の民間信仰において、心のどこかに世間離れした役行者をはじめ山伏修験の姿としてその仙人のような生き方に尊崇の念を懐き、静かなブームが長い間続いた。山岳信仰の源流を遡ると役行者に行き着く日本の民俗信仰に富士講がある。これは江戸時代以降盛んになった富士信仰を中心とする山岳信仰を基盤にしたものである。富士山を祀る富士講は、主として「おふせぎ」という呪法を用いて江戸で発達し、多くの庶民信仰を集めた典型的な新宗教のルーツである。この呪法は、17世紀初頭、富士山で役行者を慕って修行した開祖長谷川角行（かくぎょう）（1541～1646）が考案したという言い伝えになっている。角行は山岳修行者のひとりで、全国を修行して歩き、富士山の山麓にある人穴（ひとあな）に籠った後、江戸に出てきて奇跡を示したという伝説上の開祖である。富士講では災厄をはらうための呪法が「おふせぎ」であり、これは現在まで伝承されている。

　なお、山伏修験系の行者の特色には二つの形態があることを理解する必要がある。ひとつは「千日回峰」と言われるように行動性が要求される「回峰」。二つは大和の大峰山で平安中期に行われたという「御嶽精進」（みたけそうじ）のように一定の場所に1000日間籠って精進潔斎する「山籠り」「千日精進」がある。これは羽黒山修験においても行われていたものである。つまり修行場の山林のなかから出ることを禁じられた行であり、比叡山の場合の千日回峰行と求菩提山の「山伏千日行」とは性格的に多少異なりを持つ。それは求菩提山においても比叡山同様に山内の堂社を巡拝はするが、山林から外へは出ない、まさに「臥験」（がけん）が意味するように人間が生きたまま仏に生まれ変わる「即身成仏」「擬死再生」（ぎじさいせい）（一度死んで再び生まれ変わる謂）を実行に移し、様々な木食行をしながら、岩窟や石室に籠って瞑想（瞑想ほど潜在意識の活性化を図り、精神レベルを高める手法はない）し、

究極の「悟り」を体験することに修験道の奥義がある。

　再び富士講に戻ると、その富士講を継承したものが扶桑教であり、この神道系の教会は現在は東京世田谷区に本部があり、公称信者数が約15万人である。教会は関東を中心に全国に約170ほどある。

　以上、そのような"富士講"のなかにも神道系、仏教的、儒教的、陰陽的なものが混在しており、修験道的な要素を軸にしながら山岳信仰をさらに庶民の宗教に変えていったという歴史的な事実が窺えるのである。そして出羽三山講、御嶽講、白山講、富士講等の多くは、いわゆる山岳信仰の霊山を対象に、修験者たちの生命を懸けての荒行（寒中によく水をかぶったり、滝行に身をひたし、身を清めてから読経をしたり護摩をたく儀式に移る）を積むとともに神仏の功徳を得たパワーで御加持そして祈禱・呪術をもって悩める人を救った。そうした活躍によって里人の心を惹きつけ、次第に近世頃から信者組織を形成し講という形で発展して来たのである。修験道は現在でも町の片隅で人びとの切なる願いを真剣に聞き、わが身のことと思い、持てるすべての修法を使ってその苦しみに応えてきたのである。その応え得るところの生命が山伏修験者に見る「実修実証」であり、いわゆる修験道本来の行動と実践だと私見する。

　ここで神仏習合を社会の各層に広く展開させた修験者山伏を簡単にまとめてみると、次のように言い得よう。

　修験者は、陰陽道で行われる邪気を除き、魔を調伏退散させる作法によって、遠い山中の奥深くにまで分け入って厳しい修行を長期間重ねる。そして山中に薬用の植物、鉱物を見つけ出し、浄水をさがし出し、また一方で道教の永世信仰をも意識していたと考えられる。さらに仏教が持つ経典、陀羅尼、真言（まんとら）などを駆使し、また時には呪符の「おふだ」や木簡が疾病除去や子授かりの呪（まじな）いのために広く用いられた。よって、人びとの悩みや苦しみを和らげたり、完全に除去したりした。

3　役行者に関する記録

　ところで、役行者は信仰の山・霊異の金峯山の山上ヶ岳において、1000日

の苦行祈誓をされた。そしてその満願の日に衆生済度の本尊として感得されたのが「金剛蔵王大権現」であった。それは天地晦冥のなかに、山頂の盤石を鳴動させて出現されたと伝えるところから、金峯山上を一名「湧出ヶ岳」とも称することは既に周知のことである。その後本尊出現の盤石の上に祠を建てたのが山上ヶ岳にある蔵王堂である。その蔵王権現の姿を桜の木に彫刻して金峯山の山下の吉野山にお堂を建ておまつりしたのが山下の蔵王堂である。これが役行者を山伏修験道の関祖としていただく、そもそも修験道の発祥ということになっている。金峯山寺の開創は天武天皇の元 (672) 年と伝えられている。因みに個人的なことを言えば、平成6年、7年、8年と3年続けて、私は吉野山の修験道の宿坊「東南院」が毎年七夕祭の時期「蛙飛び行」に合わせて主催している青年部の〈蓮華入峰〉に参加した体験がある。また、平成3年5月、大津市坂本本町比叡山無動寺谷の「明王堂」主催で、千日回峰行の「三塔巡拝」コースを中心に要所のみを廻る「一日回峰行」に私は参加した体験がある。参加者は30人迄であった。その先達指導者は大阿闍梨と称される千日回峰満行を果たした大乗院光永覚道師（氏は平成2年9月21日に千日回峰を達成。地球一周の距離）に就いて貴重な比叡山の回峰行を体験できた。

　翻って、以上のように、役行者が大峰山をはじめ葛城山などを最初に登頂修行した先達であるとして祀られるようになる。中国の民間信仰の不老長生を説く道教の神仙術の理論と方法を著した『抱朴子』に見るように、役行者も穀断ちをして入山入峰し、精進潔斎をするとともに、洞に籠って行をしたり、山谷を駆け廻る抖擻を行った。彼はどこかで外国の山岳宗教のそうした思想的影響を受けていたに相違ないと考察することも理解の上で重要な要素であろう。日本人の山岳信仰を考える場合、山そのものを御神体として遠くから拝む遠望遥拝形と、他方、聖なる神が宿る泰山に直接参入し、籠って生命を掛けた苦行修行を積極的に果たすことによって神と一体となる。そしてパワーを得て、衆生救済、下化衆生を実践する山伏修験の形、そうした二形態の山岳信仰が考えられる。修験道は、明らかに後者に属すると言える。

　考えてみれば、修験道の開祖役行者は修験道の教義・理論を著したわけでは

ないし、また、教団を組織したものでもない。彼を開祖とするのは、すべて彼を慕う後世の修行者たちの崇敬、思慕の念から修験の鼻祖にまつり上げられたものであって、平安時代の略伝として役行者についての最も古い記録は『続日本紀』であり、その内容に関しては信頼が置かれる。しかし、ここで執筆された時期は役行者が亡くなってから約100年も経っていることを同時に考慮の対象にしなくてはならない。

　次に古いのは『日本霊異記』であり、弘仁年間(810～824)の弘仁13(822)年頃、薬師寺の僧景戒が凡そ55歳～75歳の晩年に完成したものである。この頃、空海が高野山を開き、また四国の讃岐に満濃池を作るなど、広く土木社会事業にも活躍した時期にあたる。さらに平安時代の『本朝神仙伝』については、これは道教の神仙思想の影響を受けた大江匡房(1041～1111)が著したものである。また、『今昔物語集』『扶桑略記』『水鏡』『大峯縁起』などに役行者の記事が散見できる。以上の諸書は、概ね『続日本紀』と『日本霊異記』の二書の伝承を踏襲している。

　そして鎌倉時代の略伝には、たとえば『源平盛衰記』『古今著聞集』『私聚百因縁集』『沙石集』『元亨釈書』等に役行者のことが記されているのが見られる。これらは役行者を山臥の祖と見なすタイプの伝承が登場する。

　室町時代の略伝には、『三国伝記』『修験修要秘決集』(ここに「役行者略縁起」〈16世紀前半頃〉が記されている)に見られる。

　江戸時代の略伝には、元政の『扶桑隠逸伝』、常円の『修験心鑑鈔』、慈元の『金峯山雑記』等に認められる。江戸期の書物で役行者に絞って著された単行本は、ざっと数えて23冊程確認できる位に出版本が増えてくる。

　以上の歴史区分の時代から眺めて行くと『日本霊異記』は説話的記録の略伝に類する。しかし、『扶桑略記』が書かれた時代になってくると、役小角は「役行者」と称されて山伏たちから崇拝され、重要な偉人的人物にまつりあげられ位置付けられてくる。そして鎌倉時代に入り、一人ひとりの山伏たちが活躍するようになると、彼らは役優婆塞(官の認可を得ない私度僧・自度僧である)の流れを継ぐものとしての自覚を持つようになって、行者の業績が具体性を持って書

かれてくるようになる。そして室町時代に至ると、修験道において開祖としてのその山の権威を確実不動なものと意図し、歴史の古さを証明するべく最初のまとまった役小角の伝記『役行者本記』が役義元(1501～1580)によって書かれるようになる。なお、役行者足跡の物語風絵本の『役行者御伝記図会』(『役行者御利生図会』)が世に出てくるのは幕末嘉永3(1850)年の年であり、藤東海によって多くの挿し絵が入った絵物語として登場する。またさらには『役行者大峯桜』のような浄瑠璃、『役行者和讃』といった本も作られるようになる。

[新保　哲]

第5節　御嶽信仰

1　御嶽信仰の歴史

「懺悔懺悔、六根清浄、懺悔懺悔、六根清浄……」

夏、白衣に身を包み、頭には宝冠(鉢巻)、手には金剛杖を握った御嶽講の一団の掛け念仏が木曽御嶽(長野・岐阜両県境、3067m)にこだまする[写真1]。通常、上りのときにのみ唱えられ、特に急峻な上りにさしかかるといっそう力強く唱えられる。懺悔とは、犯した罪業の悔い改めを誓うことであり、六根清浄とは、6つの感覚器官である眼・耳・鼻・舌・身・意から生じる迷いを断ち切り清らかな身となることを意味する。神仏が棲まうとされる聖なる山中において、これを皆で唱和しながら登拝することで、心身を清め鍛錬するのである。こうした夏山の登拝は、御嶽講の「先達」とも呼ばれる行者たちが、その名が示すごとく、多くの信者を引き連れ先導する。

御嶽信者によるこのような集団での登拝が始まったのは、江戸後期に木曽御嶽を大衆開

写真1　頂上を目指す御嶽講の一団

放した尾張の行者覚明(かくめい)(1719～1786)、江戸の本山派修験普寛(ふかん)(1731～1801)の出現以降である。それまでの木曽御嶽では、長く厳しい精進潔斎を行った道者(どうじゃ)と呼ばれる行者にのみ登拝が許されていた。その御嶽を広く一般民衆に開放し、軽精進のみで登拝できるようにした最初の人物が、尾張の覚明である。覚明は、天明2(1782)年、当時御嶽を支配していた地元黒沢村の武居家と代官山村氏に軽精進登拝を願い出たが認められず、天明5(1785)年地元民を引き連れ無許可のまま黒沢口から登拝を強行した。また、翌年にも集団登拝を敢行し、その年、山上の二の池畔で死去したと伝えられる。一方の普寛は、寛政4(1792)年、新たに王滝口の登山道を信者とともに開削し、続く寛政5、6年の集団登拝と合わせ、3ヶ年にわたって開山事業を完遂させた。また、近年、普寛の開山活動に関わる写本の発見と研究が進み、彼の一連の開山活動には、現在も御嶽信仰における最大の特色となっている「御座(おざ)」と呼ばれる神降ろしの巫儀が深く関わっており、御座で神より受ける託宣が、彼の開山活動の進退を決定していたことが判明している［中山郁2007］。

　こうして、覚明の手になる黒沢登山道は寛政3(1791)年末、普寛の手になる王滝登山道は寛政11(1799)年に、軽精進で登拝できる山としてそれぞれ公認された。そして、彼らの死後、彼らを慕う在俗の弟子や信者たちにより、尾張・関東を中心に全国各地に御嶽講が組織されていったのである。

　しかし、在俗の行者が集団をなし、呪術的な加持祈禱で民衆を引き付けていることは、たびたび幕府による弾圧の対象ともなった。それに対し、御嶽講では、黒沢・王滝両登山道に護摩堂を設け、それを徳川将軍家の菩提寺である上野東叡山(寛永寺)の直末寺とし、さらに尾張藩の祈願所として保護を受けられるようにすることで弾圧の難を回避したのである。

　ところが、ほどなくして明治維新となり後ろ盾であった幕府も尾張藩も消滅する。さらに神仏分離令が出されたことで、神仏習合的な加持祈禱活動を行う御嶽講は再び政府による取締まりの対象となったのである。ここから、各御嶽講は、当時様々な講を取り込んで勢力拡大を図っていた教派神道教団の傘下に入ることで活動を継続したり、自ら教派神道教団である「御嶽教」を立教する

などし、神道化を強調した組織の再編成に取り組むようになるのである。

以上のように、江戸・明治時代と幾多の危機を乗り越えてきた御嶽講は戦前戦後を通してさらに拡大していく。とりわけ御嶽講の場合、木曽の外からやって来た覚明・普寛によって開闢されたこともあり、木曽御嶽の麓よりも、遠隔地での講結成が盛んであった。戦前は、戦時体制下での政治的・社会的な不安を背景として信者が増え、また、戦後は、高度経済成長を背景として活発な講活動が展開された。殊に、戦後から昭和54年の噴火までの最盛期の夏山登拝では、1日に何千人という参拝客が頂上神社を訪れ、各地方から御嶽信者向けの臨時列車が用意されるほどの盛況ぶりだったという。一時期は全国に信者数が100万人とも200万人とも言われ、北は北海道、南は九州に至るまで全国各地に御嶽講が存在した。

そのような隆盛を極めた御嶽講も、著しい社会の変化とともに徐々に減退し、現在では多くの講が消滅や担い手の高齢化といった問題を抱えている。しかし、他の山岳信仰や山岳講が既に消滅、形骸化して久しいなか、減退傾向ながらも木曽御嶽は今なお、夏山登山者の中心を御嶽講の信者が占め、"信仰の山として"生き続けているという事実がある。そこに、本節で御嶽信仰について語ることの意義があると考えられる。

2 「里の行」を中心とする信仰活動——御嶽講と御座

むろん、御嶽信者にとって、木曽御嶽に登拝することは、最も重要な行事のひとつである。しかしながら、通常木曽御嶽に登頂できるのは7月初旬から8月末にかけてのほんの短い間だけであり、ほとんどの講ではその間に年に一度の集団登拝を催行する。それゆえ、御嶽講は山岳講でありながら、信仰活動の大半は、山から遠隔地の、講が所在する「里」で行われることになる。いわゆる「山の行」に対する「里の行」が活動の中心となるである。

現在、御嶽講を担う人たちのほとんどは、信仰活動を生業とはせず、別に職業を持ち、在俗の行者・信者として活動している。そのため、各講での月ごとの勤行や祭礼、各種行事は、平日の夜や土曜・日曜・祝日を中心に行われるこ

とが多い。講内では、行者になる者と信者（講員）とは区別されており、一般的に、講の活動を宗教者としてサポートするのが行者である。

月ごとの勤行では、まず集まった信者たちが行者の先導のもと、1時間程度かけて共に祝詞や仏教経典を唱和する。多くの御嶽講では、両部神道的な神仏習合思想を核とし、各講によって、神道色が濃いもの、仏教色が濃いものなど特色がある。「天津祝詞（あまつのりと）」、「大祓詞（おおはらえのことば）」などの祝詞は、神道系の講ではもちろん、仏教系の講でも盛んに読まれ、逆に「般若心経（はんにゃしんぎょう）」や「仏説聖不動経（ぶっせつしょうふどうきょう）」などの仏教経典は、神道系を標榜する講でも盛んに読まれている。また、仏教系の講では、室内で壇木を組んで行う護摩を修す所もある。

そして、経本唱和の後、あるいはその中盤から、普寛が編み出し全国の御嶽講に広まった「御座（おざ）」の神降ろし儀礼が、行者によって執り行われる。御座の最もポピュラーなスタイルは、神霊が身体に憑依する憑坐役となる「中座（なかざ）」と、その中座に神霊を降ろす、神霊統御役の「前座（まえざ）」とが向かい合って行われるものである［写真2］。降臨する神霊は、神だけでなく、不動明王や毘沙門天などの仏や、役行者や弘法大師など実在した宗教者であることもある。また、特筆すべきは、生前御嶽行者であった者が死後に神格化した「霊神（れいじん）」の降臨があることであり、どの御嶽講で最も頻繁に降臨する身近な神霊がこの霊神となっている。

では、ここで御座の流れを簡単に示してみよう。

まず、前座が中座の着座する敷布を、祓い幣や数珠、塗香などで祓い清め、護身法・九字や印呪により敷布に邪悪なものが入らないように結界する。そして、その敷布の上に、宝冠（鉢巻）を頭に巻いた中座が座ると、祓い清められた幣柱が前座によって手渡される。中座はその幣柱

写真2　山内での御座の様子　手前が前座、奥が中座

写真3　神霊の降臨があり幣柱が上がった状態

を握り、頭を垂れ、前座の統御に身体を委ねる。頭上の宝冠は、別名、不動明王を表す「カンマン」とも呼ばれ、宝冠の中央に不動明王の種子(梵字)が書かれたものもある。これはつまり、敷布の上に座す中座そのものが、台座の上の本尊そのものであるということを表わしている。

次に、中座に対し、神憑けのための印呪が前座によって、非常に激しく繰り返される。すると、その動きに呼応するように中座の身体がピクピクと微動し始め、次第にその動きが大きくなり、手にした幣柱が揺れ出す。前座がその動きを注視しながら、さらに激しく、神霊を中座の身体に引き込むように印呪を修すると、突如中座の持った幣柱がバサバサと大きな音を立て激しく揺れ、すっと上に上がる［写真3］。この幣柱が上がった状態が、神霊降臨の目じるしであり列席する全員が深く頭を垂れ平伏す。このとき、中座の表情は憑依前とは全く別人のようになり、眼が吊り上がり「眼開き」の状態になっている場合もある。そして前座が丁重に、中座に憑依した神霊の名前を伺うと、憑依した神霊が中座の口を通して名前を答え、託宣を始めるのである。通例、神仏などの高神は、勤行に集う者全体に向けて短い挨拶を述べるだけで昇天してしまい、信者に向けたより詳細で個別的な託宣は、かつて実在した人物であった霊神が担うことが多い。

　上がる幣柱の高さを見ることで、憑依した神霊の種類を概ね判別することもでき、高い位置に幣があるほど高位の神霊の降臨であるとされる。また、託宣の声のトーンや語る内容から神霊の性質などが分かることもある。たとえば、比較的性質の荒いとされる龍神や不動明王が降臨した場合、幣柱でバンバンと床を叩くようにして現来し、野太く鋭い声で託宣することもある。また、「生前厳しい人だった」という行者の霊神は、霊神となっても生前と変わらず厳し

い諭しをしたり、憑依した霊神の生前を知っている信者によれば、生前の癖やよくしていた顔の表情まで中座を通して現われ出ているという。それゆえ、親しかった故人の霊神が中座に降臨すると、まるで生前の本人と直に接しているかのように、手を取ったり、涙して託宣を聞く信者の姿も見られる。

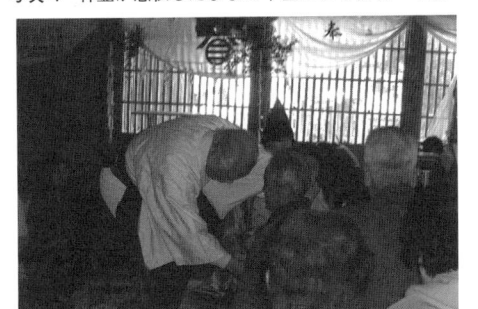

写真4　神霊が憑依したままの中座による信者への祓い

　その他、信者からの「おうかがい」（相談）に、憑依した神霊が答える形の御座もある。伺いを立てる内容は、進学先や就職先の選択、病気の身内の今後、家庭の問題など個人的で多岐にわたる。さらに、神霊が中座の身体に憑依したままの状態で、信者の身体に祓いや加持を行うこともある［写真4］。

　以上のような御座の儀礼は、木曽御嶽への登拝中ももちろん行われるが、とりわけ里での信仰活動のなかで、強く信者に求められ、長い間拠り所とされている。それゆえ、担い手である行者の不足などから御座の消滅した講は、ほどなくして講自体が衰退、消滅してしまうことがあるほど、里での御座の有無が講の盛衰に大きく関わっているのである。

3　御嶽行者の行

　御座の有無が講の存続に関わるといえども、行者となれば誰もがすぐ御座を行えるわけではない。一人前の中座や前座になるためには長年行を積まなくてはならない。御嶽の行者たちは日頃どのような行を行っているのであろうか。

　まず、どの御嶽講でも行者として勤行を行う者は白衣を着用する。その際、清浄な白衣に袖を通すために、身体を清める潔斎（水行）が必要であり、いずれの講でも最初は水をかぶる作法から習得することが多い。そして、白衣を着用し最初に行う行はひたすら経本を読誦し、暗唱できるようにすることである。

それがマスターできると、次に護身法・九字と言われる、災厄を祓う護身のための印呪を伝授される。これは、行者として行場に入ったり、将来的に御座を行ったりする際に、自己の身に邪悪なものが入らぬよう習得するのである。

　そして、護身法・九字が正しくでき、自己の身が守れると見なされると、数日間の断食や参籠などの特別な行を経て、ようやく御座の行法を授かる。授かった後は、御座で神霊の意を伺い、中座あるいは前座のどちらか一方の行を開始する講もあれば、両方できることを旨とする講もある。中座の行は、ひたすら無心となり「神の容れ物」となる訓練を積むことから始まる。この訓練が一通り終わり、身体に神霊を迎えられるようになると、「手にした幣柱が動く→身体が不随意に動く→眼開きする→口開きする（この段階ではまだモゴモゴと言葉にならない）→託宣を明瞭に発する」といった順序で行が進んでいく。中座が無心となり集中する様を、中座行歴50年のある男性は、「落ちる水滴を巻き戻しの映像で見たようにシュッと集中する」と表現する。また、御座中の意識については、ほとんどの中座が「意識はあるが、自分であって自分でない」とし、自己の意識は完全には消えていない状態ながら、自分の意識と無関係に言葉が発せられたり、体が動いたりすることが窺える。一方の前座は、神霊のコントローラーとしての役割を担い、御座の出来不出来は前座の法いかんであるとも言われる。また、神霊を降ろすことよりも、託宣が終わり昇天させることの方がより困難であるとされ、前座が単独で降神から昇神までできるようになるには長い年月を要する。さらには、御座の最中、悪霊が中座に憑依し、中座の人格や生命を奪う恐れもあるため、中座の生命を預かるといった意味でも前座は重責を負うのである。中座・前座の呼吸がきちんと合い、概ね御座の形となるには最低でも1000回の御座行が必要であると言われ、「千座一人前」という表現も存在する。

　以上述べてきた行以外にも、行者としての法力を高めるために個別になされる行がある。たとえば、滝行や近隣の山での山駈け、中には窟に籠って夜通し勤行するという人もいる。また、里にいながら、数日から1週間程度の断食をする、四足の動物の肉を食べないなど、食事に関して独自の制約を課す行者も

いる。その他、寒行といって、1年で最も寒いとされる寒の約30日間、毎夜行者のみで集まって、屋外で水行をした後、勤行や御座の行をするという講も多い。しばしば御嶽行者が語る寒行のエピソードとして、屋外で水行を行うと、水行をしているそばから足元が凍り始め、足裏がくっつき剥がせなくなった、あるいは、気がつくと皮ごと剥がれて流血していたという話がある。いかにも苛烈な様が伝わってくる逸話である。

このように、現代においても、救いを求めて講にやってくる人びとのため、過酷な行を積み、法力を高めようと奮励する行者たちがいる。ただ、行は他人に誇示して行うものではなく、密かに行うべきものとされ、真に行を積んでいる行者ほど修行をする姿を他人には見せない。そのため彼らが個別にいかなる行を行っているか、なかなかその実態は知ることはできない。しかしながら、そのような荒行を日々積み重ね、身につけた法力は、夏山の集団登拝の場ではもちろんのこと、彼らが日々講で行う御座や加持、様々な心願のための祈禱など、"表" の行で如実に発現され、それが人びとの崇敬と信仰を集めるのである。

4 里にありて山を思う——御嶽信仰のこれまでとこれから

山岳講というと、活動の中心は山中にあるように思われがちである。しかし、上述してきたように、実際には御嶽講の信仰活動の大半は里にある。これは、里での活動が山での活動より勝るということではなく、日常的な里での行があるからこそ、年に一度の夏山登拝が首尾よく遂行され、逆に、その一度の登拝があるからこそ、日々たゆまぬ里の行が為し得るという、まさに両輪の関係にあるのである。御嶽行者にとっての夏山登拝は、「(里での) 前行で行の大半を終えており、その残りを山で完結させる」と言われる。その言葉は、山の行と里の行が連続し、不離の関係であることを表わす。と同時に、他方では、夏の集団登拝は、行者が自己鍛錬を積む場というより、それまでの里行や単独の行を集団のなかで集大成する場であり、行者の行の本体はむしろ日々の行にこそある、という行者に対する厳しさも示している。

また、木曽御嶽から離れた地方でも御嶽講の求心力が比較的高かった理由に

は、神降ろしの御座が存在し、それによって地域の人びとの救済を行っていたことがある。さらに、御座で木曽御嶽山中に鎮座する神仏や霊神が、頻繁に里に来臨するため、信者のなかでも、遠く離れた山と自分たちの住む里とが切り離されることなく、常につながりを持って信仰されていた、ということがある。

　こうした山の行と里の行の密な関係、そしてそれを実践する行者、御座の存在などが背景となり、今日まで、木曽御嶽は"信仰の山"として生き続けてきたと言える。しかしながらその一方で、昨今は、里自体での人びとのつながりが希薄になり、講という共同体に参加すること自体に関心のない人も増えている。また、厳しい行者の道を志す人が激減し、それはそのまま御座の消滅にもつながっていく。そのため、全国の各御嶽講においては、いかに現代社会に呼応した魅力的な講を作っていけるか、また、講の担い手を増やしていけるかが、非常に大きな課題となっているのである。

[小林奈央子]

参考文献
和歌森太郎『山伏—入峰・修行・呪法』(中公新書)中央公論社、1977年。
宮家準監修『峰入—修験道の本質を求めて』千歳グループ開発センター、1994年。
宮家準『熊野修験』吉川弘文館、1992年。
宮家準『役行者と修験道の歴史』吉川弘文館、2000年。
吉成勇編集『日本「霊地・巡礼」総覧』(別冊歴史読本)新人物往来社、1996年。
山田龍真・重松敏美・奥村昌裕『求菩提・修験の世界』葦書房、1983年。
銭谷武平『役行者伝記集成』東方出版、1994年。
伊矢野美峰『修験道—その教えと秘法』大法輪閣、2004年。
町田宗鳳『山の霊力—日本人はそこに何を見たか』講談社、2003年。
菅原壽清『木曽御嶽信仰』岩田書院、2002年。
中山郁『修験と神道のあいだ』弘文堂、2007年。

第2章　近現代の思想／宗教

第1節　富永仲基と思想批判の学

　18世紀の近世日本が生んだ天才的な町人学者・富永仲基。懐徳堂に学び、大坂商人の合理的精神を発揮して、自由な立場から、独創的な比較思想論を展開した。その「加上」と称する歴史的な文献批判の原則は、近代の文献学に直結する画期的な方法であり、言語の系統性や文化の民俗性に着目する視角は、現代における文化人類学の先蹤として高く評価されるものである。仲基が創始した思想（宗教）批判の方法について、考えてみよう。

1　客観的な視座と「加上」の説

　富永仲基（1715〜1746）は、江戸中期の大坂尼崎町で、商人・富永徳通（通称は吉右衛門、芳春と号す）の三男として生まれた。父の徳通は、道明寺屋という醤油醸造業を営む豪商で、大いに学問を好み、懐徳堂（幕府官許の町人学問所）の創設と運営に尽力した五同志のひとりでもあった。仲基も幼少から懐徳堂に通い、学主の三宅石庵に就いて儒教系の諸学問を学ぶが、15歳頃に著した『説蔽』（儒教の教説を成立史的に相対化させて批判した書。散佚）が原因で、石庵の怒りを招き破門されたという。

　懐徳堂を追われた後は、田中桐江（荻生徂徠の親友で儒者）に師事して古文辞学に習熟する一方、華厳の学僧・鳳潭の講説に参じるなど仏教の研究に励んだ。やがて、道明寺屋から分家独立した仲基は、町儒者として子弟を教えることで生計を立てていたらしい。主著の『出定後語』（仏教思想史論・漢文）と『翁の文』（比較思想論・和文）を相次いで刊行してまもなく、仲基は年来の肺疾のため

32歳の若さで夭折した。
　一体、富永仲基とは、いかなる思想家なのか。どの学問、学派に所属するのか、あるいは、どういう宗教、何の宗派に関係を持つのか。まず、彼の基本的な立場を確認しておこう。

　　「吾は儒の子にあらず、道の子にあらず、また仏の子にあらず。傍らに其の云為を観て、且つ私にこれを論ずること、然り。」(『出定後語』24)

　仲基は、古代より東アジアに流布していた儒教、道教、仏教の三教、また日本の国学も含めて、既成のいかなる思想や宗教にも属さないことを、ここに宣言する。仲基以前の学者や思想家は、必ず特定の思想、いずれかの宗教に所属して、たがいに論争を繰り返していた。したがって、彼らの所説は、依拠する思想の価値観に束縛され、自説の優越性を誇り特権化するから、客観的な比較分析の視座を持ち得ない。それに対して、仲基はどの立場も取らず、いくつかの思想を折衷して自己の学説を創出することもなかった。真に自由で中正な観察者の視点に立つことによって、すべての思想発達の有様を実証的に解明していったのである。当然、彼にとっては、非難、排斥されるべき異端や邪説は存在しない。比較思想の客観性は、彼において初めて実現したと言ってよいだろう。
　そのような仲基の思考法を支えたのが、「加上」という思想発展の系統的な原則論である。では、「加上」とは何か。その最も基本的な考え方について、仲基はこう示している。

　　「おほよそ古より道をとき法をはじむるもの、必ずそのかこつけて祖とするところありて、我より先にたてたる者の上を出んとするが、その定りたるならはしにて、後の人は皆これをしらずして迷ふことをなせり。」(『翁の文』9)

　この簡潔な叙述をもう少し敷衍すると、「加上」の説は、便宜上、次のような一連の内容にまとめることができる。
　①ある学説が成立する場合には、必ず既存の先行する学説を乗り越えようと

努力する。
② そのため、自説の正統性と優越性を示そうとして、先行する他説よりもさらに古い時代の典拠に起源を求めたり、他説を凌駕するような複雑な議論を展開したりする。
③ その結果、後世の学説ほど、過去を溯った時代に権威を仮託する傾向があり、思想内容にも新たな要素が付加されて、精緻の度を増していく。
④ このようにして、前説の上に後進の学説が次々と新たに重ね加わっていく過程を経ながら、思想は歴史系統的に発展することになる。

　おそらく仲基は、『説蔽』（15歳頃の著述）で既に、その理論を儒教に適用していたらしい。この書物は散佚して今に伝わらないが、『翁の文』によってその概略を知ることができる。それによると、孔子は、春秋時代に斉の桓公や晋の文公の覇道が尊崇されていたので、それに「加上」して、周の文王・武王・周公の王道を提唱した。孔子の後に出た墨子が夏禹を、孟子が堯・舜を、次の楊朱や道家が黄帝を、さらに許行が神農を、次々に「加上」して説き出した。この系譜から分かるように、時代が新しいものほど、逆に所説の起源を、どんどん古い時代の聖人や先王に求めているのである。また、孟子の性善説は、告子の「性に善悪なし」説への「加上」であり、荀子の性悪説も孟子に対する「加上」として出現したものに他ならない。こうした思想史的な発達の仕組みを知らず、特定の学説や教義のみに真理を認め、それを絶対視するのは誤っている。仲基は、朱子などの宋儒も、伊藤仁斎や荻生徂徠も、それに気づかず「大いなる見ぞこない」をしていると批判した。

　さらに仲基は『出定後語』において、「加上」の原理を縦横に駆使しながら、仏教発展の歴史的な構造を厳密に分析してみせた。そもそも仏教の諸経典は、インドで数百年にわたって次々に成立したものであるが、その発展の歴史とは全く無関係、無秩序に中国に伝来し、漢訳された。しかも、ほとんどの経典が、歴史上の釈尊（ブッダ）の説法をそのまま記した書物であることを、自ら公然と表明しているので、東アジアの仏教圏では、小乗と大乗、様々な経典をすべて、釈尊一代の直説と信じて受容してきたのである。ところが、それら諸経典の間

には、相互に矛盾対立する教義や解釈が数多く見受けられるのも事実。そこで、従来の仏教学者は、何とか整合的な説明をつけようと努めてきたわけであるが、仲基はそれを無理なこじつけとして否定する。

　仲基によれば、釈尊（歴史的人物）によって説かれた経典はあり得ない。なぜなら、どの経典も自説を権威づけるために、釈尊の名を語っているに過ぎず、「経説はみな後徒の記する所」だからである。また、互いに見解を異にする経典の編纂者たちが、前説に「加上」して著したのだから、経典間に教義、思想の相違が生じるのはあたり前であろう。小乗の諸経典は「相い加上」して次々に成立し、それら小乗を前提に「加上」することで大乗が出現した。そののち大乗の諸経典も「相い加上」し合いながら漸次に説き出され、膨大な分量に及ぶようになった。また、小乗では『阿含経』、大乗では『般若経』が、それぞれ最初の経典として位置づけられる。このような見解を、仲基はわずかな文献資料から検証してみせたのである。経典の歴史的な発達順序や語句解釈の異同など、彼が導き出した結論は、今日の仏教学における研究成果とほとんど一致しており、その卓抜な洞察力には感服するしかない。

2　言語・民俗の類型と「誠の道」

　あらゆる思想の発展に適用できる普遍的な原理にまで、「加上」理論を鍛え上げたのは、仲基独自の言語観であった。彼は『出定後語』において、「異部の名字は必ずしも和会し難し」という表現を頻繁に用いている。これは、たとえ同じ言葉でも、歴史的な変遷や状況の変化に応じて、必然的に意味の違いが生じることをいう。そして、その差異に注目しながら、言語表現の一般的なあり方を「三物五類」という形式に分類した。

> 「およそ言に類あり、世あり、人あり。これを言に三物ありと謂う。一切の語言を解するに、三物を以てする者は、わが教学の立てるなり。苟くも此れを以て之を求むるに、天下の道法、一切の語言、未だ嘗て錯然として分かれずんばあらざるなり。」（『出定後語』11）

言葉には、類別と時代と人物という三つの条件（三物）がある。すべての言語行為をこの三物によって解き明かすのが、自分の研究姿勢であり、あらゆる思想や言葉は例外なく、三物を通して判然と分析できる、と仲基は断言する。三物のうち「人（人物）」とは、同じ意味のことも、人や学派によって、異なった言葉で表現されることをいう。「世（時代）」とは、同じ言葉でも、時代によって、発音やつづり字が変化することを言う。「類（類別）」とは、ひとつの言葉が、使い方次第で、それ本来の意味が変わることを言い、次の五つ（五類）に分けられる。①張 … 譬喩的な用法。②泛（はん） … 一般的な用法。③磯 … 深化的な用法。④反 … 対義的な用法。⑤転 … 変革的な用法。仏教の経典は、インドで長い時間をかけて編纂されてきたものであり、中国における漢訳も各時代によって違うのだから、こうした言語使用の体系的な構造を理解することは、仏教研究にとって必須の方法であろう。今日では自明の事実も、当時の学者は漢字を考証の対象としていたために、語形や発音の時代的変遷には気づかなかったのである。

　仲基はまた、「国に俗あり」と主張し、いかなる思想も、その国民性や民俗性を免れ得ぬことを指摘している。そして、風土的環境に基づく精神文化の性格（「俗」・「くせ」）を、各思想の傾向にあてはめようと試みた。

　　「竺人の俗は幻を好むを甚しとなす。これを漢人の文を好むに猶（たと）う。およそ教を設け、道を説く者は、みな必ずこれに由って以て進む。苟くもこれにあらざれば、民、信ぜざるなり。」（『出定後語』8）

　インド人は「幻」を好むので、仏教も幻術（神通力など）を説法の手段（方便）として用いた。同様に、中国人は「文」を好むので、儒教も文辞（言葉の修飾）を多用することで広く流布した。では、日本人はどうか。仲基は一応、「絞」（直情径行で質実）を好む性格であると示しながらも、一方で、日本人の宗教・神道を生み出したのは、「かくす」という国民性に存すると見た。

　　「神道のくせは、神秘・秘伝・伝授にて、只（ただ）物をかくすがそのくせなり。凡（およそ）

かくすという事は、偽盗(いつわりぬすみ)のその本にて、幻術や文辞は、見ても面白く、聞きても聞きごと(聞きがいのあるもの)にて、ゆるさるるところもあれど、ひとり是くせのみ、甚だ劣れりというべし。」(『翁の文』16)

　幻術や文辞は、見ても聞いても面白く、それなりに有益なところがある。それに較べ、「かくす」ことは、うそ偽りや窃盗につながるもので、全く下劣、救いようがない。非常に手厳しい日本人と神道への批判であるが、だからといって神道を斥け、仏教や儒教を奨励しているわけではない。仏・儒・神の三教は、歴史的・空間的に、それぞれ必然性をもって成立したのであり、価値的には相対化されている。重要なことは、今を生きる日本人にとって大事な道、倫理的な規範とは何か、である。

　　「仏は天竺の道、儒は漢の道、国ことなれば、日本の道にあらず。神は日本の道なれども、時ことなれば、今の世の道にあらず。国ことなりとて、時ことなりとて、道は道にあるべきなれども、道の道といふ言の本は、行はるるより出たる言にて、行はれざる道は、誠の道にあらざれば、此三教の道は、皆今の世の日本に、行れざる道とはいふべきなり。」(『翁の文』1)

　仏教や儒教は、それぞれ本来はインドと中国の教えである。神道は日本の教えであるが、今の時代にはそぐわない。この三教がいずれも不適格ならば、「今の世の日本」に行われるべき真実の道とは何かというと、それが「誠の道」である。しかるに、その内実は「唯物ごとそのあたりまへをつとめ、今日の業を本とし、心をすぐにし、身持をただしくし、物いひをしづめ、立ふるまひをつつしみ」、「今のならはしに従ひ、今の掟を守」って「もろもろのあしきことをなさず、もろもろのよき事を行ふ」という、当時の通俗的な日常道徳に他ならなかった。仲基自身、それが言わずと知れた陳腐な徳目であることを、十分に承知していた。その上で敢えて、同時代の人びとにとっての「あたりまへ」を「誠の道」として提唱したのである。

　おそらく仲基は、伝統的な宗教や思想の説く教義、理念が、「加上」によって積み重ねられたイデオロギーやドグマであり、それらを取り除いてみると、

いずれも常識的で身近な倫理道徳を存立の基盤としている事実に、思い至ったのであろう。しかもそれらは、各時代、各地域(国)で、現実に行われていた「あたりまえ」の教えそのものであった。とすれば、「今の世の日本」にかなった教えは、日常生活の「あたりまえ」の道徳しかあり得ない。実に「誠の道」こそ、仲基が、厳密な思想批判の末に到達した人生の真理と言えよう。

『出定後語』は、実証的な文献学の手法に基づき、仏教思想史を発展的に構成した、世界でも最初の著作と言われている。しかし、仲基の学問と方法は、江戸時代を通じて継承されることなく、ほとんど無視された。ただ、その「大乗非仏説」論が反響を呼び、仏教界はそれに反発し、平田篤胤は『出定笑語』でそれを仏教批判に利用した。一方、本居宣長のみは『玉勝間』において『出定後語』を正当に評価、賞賛したが、仲基の思想が再発見されるには、明治の碩学・内藤湖南(近代支那学の創始者)を俟たねばならなかった。

第2節　清沢満之の宗教思想

　明治後期に活躍した真宗籍の宗教哲学者・清沢満之は、西洋哲学を批判的に受容して、世界的な視野から、仏教の近代化を推進すると共に、宗門改革の民主化運動を主導するなど、理論と実践の両面で重要な成果をもたらした。また、『歎異抄』を再発見し、親鸞の信仰を深め、宗教の本質に迫って、独自の「精神主義」を打ち立てた彼の思想は、宗教界のみならず、西田幾多郎らの哲学にも多大な影響を及ぼした。そこで、清沢が探し求めた「近代の宗教」とは何か、その特質について考えていこう。

1　宗教哲学の誕生

　清沢満之(1863〜1903)は、幕末に尾張藩の下級士族の家に生まれた。12歳から愛知英語学校に学んだ後、15歳で愛知県医学校に入るが、家庭の貧困のため、ほどなく退学を余儀なくされた。学問を続けたい一心で、浄土真宗大谷

派 (東本願寺) の僧籍を取得、宗門の給費生となって、21歳のときに東京大学文学部哲学科に入学した。

在学中は、フェノロサを師として西洋哲学を学び、とりわけヘーゲルの思想に傾倒する一方、井上円了らと哲学会を創設し、『哲学会雑誌』の編集にも携わった。大学を主席で卒業すると、直ちに大学院へ進学、宗教哲学を専攻するかたわら、第一高等学校 (のちの東京大学教養学部) や哲学館 (のちの東洋大学) で教鞭をとるなど学究生活に勤しみ、その前途には、おそらく大学教授への道が開かれていた。

だが、彼は大学に残る道を放棄し、宗門の要請に応じて、京都府立尋常中学の校長に就任した。学問させてくれた宗門の恩、それに報いんとする道義的な責任感からの決断であった。2年後の辞任を機に、彼は極端な禁欲生活を始め、厳しい求道的な体験を通して、宗教者であるべき自己のアイデンティティを確立すべく試みた。こうした「実験」的な行動は、宗教的直観や信心に拠らず、宗門に帰依することになった彼にとって、「宗教」へ参入するためのイニシエーション (通過儀礼) としての意義を担っていたと言えるだろう。

そば粉を水にといて食べ、松脂を嘗めるほどの苦行に精進するなか、30歳の清沢は、これまでの研究と思索の成果をまとめ、最初の著作『宗教哲学骸骨』を出版した。わずか100頁ほどの小著ではあるが、ヘーゲル、カントをはじめとする西洋近代の哲学やマックス・ミュラー、タイラー等の宗教学説を批判的に織り交ぜながら、華厳や天台など大乗仏教の縁起論を基盤に据えた独自の宗教思想が、極めて理路整然と体系的に記述されている。本書の英訳が、翌年 (1893) のシカゴ万国宗教大会に提出されて好評を博したのも、十分に首肯されるところである。ちなみに、書名の「骸骨 (スケルトン)」とは、論旨の骨格や物事の本質、あるいは、それらを構成する枠組みを意味する用語。その言葉通り、本書は、宗教一般に共通する普遍的な基本構造を、できるだけ簡潔な表現で筋立て、論理的に考究するという方法をとっている。

『宗教哲学骸骨』の内容について見ると、全篇を貫く中心テーマは、「有限」と「無限」を対概念に据えて世界観を構築した上で、有限なるわれわれが、ど

のように無限との関わりを探究するかという問題である。清沢によれば、有限と無限の性格は、次のような図式で対比される。

　　有限 ＝ 依立 ＝ 相対 ＝ 単一 ＝ 部分 ＝ 不完全
　　無限 ＝ 独立 ＝ 絶対 ＝ 唯一 ＝ 全体 ＝ 完全

　まず、有限のあり方を考えてみよう。清沢はそれを「有機組織論」によって説明する。有限とは、われわれ人間を含めた世界のあらゆる事物や事象、宇宙に存在する森羅万象の一切を指す。これらの有限なる個物は、他のものから切り離されて、それだけで単独に存立することはできず、相互に依存し合う関係性のネットワークに支えられてのみ、存在できる。たとえば、Ａというものの存在が成り立つためには、Ａ以外のＢやＣなど、その他あらゆるものが、何らかの形で原因や条件となって関わることが必要なのである。この場合、Ａとそれ以外の一切のものは「主伴互具」の関係にあると、清沢は説く。Ａは「主」となり顕在化するのに対して、それ以外のすべては「伴」として潜在的に隠れた形でＡとつながり、Ａの存在を構成しているのだ。Ａのなかに宇宙の万物が残りなく含まれている、と同時に、宇宙万物の各々にＡがもれなく浸透し包み込まれる。ただひとつの現実的な個物の存在にも、全宇宙が参与するというわけである。

　とすれば、すべてがすべてとつながり合い、たがいに主となり伴となりながら、相依り相俟って、時空の果てまで際限なき連鎖の網目を形づくっていることになろう。したがって、この有限相関の世界において、万物は一体であり、有機的に構成されているという見方が成り立つ。こうした存在了解の仕方を有機組織論と言い、哲学の視点から、仏教の縁起論を概念的に再構築したものである。

　次に、無限とは何か。それは、部分的な有限の個物すべてを統一し、包摂する全体である。と同時に、個々の有限に普く行きわたり、それら一切のなかに偏在する存在の理法に他ならない。超越と内在の両面から、有限を統括する絶対的な真実在と言い換えてもよいだろう。神や仏、真如など、宗教における絶

対究極の存在者や真理も、無限を表現するヴァリエーションのひとつとして把握すべきであるという。

以上の考察を踏まえて、清沢は「宗教」を、有限なるわれわれが無限との関係を自覚すること、と定義した。そして、この関係の仕方に、相異なる二つの立場を設定したのである。第一は「自力門」で、有限（自己）のなかに無限が潜在的な可能性（因）として内在することを信じ、それを自分の能力や修行によって開発し顕現させようとする立場。第二は「他力門」で、有限（自己）の外部に無限が現実的な真相（果）として実在することを信じ、それが発する不思議な力のはたらきによって摂取（救済）されようとする立場。

これらの二門は、唯一なる無限に対する有限の側からの関わり方の相違に基づくが、清沢はさらに、自力と他力という矛盾する立場の絶対的な統一を、宗教の究極的な境地として規定した。そのことは、彼が拠って立つ浄土真宗の思想を、伝統的な宗学の教条主義から解放して哲学的に鍛え直し、宗教一般の普遍的な原理に統合させようとする野心的な試みでもあった。

『宗教哲学骸骨』は、抽象度の高い哲学の概念を厳密に適用して、宗教の本質に肉迫し、呪術や俗信、祈禱的な要素を取り除いて、近代的な合理性のもとに宗教を基礎づけた。まぎれもなく日本で最初の宗教哲学書と言えよう。宗教においては、信仰よりも理性が優先されると言って憚らぬほど、清沢の思弁的な態度は徹底していた。しかし、まもなく彼は、それが傲慢な誤りであったことに気づく。きっかけは、不治の病・結核の発症であった。

2　精神主義と宗教の近代化

過激な禁欲と苦行の無理がたたって、清沢は32歳で結核に侵された。喀血を重ね、死の影に怯える境遇のなかで、彼は、これまで自分が行ってきた修養と学問を「自力の迷情」として否定する。それこそ、観念や理知の宗教を捨て去り、安心立命の宗教を求めて、自らの信仰を内面的に省察し深める方向への質的な転換、「回心（えしん）」に他ならなかった。

その後、厳しい闘病生活を送りつつ、清沢は精力的に宗門改革の運動に取り

組んだ。財政本位に傾いた教団（真宗大谷派）の金権体質を批判し、教学振興を主眼とする寺務の刷新、ひいては宗門の民主化を要求したのである。京都白川村に居を構え、同志5人と共に『教界時言』を発行し、広く社会に訴えた。世に白川党運動と呼ばれ、マスコミの反響も大きかったが、結局は失敗して、一時、除名処分を受けるに至る。その解除後は、東京に新設された真宗大学の学監（学長）に就任、宗教教育の理想を掲げるも、文部省の認可をめぐって学生の反発を受け、ここでも辞職に追い込まれた。教団関係に対する清沢の失望と挫折感は、想像するにあまりある。

また、養子先（愛知県大浜の西方寺）における人間関係のトラブルも、彼を苦しめた。実父と養家との不和に懊悩し、療病や経済的な負担で肩身の狭い思いを強いられた。一方、地獄や極楽を話さない彼の説教は不評で、檀家の門徒からも受け入れられず、葬式の担当を断られることさえあった。さらに、2人の息子と妻の急逝という悲運が重なり、清沢もその数ヶ月後に41歳の生涯を閉じることになる。

このように、清沢の人生は、苛酷で苦難に満ちたものであった。しかし、その辛酸な経験を通して、彼が信仰の内実を深めていったのも確かである。結核との闘病、宗門改革の挫折、養家での人事の葛藤などは、彼に否応もなく自分の無能・無力さを痛感させた。36歳頃、清沢は自己を「極悪最下の機」として自覚し、実存的な「信心」の獲得へと導かれたようである。

　　「自己とは他なし。絶対無限の妙用（みょうゆう）に乗託して、任運に法爾（ほうに）に此の境遇に落在せるもの、即ち是なり。只だ夫れ絶対無限の妙用に乗託す。故に死生の事、亦た憂ふるに足らず。」

信心というのは、絶対無限（如来＝阿弥陀仏）の妙なるはたらきに、おのれのすべてを任せきって、今の境遇をあるがままに受けいれる心の構えを意味する。そこにおいては、死生の憂愁や人生の艱難辛苦も、自分の置かれたあらゆる現実が、絶対無限によって与えられた結果と見なされ、積極的に肯定されるのだ。もはや清沢の「絶対他力」信仰に、迷いはない。

清沢は1900（明治33）年（38歳）、東京本郷に門下生たちと「浩々洞」を開き、翌年から『精神界』の刊行を始めて、「精神主義」運動の幕を上げた。宗門や仏教界にとどまらず、社会全般の人びとに発信した活動は、生涯最後の2年間とはいえ、近代日本の宗教史上に輝かしい足跡を残すことになった。

　精神主義とは、「絶対無限者（如来）」を、確固たる心の依り所（「完全なる立脚地」）として生きることである。つまり、単なる思想信条ではなく、一個の宗教人として、現実社会の諸問題に対処していこうとする実践的な姿勢を言う。その主な特徴は、概ね二つの項目にまとめることができる。

　第一の項目は、主観主義。宗教はあくまでも個人の主観的事実に属するものであって、その是非を他者が客観的に判断することはできない。たとえば、「私共は神仏が存在するが故に神仏を信ずるのではない。私共が神仏を信ずるが故に、私共に対して神仏が存在するのである」と、清沢は主張する。神仏（聖なるもの）や地獄極楽（来世）の有無を、合理的に論証しようとするのは無益であり、それらの存在は個人の信心においてのみ、真実の意味を持つ。

　重要なのは、心の内奥を深く省みて（内観）、如来（絶対無限者）と出会い、すべてを如来のはからいと信じて受けとめること。そうすれば、如来との直接的な関係のなかで、煩悶や憂苦は解消し、満ち足りた日常を送ることができる。なぜなら、一切の苦悩は、外物（金銭、名誉、地位等）を追い求め、他人に振り廻されるなど、心の外側にあるもの（客観）への欲望や執着によって生じるからである。

　明治30年代は、日清戦争後の軍備拡張政策や産業革命の進展、資本主義経済の勃興によって、世間の人びとがこぞって立身出世の競争に奔騰する状況にあった。そうした情勢のもと、清沢は、財産や権力、富貴などの文化資本を我執として退け、真の幸福や自由は、自己の内なる精神の充足（如来に支えられて生き抜くこと）にこそ存すると説いた。それは、世俗を超える宗教独自の価値を確立した宣言として、誠に意義深い。

　第二の項目は、「全責任—無責任」主義。相対立する概念の奇妙な並置だが、これは、倫理や道徳に対する宗教的人格の覚悟を表明したものである。清沢に

よれば、この世界のすべてのものは、相互に依存し関連し合って存在するから、「万物一体」である。そうとすれば、天地万物、あらゆるものに対して、われわれは「全責任」を負うことになる。しかし、そんな責務を完全に果たすことなど、有限な個人には到底できない。それが可能なのは、絶対無限者たる如来だけである。そこで、われわれは自分の無力さを自覚した上で、全責任を如来に引き受けてもらう以外に、術はない。如来に任せきる、それによって、われわれは責任（倫理）の重荷から解放され、「無責任」の境地（宗教）に至るのである。

　この無責任主義においては、当然、世俗社会の倫理道徳は限界あるものとして否定される。清沢は、倫理が権力側の意志に左右され、道徳も偽善性を免れない事実を見逃さなかった。宗教は決して政治に従属せず、道徳にも還元されない。だから、宗教の主張が、場合によっては、愛国心や道徳と背反することがあっても仕方がないのだ、と彼は言う。教育勅語に基づく国家道徳の遵守が義務づけられ、宗教（仏教）の道徳的な効用が強要されていた当時、清沢は、宗教の自立と優位をラディカルに説き示すことによって、世俗内道徳に迎合する宗門教団や宗教界の態度に警鐘を鳴らしたのである。

　これまでの考察を踏まえて、近代宗教史における清沢の功績を確認しておこう。まず「パンの為、職業の為、人道の為、国家の為、富国強兵の為に、功名栄達の為に宗教あるにはあらざる也」と断言されるように、宗教的価値の絶対性と普遍性を明らかにしたこと。次に、宗教的信念を主観的事実として認識し、教団や国家に拘束されない、主体的な信心に基づく信仰の仏教を確立したこと。そして、上記の2点を理論的に保証する役割を果たす思想体系、すなわち、近代的合理性に適う宗教哲学を構築したこと。これらの事柄は、宗教の近代化にとって必須の要件であるが、明治20年代までの仏教では、島地黙雷の宗教の自由や井上円了の科学的仏教など、不十分で断片的な内容にとどまっていた。それを三位一体的に成し遂げたところにこそ、清沢の偉大さがあったのである。まさしく彼を俟って初めて、日本は近代的な宗教の段階に到達したと言えよう。

第3節　古沢平作と阿闍世コンプレックス

　日本で最初の臨床精神分析医・古沢平作（1897～1968）は、ウィーン精神分析研究所に留学中の1932（昭和7）年、フロイトを訪問して「罪悪意識の二種」という独訳の論文を手渡した。そこには、西欧型父性社会のエディプス・コンプレックスに対照させて、日本型母性社会の「阿闍世コンプレックス」と称する独自の理論が述べられていた。これは、親鸞『教行信証』に引く阿闍世の説話を題材に考案されたもので、日本人の心的特性を、伝統的な宗教心に基づく無意識の類型から分析しようという初めての試みであった。両コンプレックスを対比させながら、古沢の開示した「懺悔心」の意義について探索してみよう。

1　エディプス・コンプレックスの座標

　ギリシア悲劇の白眉との誉れ高いソポクレスの『オイディプス王』。フロイトが、この傑作から着想を得て、罪悪感の起源を解き明かす「エディプス・コンプレックス」の理論を展開したことは、よく知られている。そこで、まず『オイディプス王』のあらすじを記してから、彼の考え方について述べることにしよう。

　テーバイの王ライオスは、アポロンの神託によって、自分がやがて産まれる息子の手にかかって殺される運命にあることを、告げられる。そのことを恐れたライオスは、妃イオカステが息子を出産するとすぐに、家僕の牧人にこれを渡し、キタイロンの山あい深くに捨てさせて、この世から葬り去るように命じる。幸いにもこの子は、コリント王に仕える羊飼いに見つけ出され、子どものいなかったコリント王の息子として育てられた。これがオイディプスである。

　しかしあるとき、コリントの王子ではないと侮辱されたオイディプスは、ことの真相を知ろうと神託を受けにデルポイの神殿へと向かった。ところが神託は、彼が父を殺し、母を妻にするであろうと語った。そこで彼は、コリント王の夫妻を実の父母と思っていたので、コリントには戻らず別の国へ行こうとす

るが、その途中で、本当の父ライオスと遭遇し、口論の末にライオスを撲殺してしまう。

　同じ頃、テーバイの近辺に、スフィンクスという怪物（美しい乙女の顔で翼を持つライオンの姿）が出没し、道行く人びとに謎をかけ、解けぬ者の生命を日々に奪っていた。そこで、スフィンクスからテーバイを救う者には、ライオスの後継者として王位とイオカステを与えるという布告が出された。オイディプスは、スフィンクスの出した「同じ声を持ち、足が4本、2本、3本になるものは何か」という謎に、それは〈人間〉であると答えた。幼児期は4足で這い、成長すると2本の足で歩き、老人になると杖を持つから3足だというのである。スフィンクスはこの答えを聞くと、谷底へ身を投げて死んでしまった。

　こうして、オイディプスは人びとに推されてテーバイの王位につき、先王の妃イオカステを妻にすることになった。かくて平和で幸福な十数年の歳月が過ぎ、その間、2人には4人の子どもがさずかった。ところが突如として、テーバイに疫病が蔓延し、作物は枯れ、家畜は死に絶え、人びとの嘆き苦しむ声が国中にあふれるようになる。オイディプスはその原因を探ろうとするが、その究明の過程で、彼が実はライオスとイオカステの息子であることが、盲目の賢者テイレシアスによって暴露される。それを聞くと、イオカステは首を吊って自殺し、オイディプスは両目を黄金の留め金で突き刺して盲目となり、すべての汚れを一身に背負って、テーバイを去っていく。

　フロイトは、この悲劇に語られる父親殺しと近親相姦のモチーフに注目し、次の3点から成る無意識の心理的複合体を、エディプス（オイディプスの独語名）・コンプレックスと名づけた。その内容を、順番に検証してみよう。

　第一は「母への愛着」。これは、性への関心を性器に集中させる男根期、つまり4〜5歳の時期（少年が対象となっているが、少女はその逆バージョンだと考えればよい。ここでは「父への愛着」というように）に芽生えるもので、母親の愛情をひとり占めしたいという気持ちである。フロイトはここに、小児特有の性愛的な欲望を認め、母親に対する「近親相姦」的な願望を抱くのだと主張した。

　第二は「父への憎悪」。ここではまず、少年が父親を、自分と母親との直接

未分化な一体感を奪う者と見なしてライバル視し、その不在や死を願うようになる。これは、嫉妬からの殺意につながるもので、深層の「父親殺し」的な衝動を表わしているという。が同時に、父親に対する思慕と愛情も抱いており、そのアンビバレンツな感情から、父親への殺意を後悔するに至る。いわゆる原父殺害パターンによる強迫自責の念である。

　第三は「去勢の不安」。少年は、父親に抱いた邪心や母親への欲望がばれると、父親の怒りに触れ、厳しく罰せられるのではないかと不安にかられ、深刻な恐怖にとらわれる。そもそも近親相姦と父親殺しは、人類にとって絶対に犯してはならない普遍的なタブー（禁忌）に他ならない。それを破れば（たとえ内面的に思っただけでも）罪となり、厳しい処罰（少年にとって一番怖いのは、ペニスを切断する去勢）を受けるのは不可避である。この恐怖から「罪」になる事例は「悪」であり、決して行ってはならないという禁則＝道徳律が、心の奥底に刻み込まれることになる。こうして、父親（少年には外部の絶対者であり、神の代行者）から受ける去勢の脅し、処罰をおそれる不安や恐怖心が内在化して、罪悪感が生じるわけである。これを「処罰恐怖型の罪悪感」と言う。

　この罪悪感が契機となって、やがて無意識の深層に「超自我」（良心の声や呵責）が形づくられる。法・掟・ルールなどの社会的な規範や倫理が、父親からの威嚇や脅し＝家庭の教育やしつけを介して、子どもの心に内在化して超自我となるのだ。これ以降、もし社会の法やモラルに背く衝動が出てくると、心に超自我が発動して、無意識のうちに恐怖と罪悪感を抱くようになり、悪なる行為を未然に防ぐのである。

　こうしたエディプス・コンプレックスの背景には、ユダヤ・キリスト教的な「父性原理」が働いているのは、容易に見てとれよう。この原理は、〈切断する〉機能に特徴がある。つまり、善と悪を切り離し、明確に判別する。善と悪は断絶し、決して交錯することなく、その区別は絶対的な権威＝ユダヤ・キリスト教によって原理的に固定化される。罪＝悪を犯せば、その人は必ず罰を受け、逃れること＝責任を回避することは、完全にできない。ここにおいて、個人的な自我の確立は、厳しく自己を律する自立的な責任主体となって初めて実

現されるのである。

2 阿闍世コンプレックスと日本人

　古沢平作は、フロイトの精神分析学の方法を十分に習得しながらも、エディプス・コンプレックスにはひどく違和感を覚えた。西欧社会とは宗教や文化の土壌が異なり、善悪の価値観も違う日本人には、そのまま一元的に適応できず、実際の心理療法においても齟齬をきたしてしまう。熱心な浄土真宗の信者であった古沢は、仏教の「阿闍世」説話で語られる「ゆるし」のモチーフに注目し、日本人の精神性にかなった罪悪感の起源を、全く独自に構想したのである。まずは、その説話のストーリーを以下に記してみよう。

　インド・王舎城（マガダ国の首都ラージャグリハ）に住む王子の阿闍世（アジャータシャトル）は、暗い出生の秘密を背負っていた。その母である韋提希（ヴァイデーヒー）は、阿闍世を身ごもるに先立って、自らの容姿の衰えとともに、夫である頻婆娑羅（ビンビサーラ）王の愛情が薄れていく不安から、息子がほしいと強く願うようになった。

　思いあまって相談した予言者から、森に棲み修行をしている仙人が３年後に亡くなり、その魂は生まれ変わって王妃（韋提希）の胎内に宿る、と告げられる。ところが、彼女は不安と焦燥のあまり、その３年を待つことができずに、早く子どもを得たい一念から、仙人を家来によって殺させてしまう。こうして身ごもったのが、阿闍世（仙人の生まれ変わり）である。既に阿闍世は、いわゆるその前世において、母のエゴイズムのために、一度は殺された子ども（未生怨。生まれる前から怨みを抱いているもの）なのであった。しかもこの母は、懐妊してはみたものの、おなかのなかの胎児＝仙人の怨みと成人後の復讐を思うと恐ろしくなって、堕胎しようという衝動にかられたり、また、出産するときも、高い塔の上から産み落として殺そうとしたが、阿闍世は手の指を折っただけで、一命をとりとめた。

　何ごとも知らぬまま、父母の愛情に満ちあふれた生活を送っていた阿闍世は、成長するに及んで、提婆達多（デーヴァダッタ。釈尊のいとこで敵対者。出家以前の釈

尊とその妻ヤショーダラをめぐって争い敗れた）から、母による自分に対する過去の仕打ちや経緯を知らされるに至る。怒りにふるえた阿闍世は、まず父王頻婆娑羅を幽閉して餓死させ、さらに、理想化された母への幻滅のため、強い殺意にさえ促されて、あわや母を殺そうとする。大臣耆婆（ジーヴァカ）の説得で、母の殺害は辛うじて思いとどまったものの、その後、父親殺害と母親殺害未遂に対する後悔のために、阿闍世は心に高熱を生じ、それが原因で身体中がふるえ、流注（腫れ物の一種）という悪病に苦しむ（「私は今この身に、前世の報い＝仙人の修行の成果として、既に王位を得た。しかし、現世の悪業により、地獄の報いが近づくのも、そう遠くはなかろう」）。

　ところが、悪臭を放って膿にまみれ、誰も近づかなくなった阿闍世を、献身的に看病して癒したのは、他ならぬ韋提希その人であった。つまり、その母は、こうした無言の献身によって、自分を殺そうとした阿闍世を許したのであった。やがて、阿闍世もまた、その母の自己犠牲的な態度に心打たれ、彼女の女性としての苦悩を察して、韋提希を許すのである。こうして、愛と憎しみの悲劇を通して、母と子はお互いの一体感をあらためて回復してゆく。

　古沢は、親鸞の『教行信証』や『涅槃経』、『観無量寿経』などを典拠に、補足修正を加えながら、このような阿闍世の物語をまとめ上げた。そこに一貫するモチーフは、母親と息子の葛藤、そして「ゆるし」である。古沢の「阿闍世コンプレックス」も、これらを基軸にして、次の３点から構成されている。ぜひとも、エディプス・コンプレックスと対比させて見てほしい。

　第一は「母への愛着」。表面的には、フロイトと同じだが、母を異性と見る性愛的な欲望は一切ない。むしろ、限りない母親の愛情にどっぷり浸かり、いつでも身近にいて守ってもらい、やさしく抱擁されることを求める。まさしく幼児的な母子一体感の反復、延長である。母に対する絶対的な依存のもと、自分の「甘え」を最大限に受け容れてもらおうと願望する気持ちに他ならない。

　第二は「母への怨恨」。物語では、やさしく美しい母が、実は、前世の阿闍世＝仙人を殺させ、胎児や嬰児、それぞれの時期の自分を殺そうとする、残忍で冷酷非情な女だった。その幻滅から、阿闍世は怨念をはらし、復讐を図ろう

第3節　古沢平作と阿闍世コンプレックス　61

と母に殺意を抱いたのである。それを子どもの成長の心理に置き換えれば、思春期における自己愛（「甘え」）的な母親像からの分離や脱却（「甘え」幻想の崩壊）が、母への悲しみ、怒り、怨みという否定的な感情（もはや「甘え」が満たされないために起こる）を伴い、そのことが内面での象徴的な「母親殺し」衝動として表現されるわけである。

　第三は「母へのゆるし」。母の自己犠牲的な献身、すなわち、殺害をもくろんだ自分を許し受け容れて、感染する危険を顧みずに、看病とケアに尽くしてくれることに対して、「後ろめたさ（後悔）」を痛感し、心から悪かった、すまないと思う。この母を裏切り、傷つけ、悲しませることこそが、「罪」＝「悪」なのだと気づくのである。このように、罪を犯したその相手からの「ゆるし」を媒介にして起こる、自発的な罪悪感（良心）を、古沢は「懺悔心」と名づけた。

　ここで注意すべきは、この「ゆるし」が、決して一方的になされるのではないことである。たしかに、殺そうとした母から許されることが、重要なポイントであるに違いない。しかし、阿闍世の母へ向けられた殺意は、本来、母自身が過去に犯した罪に由来するものであった。その母が、子どもの過ちをきっかけに自分の罪を改悛し、まずもって子どもの罪を許す。許された子どもは、それによって、自分も母のことを思いやり、恨みを解消して、今度は自分から母の罪を許すに至る。この「ゆるし合い」の構図、罪と「ゆるし」の相互関係のなかから、相手に対する自責と償いの念が内面化されて、相手への配慮や気遣いを基軸とする倫理的規範が成り立つのである。

　こうした阿闍世コンプレックスには、父親がほとんど介在しないことからも分かるように、その構造全体は「母性原理」によって規定されている。では、この原理の特徴とは何か。それは「包含する」機能である。つまり、善と悪をはっきりと峻別せず、両者を分離する絶対的な溝を認めない。その区別は曖昧で、流動的。その場ごとの状況、相手との関わりなどに応じて、人間における善悪の位置は互換するのだ。阿闍世と母が、互いに「ゆるし合う」ことによって、2人ともその罪悪から救われ、良い息子、良い母親に成長していったように。悪をゆるす寛容とやさしさのみが、相手に自発的な善への変容をもたらす。

この善悪互換性に裏づけられた、慈悲的な価値観こそ、古沢の眼目である。それは、罪悪を固定化し、厳罰の恐怖をもって迫る、救いなきエディプス・コンプレックスとは相容れないものに違いない(「罪を犯して後悔し、懺悔して、それでゆるされると思う人間は、人に甘えた社会的未熟者か、神経症者か、アジア的野蛮人である」フロイト)。しかし、古沢は、精神分析学の徒であるからこそ、自分の民族的な深層から湧き出る直観、この違和にこだわった。そして、フロイトが見逃したテーマを、いくつか発見した。ゆるされる体験こそが、真に自律的な罪悪感をもたらすこと、罪悪は因果の相互関係によって流動的に規定されること、母親による子殺し願望、などが挙げられよう。古沢はここに、父と息子が厳しく対立するキリスト教的な処罰の世界とは、価値観の全く逆転した、母と息子がやさしく融合する仏教的な慈悲の世界の真理を、確信したのである。

[米田達也]

第4節　植村正久の神道理解

　明治期、植村正久 (1857〜1925) は、組合教会系の海老名弾正と並び、キリスト教界の双璧となって活躍した。日本プロテスタント二大教派の一方である、日本基督教会の指導者として、明治から大正期にかけての日本キリスト教の動向全般に、圧倒的な影響力を持っていたのである。そして今なお、植村は、海老名と異なり、教統を受け継ぐ多くの牧師、信徒がおり、また宗教家、思想史家が、その「正統的」福音主義を指摘するなど、日本のキリスト教徒にとって、その存在は極めて大きい。この節では、その信仰の軌跡と神道理解の諸相から、植村の信仰思想の一端を再考してみたいと思う。

1　信仰の形成と展開

回　心

　植村正久は、安政4年12月、父禱一郎母ていの長男として出生する。家は、

1500石もの家禄を持つ三河以来の旗本であり、徳川幕藩体制の崩壊と明治藩閥体制の確立は、彼にとって、経済、精神の両面にわたり、決定的な打撃を与えることになったのである。11歳のときに、徳川慶喜による大政奉還が実施され、旗本植村家の家禄が失われると、父禧一郎とともに、かつての領有地である上総国山辺郡に移り、帰農、主に養豚に従事する。しかし、「武士の商法」で失敗し、まもなく翌明治元年には、横浜南太田に出、薪炭の行商として、貧窮生活を送ることを余儀なくされた。この頃、植村家の実態は、既に正久の双肩にかかってきており、家運再興は、彼の悲願とさえなっていたのである。植村は、その家運再興の志を、母から教えられた英雄加藤清正（朝鮮出兵で知られる）への崇敬に結びつけ、近所の清正社へ日々参詣するなど、熱心な敬神崇祖の念にかられていたという。

その後、明治4年神奈川県営の修文館に入学、ここで、横浜バンド形成に大きく貢献した宣教師S・R・ブラウンの他、同志となった本多庸一、井深梶之助らとの運命的な出会いがあった。そしてさらには、明治5年1月、英語習得のためバラ塾に入塾し、ブラウンと親交のあった、やはり宣教師のJ・H・バラの下で、英語のみならず、聖書講読などを経験することとなったのである。やがて植村は、この塾で、キリスト教を自己の信仰として選びとってゆくことになる。明治5年3月の初週祈禱会の出来事であった。ただ植村の場合は、他の9名の塾生たちと異なり、すぐに洗礼を受けるには至らなかったが、それは、家族の反対や彼の家運再興という志が強かったためであり、明くる年の6年5月、彼はバラより受洗している。

問題は、このときの日本人キリスト教徒の信仰意識の内容であろう。初週祈禱会でのバラの熱弁に感激した、植村を含む日本人塾生たちの多くは、あまりにもあっけなく、何の内省的煩悶もなく回心を行って受洗しているのである。とりわけ植村は、加藤清正をめぐる敬神崇祖の念が、何ら解体されることなく、そのままキリスト教信仰へ移行した感さえある。内村鑑三や海老名弾正が、自伝などで回心期の意識を、かなり詳細に描写しているのに対し、植村はかなり曖昧でほとんど言及がない。対照的でさえあると言えよう。『井深梶之助とそ

の時代』を読むと、バラはかなり日本語が下手で、支那語の聖書によりつつ英語で講義していたため、その内容を井深が良く分からなかった、と当時の様子を伝えている。したがって、植村自身も、やはり当初、単にブラウンやバラからの講義だけでなく、中国のキリスト教解説書『天道溯原』や『真理易知』を参考にしつつ、キリスト教を理解していったに違いない。バラらの説教が、当初どれだけ理解されていたのか、はなはだ疑問であろう。

信仰の展開

この後、植村は21歳で正牧師になって以来、大正14年に亡くなるまで、牧師、神学者、そして伝道者としてめざましい活躍をする。この間、しかし多くの事件が起こり、植村も、否応なくこの渦中に巻き込まれてゆくことになったのである。国家主義の時代とも言われる明治という時代状況に、植村は、どの様に対応したのだろうか。本節では、明治20年代を軸に、植村の信仰と時代の関係について見てゆきたい。

明治20年代、日本は、欧化主義から国家主義へと時代思潮を切り換えてゆく。具体的には、大日本帝国憲法、「教育勅語」の発布や渙発であり、さらには日清戦争勃発などである。大日本帝国憲法発布にあたり、伊藤博文は、前年6月の枢密院で、起草趣旨の演説を行い、「我が国に在て機軸とすべきは独り皇室あるのみ。是を以て此憲法草案に於ては専ら意を此点に用い」と発言している。天皇が、国家の政治的のみならず、精神的中枢として、明確に位置付けられ、天皇―臣民という関係の下に、国体観念がはっきりと自覚されてきたのである。やがて明治24年1月には、内村の「教育勅語」をめぐる不敬事件も起こっている。これら一連の動きに対し、当然植村も、23年に自ら創刊した『福音週報』や『日本評論』を通じて、しばしば意見を述べており、とりわけ「教育勅語」に対する植村の考えは、次の様なものであった。

「今や道徳衰頽の徴候全国に普く、風俗の壊乱実に痛感に堪えざるもの一にして足らず。(中略) 目下社会の有様は、去る十月三十日の勅語を要すること切なり。

徒に制度に由り、法律に頼み、政治の助けを藉りて、治安を図り、国家百年の大計を定めん欲とするも、得てその成效を望むべきにあらざるなり。政治理財の事、もとより軽んずべきにあらず。しかれども政治理財の外に、吾人の深く注目すべき事物あることを忘るべからず。皇上の勅語は直接に道徳を輔益することなしとするも、全国の民をして、道徳廉恥のことに注目し、風俗を矯正し、倫理を明らかならしむるの必要を感ぜしむるに至りては、その功蓋し大なりと言わずんばあらざるなり。しかれども道徳は一篇の諭達書に由りて、振起し得べきものにあらず。」

　という様に、しかし植村は、決して「教育勅語」それ自体に反対したわけではなく、ましてや天皇が、道徳的、精神的価値へ積極的に関与してゆくことに、何ら異議を呈したわけでもない。主張の中心は、社会、日本国民一般への、「教育勅語」の有効、効果の如何に置かれていたのである。同様に、内村の「教育勅語」をめぐる不敬事件への言及の論拠も、これに近いものであった。

　「吾人はあえて宗教の点よりこれを非難せず、皇上に忠良なる日本国民として、文明的の教育を賛成する一人として、人類も尊貴を維持せんと欲する一丈夫として、かかる弊害を駁撃せざるを得ず、これを駁撃するのみならず、中学校より、また小学校より、これらの習俗を一掃するは国民の義務なりと信ずるなり、内村氏がその初め勅語を礼拝せざりしは、宗教の点において疑うところありしか、或いは吾人と同一の考えを抱きたるがため、礼拝をなすに躊躇したるものか、いずれにもせよ、吾人はその心術の高明なりしに感服せずばあらざるなり。」

　植村の、この事件に対する主張は、やはり決して不敬事件それ自体の持つ精神性、宗教性に対する、ひいては勅語を渙発した明治天皇に対する、福音からの信仰的発言、批判ではなかった。「文明的の教育を賛成する」という様な、あくまで社会的人智的な視点で不敬事件を捉え、批判したに過ぎないのである。
　そして、遂に明治27年、日清戦争が始まると、彼は早速、次の様に表明している。

「普連土教会の人々、平和会の会員は戦気滔天の今日に公然その主義を宣言し、その会規の制裁を厳かにして、会員を淘汰し、非戦論のために気焔を吐かんとす。われらもとよりその主義に反対す。」

　植村は、日清戦争に対して、クエーカー派の教義的確信に基づく、信仰的態度を非難し、明らかに肯定的態度を示しているのである。一方植村は、同時に、「支那のために祈れ」や「日清戦争を精神的問題とせよ」と題する説教論文を残しており、日清戦争を、キリスト教伝道の観点から支持してゆこうとする態度も窺われなくはないが、その祈りの内容は曖昧であり、具体的な現実的内容はほとんど見られない。逆にむしろ植村は、この時期、かなり積極的に、日本の国家、社会の動きを意識しつつ、時代状況に突き動かされるかの様に、いろいろと教会指導を行った様子が見られる。まず教会制度的には、明治27年7月、日清戦争直前の日本基督教会第9回大会で、大会伝道局の改組を提案し、それまで各中会単位で、外国ミッションとの関係を保ちながら動いていた個別教会を、大会伝道局の強力な指導の下に独立自給させ、日本人主体の教会伝道を位置付けたのである。また教会説教においても、やはり日清戦争中の27年11月の天長節の日に、植村は、「天長節」と題する説教を行っている。

　「今上天皇の御治世は栄光なり、国民の光栄なり。われわれは已往三十余年の歴史に映射せる聖徳を仰ぎて歓喜に堪えず。この国民の祝日に際して、はるかに国民の前程を望めば、希望胸に満ち、志気おのずから奮い、主なるキリストを奉ずる国民として、開進の国是に参じ、微力を竭して陛下御宿志の万一に報い奉らんことを期す。」

　ここには、天皇の御治世に対する、絶対的な信頼、賞賛を読み取ることができ、彼に、もはや福音を信ずる一キリスト教徒としてよりも、日本という社会に生き、天皇に仰ぎ随う一臣民たる誇りを、強く感じとることができるだろう。植村は、さらに、「キリスト教と武士道」、「何をもって武士道の粋を保存せんとするか」など武士道に関する説教も、次々とこの時期に行ったのである。

いずれにしても、明治20年代における植村の信仰思想の一端を見る限り、植村が福音を真に理解し、具体的な現実に対して、主体的に働きかけていったとは到底思えない。むしろ彼の現実への視座は、常に社会や国家といったものに置かれ、あくまでその立場より、教会や福音も、状況に左右されつつ、大きく揺れ動いたと言えるのではないだろうか。

2　植村の神道理解の諸相

次に、植村の神道理解の諸相について見てゆきたい。当時、海老名が、神道とキリスト教の類似的統合を展開し、日本人主体のキリスト教を形成したことの、まさにその対極に植村は存在していると考えられている。にもかかわらず、植村の神道理解が、憶断の下に見過ごされている感がある様に思う。しかし、植村が、日本の伝統思想、とりわけ神道を、具体的にどの様に考え、如何に乗り越えようとしたのかは、彼の信仰思想全体を捉えようとするとき、決して避けられ得ない問題ではないだろうか。

神道は時代錯誤

植村は、神道を、時代錯誤の遺物の様なものとして考えていた。

> 「日本のキリスト者は神道および神社の問題につき、議論に事実に、戦闘力を発揮して、時代錯誤の甚だしきこれら弊事を清掃することを務めねばならぬ。」

大正10年の説教論文であり、植村の最晩年に近いときの神道観であるが、その視点は、生涯一貫しており、神道を極めて矮小化し、近代という時代思潮に、明らかに不釣り合いな代物と考えているのである。彼は、宗教批判を、その信仰的な本質の如何よりも、機能や働きなどに傾斜しつつ行っており、キリスト教指導者、宗教家として、当然あるべき神学的考究、福音深化の主体的な問いを欠落させながら、神道評価が行われているのである。なぜ、植村は、神道とキリスト教の神人観相違の中心である、神人懸隔と神人一致の問題に、具体的に言及しないのか。福音主義の立場から神道に対して批判、論評を加え、

自己の神学を展開するなら、神人懸隔、即ち原罪の問題と、その唯一の回復手段としてのキリストの死と復活をめぐる福音が、真正面から据えられていかねばならないだろう。

　植村の祖先崇拝をめぐる理解に関しては、次の様な言及がある。

　　「次の話は私が植村から直接聞いた話であるが、下谷教会に、一人の老婆が久しく出入していたが、信仰を有っていたにも拘らず、中々洗礼を受けない。そこで先生（植村のこと）が或時その老婆に尋ねた。『お婆さん、あなたは信仰を有っているのに何故洗礼を受けないのだね』　お婆さんはそれに答えて、『洗礼を受けては御先祖に済みません』というのであった。『御先祖は何の宗旨かな』『法華で御座ります』と答えた。　植村はそれを聞くと、お婆さんの顔をぢっと見ながらこう言った。『お婆さん、あんたの家は山本姓だ。多分山本勘助から続いているのであろうが、勘助は源氏であり、源氏は清和天皇から出たのだから最初から御先祖が法華であった訳はなかろう。誰か法華に改宗した人があるんだよ』
　　之を聞いてお婆さんは忽ち釈然とした。『成る程ね、誰か宗旨換えしたものと見えます。日蓮さんより後に生まれた御先祖がね』　これでお婆さんは喜んで洗礼を受けた。」（青芳勝久『植村正久伝』教文館）

　以上に示されることは、植村が、洗礼と祖先の問題を、どう解決しようとしたかを示唆している。彼は、ここで祖先崇拝の問題を真正面から見据え、乗り越えようとしているのではない。一種の機智によって、瑣末的問題のごとく対処しており、自己の信仰的確信は、一切避けられているのである。この点、植村と比べ、海老名の神道理解は、はるかに主体的かつ神学的である。単に偶像崇拝、或いは祖先崇拝を一般論、抽象論として批判するのではなく、記紀（日本神典）の造化三神と三位一体との関係、禍津日神と原罪の問題等を、極めて内省的に捉え、たしかに恩寵に基づく福音そのものへの稀薄さはあるものの、にもかかわらず、なお福音の地平から神道について語ろうとしている。一方植村の神道論は、結局、信教の自由、政教分離の原則という政治的な理念から主張された、事大主義、状況主義のにおいさえするものであって、平板な、宗教者の実存としては、あまり意味を持たない発言であろう。

国家・皇室と神道

　明治政府は、33年、宗教局と神社局の分離をうち出し、「神社は宗教に非ず」とする方針を政策化した。これらに対しても、植村は、「宗教局と神社局」という説教論文で、神道が宗教的要素を色濃く持つものとして、国家との接近を極度に警戒し、批判するに過ぎない。植村は、神学的、信仰的な批判よりも、明治天皇の、「御賜」としてあった信教の自由を声高に主張し、「国家の礼典より宗教的分子の排除」を要求するだけで、福音の深化とは何ら関わりのない、政治的に傾斜した、ジャーナリスティック（時流的）な発言に終始するのである。

　　「神道の将来こそ深く慮るべきことなれ。皇室に関係ある儀式礼典の内に宗教の分子混入し、忠君と信教を同一ならしむるが如きことありては、国家将来の大不幸にして、累を皇室に及ぼすもの多からんとするを恐る。神道とは如何なるものぞ。世に所謂神主、祠官等の唱る所は皇室の将来と如何なる関係を有するや。（中略）伊勢神苑の如きは之を全く宗教の意味を分離せしめ、帝国の一大紀念物として保存すれば、今よりも一層利益多く其威厳をも増すべきことに非ざるか。世の守旧頑迷の徒如何に反抗すればとて、世界の進運は得て防禦ぎ遏むべからず。曰く条約改正、曰く内地雑居、曰く基督教の進歩、曰く人智の発達、皆神道をして従来の有様に安んずること能わざらしむるに非ずや。」

　一方、皇室と儀礼については、植村は、前記したように皇室尊崇の意識も強く、神道を意図的に切り離そうとする。しかし、ここでも神道批判の理由を、やはりキリスト教教義や神学的観点からでなく、「世界の進運」や「内地雑居」などの社会要因を根拠に論断しているのである。しかし、この様な抽象的な皇室観、神道理解は、植村を、いっそう政治的状況主義に陥らせ、やがて、彼のキリスト教信仰そのものさえ、天皇が不可避に持つ神道性のなかに、無自覚に取り込まれてゆくことになった。具体的に植村は、明治40年前後以降、即ち国家主義の確立、展開期になると、彼の牧する富士見町教会を中心とする諸教会での礼拝や説教において、しばしば皇室祭祀や神道、そして何より天皇（紀元節や新嘗祭、天長節など）を強く意識、反映させたものを、積極的に採用していっ

たのである。

結 び

　ここまでを通じ、筆者は、植村のキリスト教理解のあり様の一端を、その生涯と時代との関わり、および神道観の具体的内容から検討を加えてきた。そこで一応明らかになってきたことは、植村が、神道や伝統思想と真正面から対決し、それを乗り越える形で、主体的に福音を獲得していないことであろう。様々な状況のなかで、福音理解を曖昧にさせつつ対処していたと指摘できるように思う。したがって、彼のキリスト教信仰は、内村鑑三のように、日本の文化、伝統との間に、それ程深刻な摩擦を生み出しはしなかった。むしろ、歴史的、社会的な転期に、伝統的な意識に微妙に回帰し、宗教家としての自己の生き方、キリスト教徒の実存がしばしば後景化したと言えよう。元来植村は、キリスト教徒として、内面的な信仰告白を明確には行っておらず、そしてこのことは、彼の回心過程と相俟って、植村の福音理解の抽象性、曖昧さを、裏打ちするものであろう。

　宗教家として、信仰思想として重要なことは、教会のなかで空疎な福音を述べ伝えることではなく、また政治的に論断することでもないであろう。現実の日本のあり様、民俗感情に、どこまで福音の立場から具体的に近づいてゆくことができるのか、これこそが、独自の日本の教会、日本のキリスト教であるに違いない。植村においては、その点について、少なからず欠落していた様に思う。

第5節　日本的キリスト教徒佐藤定吉の宗教観

　日本的キリスト教、この用語は内容的な幅をもって語られている。しかし、日本の文化、伝統とキリスト教を、何とかして前向きに、積極的に関係付けていこうとしていたことは、どの立場であろうと確かであった。この節で考えようとするのは、そのなかの一例であるが、太平洋戦争後、キリスト教宗教史か

らほとんど忘れ去られてしまったキリスト教信仰の立場である。しかし、その考えをうち出した佐藤定吉 (1887～1960) こそは、大正期から太平洋戦争にかけての一時期、組合系教会の渡瀬常吉らとともに、大衆的な影響を持ちつつ、実践的、神学的なキリスト教指導者として活躍していた。昭和前半期のキリスト教と日本の文化、伝統の交渉関係を考えるとき、その存在と思想的営為は、決して見落とすことができないであろう。

1 信仰思想の形成

思想形成要因

佐藤定吉の思想形成要因としては、
(1) 生家が日蓮宗の寺であり、家庭環境から仏教等日本の宗教思想や国家観について、早くから関心を持ったと推測される。
(2) キリスト教の出会いが社会的な色合いの強い救世軍であり、洗礼を授けてもらった牧師が海老名弾正であり、その影響が強いと思われる。
(3) 東大を首席で卒業し、天皇陛下に直接に拝謁したことが、持ち前の愛国心によりいっそうの火をつけ、国家との関係のなかでいっそう自己の思想をうち立てていったと思われる。
(4) 直接に神道との関係では、東大時代に筧克彦の神道講義等にかなり共鳴しつつ、学んだという。

以上の４点が、直接間接に、佐藤の思想形成の遠因・近因となっているものと思われる。

信仰の軌跡

次に、佐藤定吉の信仰の軌跡について見てゆきたい。彼は、大正８年YMCA夏期学校の校長として出席したり、また大正11年には山室軍平を助け、神田救世軍本部で講義を行ったりするが、何より注目されることは、大正13年彼の五女慈子がわずか２歳半で死亡し、このとき、「全東洋をキリストへ」

という召命を彼自身が受けたことである。

　　「可愛いチニーが天に召されてから今日で早やちやうど満三年になる。あの日から私の生涯は一大転廻の第一歩を始めた。物質界への奉仕をぷつりと断念して、霊界へと邁進しかけた。(中略) 愛児が最後の呼吸を引き取つた刹那に、私はある大きな力に押しつけられるやうに感じつつ強く強く祈らしめられた。ほんとに私は引きつけられるやうに祈らせられた。『神よ。この幼児の死が我が一家族の救ひとなるのみならず、これが源泉となつて日本国が救はれ、更に全東洋の救ひとなさせ給へ』と。」(『科学と宗教』昭和2年10月)

　彼は、この頃より急速にキリスト教の東洋化、日本化を意識し始め、その考えを布教の内容として、体系化することを試みてゆく。キリスト教指導者としての自己を確立してゆくのである。具体的には、YMCAに宗教研究会を開設(大正14年)し、『科学と宗教』誌を創刊(大正13年)、昭和6年には、産業宗教協会を設立するなどして、宗教の日常化を提唱してゆくとともに、昭和2年5月イエス僕会を設立、全国の高校、大学を中心に、大規模な伝道を展開した。イエスの僕会が、その信条のなかに、「我等は基督教の日本化運動を以て我国体の発揚に勉め真の愛国的皇室中心主義は神中心の生活に在りと断ず」(第5条)、また「我等は東洋意識に立脚せる精神維新の完成を期し」(第9条)と掲げていた様に、彼の信仰は、日本的東洋的な傾向をより強くしたのである。そしてさらに彼は、同じ年の8月、長野県軽井沢にて第1回の浅間山麓修養会を開始して、自己の周辺に信者を集め、翌3年には『暁鐘』誌を創刊するなどしている。

信仰の成熟

　以上のような佐藤の布教前期を経て、彼は、昭和5年頃よりの日本政治の国家主義的な展開と軌を一にし、積極的に応答するかの様に彼の開花(展開)期を迎えるのである。昭和7年前出の『科学と宗教』誌を改題し、『東方の光』誌として続刊して、アジア的日本的な宗教姿勢を強め、また、同年8月には東京下落合に、東洋使徒神学校を設立、翌8年には日本興国同盟を発足させたので

ある。この東洋使徒神学校では、内村鑑三の無教会系の人びととの交流を深めた。周知の様に、内村鑑三の門下生たちは、愛弟子であった藤井武などにも代表される様に、かなりの国家主義的反米（欧）的な傾向を示し、また内村自身もキリスト教信仰と愛国の熱情を説き続けたということが、たびたび指摘されている。そして、遂に昭和16年、佐藤は、イエスの僕会を解散し、皇国基督会を発足した。この頃彼の日本的キリスト教理解は、その内容をいっそう深め、次々と諸著作が刊行された。そこでは、形式的抽象的な欧米流のキリスト教神学の輸入を排し、何処までも独創的な国産自生のキリスト教が志向され、日本の文化、伝統としての神道研究や皇室尊崇の視点からキリスト教が再構成されたのである。

さらには、佐藤は、戦後も神道や日本的キリスト教の研究に没頭しており、米国にもたびたび渡って伝道旅行を行った。とりわけ33年の第3回米国伝道旅行では、日本的キリスト教を展開、神道を日本精神として積極的に紹介し、多くの日系人・米国民の支持を得たと言われる。佐藤は、34年米国より帰国したが、その帰途に病を得て、翌年74歳で死去した。晩年期の彼の日本的キリスト教信仰の特徴は、「自霊拝」（自らの心を通して神の愛を感じ取れるように祈ること）と「あじまりかん」（一種の贖罪の思想だが、国家との関係で罪が自覚される）という語を考え出し、神道をより普遍化してキリスト教との連続、調和を考えようとしたことである。その意味では、戦前よりもかなり客観的であったと言えるかもしれないが、根本的には戦前とそれ程変わることはなかった。決して何か思想的信仰的な転向などが起きたというわけではなく、むしろ戦前の日本的キリスト教に対する理解が、晩年に至り、熟していったと見るのが適当であると思われるのである。

彼の伝道は、その対象が学生・教師などを含めた勤労者・中間層に置かれていた。したがって、その信仰的伝統そのものは、現在実態としては失われているとはいえ、一方で有識者層のなかに、わずかながらも確かな影響を残していると思われる。たとえば片山哲や大平正芳両元首相らは、その青年期に、佐藤から何らかの影響を受けていたということを指摘しておきたい。

2 佐藤定吉の神道理解

神人観と贖罪

次に、佐藤の日本的キリスト教の諸相を、神道理解を中心に見てゆきたい。神―人観について佐藤はどう考えていたのだろうか。

> 「神観については、世界の思想史に二つの大きな潮流が存在する。その第一が神と被造物とを対立的に見る立場であり、その第二は、神との一体観に立つ立場だ。(中略)欧米人には神と人、神と物とを分離して考ふる思想しか受け継ぐ素質がなかつた故に、今日の如き以て非なる奇型児的基督教を生んで仕舞つた。然し、日本人は建国当初以来、生まれながらイエスと同じ素質を以て神ながらに培はれて来てゐる民である事を知る。日本民族に許された天的遺産は大きい。実に日本こそイエスに現はれた最高の神霊を受けつぎうるものとして備へられてゐる事を信ずる。」(『皇国日本の信仰』、以下同書からの引用)

彼は、キリスト教と比較して日本神観(日本神道)の神人観について言及し、神人の懸隔を批判、両者一体として考える立場を肯定するのである。しかも注目されるのは、このとき彼のキリスト教の立場は、欧米のそれと区別し、日本民族のキリスト教をはっきりと志向している点である。

> 「日本神観の優越性は(中略)、その半面に、一つの由々しい弱点がある。それは罪の意識の欠乏だ。一方に神の光明を一切の中に望み見た素朴なる祖先の心眼が、罪の暗黒を見のがした事も一応は尤もの如くに見えるが、実はこれが民族の聖化と発展をおくらせた最大原因である。」

一方この様に、彼は、日本神観(日本神道)の欠落点に、「罪の意識の欠乏」を指摘している。しかし、彼は、その点を決して欧米キリスト教の単なる優越性とは考えていなかった。

> 「神と人、人と神を同一に見、神と物、物と神とを同一に見る処に神道の根本的基礎がある。是を正道に導けば人類最高の神観となる。」

第5節　日本的キリスト教徒佐藤定吉の宗教観　75

彼は霊物一元的な神観を肯定し、「最高の神観」になる可能性にまで言及しているのである。即ち、罪の自覚が、日本の神観に付与される必要性を述べながらも、一方で、霊物一元の神観に積極的な評価を与えているのである。一見矛盾するようなこの説であるが、佐藤の宗教理解のなかでは、一定の整合性を持っていた。それは、彼の贖罪理解、罪観に起因するもので、また「正統的」福音論からするならば、曖昧といわれるキリスト教信仰からのものであった。

では、佐藤の言う贖罪とは何なのであろうか。

　「愛に三つの区別がある。第一は肉体の愛であり、第二は倫理道徳の愛であり、第三は信仰より出づる魂の愛です。(中略)この愛の事を昔から日本では『忠孝』と云ふ言葉で表現して来ました。『君に忠、親に孝』とはこの第三の無私大愛のことを云ふのです。(中略)この愛の中には自分が身代りになっても他を生かそうとする赦罪と救の恩寵が潜在してゐます。この第三の魂の愛の世界に生きる時、はじめて、不惜身命、『海行かば水つく屍、山行かばこけむす屍、大君のへにこそ死なめかへりみはせじ』との大和魂を勃然として湧かせます。かかる神々しい愛に生くる人を、神心の人と云ふのでせう。(中略)実に日本魂の自性と本領がここにあります。」

以上の様に、彼は、臣下としての「忠孝」の愛のなかにこそ、罪を克服し得る、即ち贖罪の愛を捉えたのである。そして、その贖罪の愛を理解することは、「古事記、日本書紀その他の神社の祭祀を始め、二千六百年の歴史の一切が釈然氷解されるでありませう」という指摘に示される様に、神道の本質にまで理解を拡げられるものであった。彼は、罪を神を裏切った人間による原罪的なものとして考えずに、贖罪も、極めて主体的、日本民族の能動的な積極性において思考されていったと思われるのである。したがって、日本の神観に欠落したとして言及する贖罪、罪観の問題は、日本の神観における大和魂、「忠孝」の不徹底、不十分性の問題として、理念や抽象ではなく、極めて具体的な現実の様態や心のあり様如何として提示されていると言えるであろう。

佐藤は、日本の具体的な神々をどう考えていたのだろうか。

神々理解と「まこと」

「日本古典では一柱の本源の神を天之御中主命と呼び、手づから天地萬有の創造に当り給ふた神霊を産霊神と呼びまつてゐる。之を聖書的の表現を以てすれば天之御中之命が『天父』であり、産霊神を聖書では『キリスト』と呼んでゐる事が悟られる。新約のヘブル書などに現はれて来る『キリスト』観は正しくこの産霊神と符を合するやうに一致してゐる。ヘブル書第一章二節に『神は御子を立てて萬有の世嗣となし、御子によりて諸般の世界を造り給へり。』とある。神自らが天地を創造したのではない。神は分霊（キリスト霊）を用ひて天地を創造なし給ふたのである。キリストと産霊神とは同一義であると筆者の霊鏡には鮮やかに映つてくる。」

彼は、天之御中主命を日本古典における「一柱の本源の神」と捉えてキリスト教のゴッドと同定し、そして産霊神をその分霊として、キリストや聖霊と同定してゆく。これは、日本的キリスト教の神道の神々に対する理解の典型的な様式であると言える。とりわけ平田篤胤などをよく読んでいた海老名弾正らの神々理解の流れを汲むものであろう。

また、佐藤は、神道の具体的内容として、「まこと」の問題を強調している。

「人間内在の『まこと』の道、即ち人間の真心に依る生活は、実に天地宇宙に相通ずる神ながらの道であつて、単に人生に於ける一切行動の普遍的規範たるのみならず、其の中には天地の公道たるべき宇宙的意義を具有してゐるのである。（中略）実に人の心の『まこと』こそは、鬼神をも泣かして天地を貫く絶対的宇宙の大道である。」（『科学と宗教』昭和5年3月）

「『まこと』なる言葉は『真言』『理法』『真理』等の意味を蔵すると共に、又『神の言』『人の誠』を意味し、神道思想に於ける『まこと』の観念には、実に多分のロゴス的意義が含有せられ、神の言葉即ちロゴスが、天地宇宙を貫く『まこと』として、又神ながらの道として、極めて鮮明に顕現してゐる。」（同上）

佐藤は、神道の内容を表す「まこと」をキリスト教のロゴスと関連付け同定してゆく。「まこと」は、一方で人間に内在しつつも、ロゴス的意義を持ち、天地宇宙を貫く大道としてあると理解するのである。しかし、本来、「正統的」

なキリスト教において、ロゴスは「まこと」という様な人倫的な現実的観念とは著しく異なり、むしろ人間とは、外的絶対的な関係を有しつつ、なお人間に向かって働きかけてくるものであろう。ところで、佐藤が、キリスト教との関わりのなかで、日本神道の救いについて言及しているのも興味深い。

救いの意味

「両者とも同じく永遠生命を得しめる処に目的があるが、西洋に発達したキリスト教は主力を「個人の救」に力を入れて来た。特別にプロテスタントの力を注ぐ処は個人の永生の救済にある。然るに日本精神は等しく永遠生命を目標とするが、個人と家族と一団体の救を更に超越して、一民族一国家をして永遠生命に入らしめる処にその力がある。(中略)日本民族は二千六百年以前からキリストの真の精神に生かされて来た民族であり、その精神が東洋独特の表現に於いて訓練されて来た民であると云ひ得る。」(『皇国日本の信仰』)

即ち、彼は、従来の欧米的なキリスト教の「個人の救」に対し、日本精神、日本神道における、民族、国家としての救いを、その特異性として高く評価するのである。特に彼は、上記した様に、日本という国家、民族を「神ながら（神慮）」的性格において個別に捉えており、それは抽象的な単なる理念一般としての国家ではなく、「天壌無窮」を約束された、ひとつの具体的な有機体—「生命的団結」といってよいものであった。したがって、日本国家よりばらばらに切り離された個人ということには、極めて消極的な見方しかしなかったのである。彼にとって、原罪により神と切り離され、此世的なしがらみとも言える諸関係に呻吟しながらも、神からの救いを希望して止まない個人は、あまりにも情けなく、否定的な存在でしかなかった。彼には、現実的な日本国家、民族の一員として、まさにその「天壌無窮」の日本国家の歴史と社会に、自ら参与してゆくなかに、人間としての積極的な生（死）の意味の成就と救いを把握していたと思われるのである。

結 び

　いずれにしても、佐藤は、日本神道とキリスト教を「一而不二」の様なものとして捉えていたが、それは、一般的な普遍を求める単なる万教同根というものではなかった。彼は、日本神道を通じて、日本国家とそれに属する国民（臣民）にとっての、個別具体的な真理を追究しようとしたのである。しかもそれは、彼の主張する日本的キリスト教にとって、その成立のための直截的な、欠くべからざる根底的基底的な視座となるものであった。したがって、抽象的な態度や主張は避けられ、極めて実践的で、具体的な形で語られたのである。それは、時々は、独断と飛躍のため荒唐無稽とさえ感じられることもあり、神観等に対する把握の曖昧さを露呈し、神学的には多くの問題を残していたかもしれない。しかし、論者は、ここで佐藤の神学上の一つひとつの是非を問おうとするつもりはなく、本論もそこに意味を置くものではない。しかし、佐藤のキリスト教と日本精神への、積極的、かつ真摯な問題意識と生涯一貫した思想的営為のなかに、単に時代迎合、状況主義ということではない、日本のキリスト教受容のひとつの可能性を見ることができるのではないだろうか。

［岩瀬　誠］

参考文献

加藤周一「江戸思想の可能性と現実」『富永仲基　石田梅岩』日本の名著 18、中央公論社、1972 年。
水田紀久「『出定後語』と富永仲基の思想史研究」『富永仲基　山片蟠桃』日本思想大系 43、岩波書店、1973 年。
脇田修・岸田知子『懐徳堂とその人々』大阪大学出版会、1997 年。
中村元「富永仲基の人文主義的精神」『近世日本の批判的精神』春秋社、1998 年。
宮川康子『富永仲基と懐徳堂』ぺりかん社、1998 年。
橋本峰雄編訳『清沢満之　鈴木大拙』日本の名著 43、中央公論社、1970 年。
吉田久一『清沢満之』新装版、吉川弘文館、1986 年。
脇本平也「清沢満之―精神主義の仏教革新―」『浄土仏教の思想』14、講談社、1992 年。
藤田正勝・安冨信哉編『清沢満之―その人と思想―』法蔵館、2002 年。
今村仁司『清沢満之の思想』人文書院、2003 年。
古沢平作「罪悪意識の二種―阿闍世コンプレックス―」『精神分析研究』1・1、1954 年。
古沢平作「阿闍世王の物語について」フロイト『続精神分析入門』訳者あとがき、日本教文社、1953 年。
小此木啓吾『フロイト』講談社、1978 年。

小此木啓吾『日本人の阿闍世コンプレックス』中公文庫、1982 年。
小此木啓吾・北山修編『阿闍世コンプレックス』創元社、2001 年。
『植村正久著作集 1-7』新教出版社、1966 ～ 67 年。
佐波亘『植村正久と其の時代』教文館、1966 年。
武田清子『植村正久　その思想史的考察』教文館、2001 年。
大内三郎『植村正久　生涯と思想』日本基督教団出版局、2002 年。
佐藤定吉『死に直面せる体験』使徒行社、1925 年。
『佐藤定吉追想録』佐藤先生を偲ぶ会、1970 年。
同志社大キリスト教社問研編『特高資料による戦時下のキリスト教運動一』新教出版社、1972 年。
土肥昭夫『日本プロテスタント教会の成立と展開』日本基督教団出版局、1975 年。

第3章　近世日本の社会と元禄文化——西鶴、芭蕉、近松の挑戦

　井原西鶴（1642〜1693）、松尾芭蕉（1644〜1694）、近松門左衛門（1653〜1724）は同時代を生きた元禄文化を代表する作家である。文学のジャンルは異なるが、それぞれの分野において自分の可能性を追求し、異彩を放つ新しい境地を開拓した先駆者である。

　本章では、彼らの生きた時代的背景から考察し、井原西鶴では浮世草紙、松尾芭蕉では俳諧風雅、近松門左衛門では人形浄瑠璃劇作の世界への挑戦を順に紹介する。

第1節　時代的背景

1　近世の時代

　近世はいつ始まり、どこで終わったか、その始終を厳密な線で区切ることはできないだろう。近世をどう見るかにもよるが、中世から近世、また近世から近代へと過渡期の時代を含む大きな時間の帯を想定してみよう。近世は近代的日本が誕生する前の時代、徳川氏が長く日本を治めた江戸時代を中心とした時代、織田信長（1534〜1582）によって室町幕府が滅亡（1573）してから徳川幕府の終焉（江戸無血開城、1868）の頃までをひとつの目安としておこう。

　そうすると、近世と一口に言っても、織田信長が畿内を中心に勢力を拡大し、それを継いだ豊臣秀吉（1537〜1598）が天下を握った安土桃山時代、徳川家康（1542〜1616）が幕府を樹立し、徳川氏が強力な権力を行使した江戸時代と、やがてそれも衰え幕末を迎える頃とでは、時代の状況が随分と異なることが分かる。

　信長の登場によって旧勢力は大きな打撃を被った。寺社であろうと抵抗勢力

は容赦なく破壊された。足利将軍は追放され、信長は征服した領土に検地（耕地の面積、収穫量、品質状況、耕作者の調査）を課して土地の調査報告書（土地台帳）を提出させ、寺社の持つ特権を許さなかった。関所は撤廃され、座の特権も破壊された。

　秀吉は検地（太閤検地）をさらに全国に徹底させ、全国統一の丈量単位で実施し、石高制で表示させた。これで奈良朝から平安時代に成立した荘園制は完全に潰えることになる。また刀狩りで武器を没収して兵農分離を行い、村方と町方を分けて身分間の移動を禁じ、農民を身分的に固定して、農民と土地の統制と管理、貢租の賦課の実施を徹底強化した。こうして全国の土地を自分の支配下に置き、その土地を各大名に分かち与える形式で大名を支配し、近世封建体制の基礎を確立していった。秀吉亡き後、関ヶ原の合戦（1600）で勝利した徳川家康は名実ともに全国支配の実権を握り、江戸に幕府（1603）を開いて支配体制をいっそう盤石なものにしていった。幕府が諸大名を支配し、諸大名は各領地に藩主として幕府から配置される強固な幕藩体制を敷き、諸大名や公家をして幕府に絶対的服従をなさしめるため、幕府の成立初期（家康・秀忠・家光の三代）の頃は特に大名の改易や転封、減封をはじめ、諸侯の経済力を剥ぐ参勤交代制の確立や武家諸法度、公家諸法度や勅許紫衣法度の制定、婚姻関係など厳しく取締まり、長期にわたる幕府支配の基礎を築いた。因みに、関ヶ原の合戦の後、改易された大名は87家、減封3家あり、幕府初期では外様大名は言うまでもなく、譜代大名や徳川氏の一族（徳川忠長や松平忠輝）でも容赦なく処断され（主なものだけでも12家）、幕府の権威を天下に示した。浪人となった武士たちは溢れ、幕府への不満の火種を孕むことになるが、彼らへの取締まりは相当に厳しかった。

　幕府は徳川政権を揺るぎないものにする為、キリシタン禁令（1612）を発布して、キリシタン大名の高山右近（1615没、64歳）ら148人をマカオやフィリピンに国外追放（1614）するなど、キリシタンに対し厳しい弾圧を行う一方、翌年には大坂夏の陣（1615）でかつての支配者豊臣氏を滅亡に追い込み、また、ポルトガル船の来航を禁止し、オランダ人を長崎の出島に移住させて鎖国体制を完成

(1641) させていく。しかし、キリシタン弾圧が最も過酷であった島原・天草の地で農民一揆「島原の乱」(1637) が勃発したり、幕府転覆を謀った「由比正雪の乱」(1651) が起こるなど、幕府に対する農民や浪人たちの不満が爆発する事態も生じている。「由比正雪の乱」は家光の亡くなる年に起こったが、未然に役人に察知されて失敗に終わった。首謀者の由比らは自害し、丸橋忠弥の一家は磔刑に処せられた。

2 封建社会と貨幣経済の進展

　封建社会は土地経済（土地・農業）を基底にした武家支配体制の社会である。財政経済の基礎は米穀に存し、農耕に従事する農民は社会の土台を担う者であり、厳しい統制下に置かれた。士農工商の身分制において、農民は被支配層（農工商）の上位に位置しているが、実質的には年貢や課役など苦しい生活を強いられた。その為、年貢の軽減を求めて一揆や強訴が各地で生じている。西鶴や芭蕉がまだ10歳頃の話になるが、重税にあえぐ下総の国佐倉藩（藩主堀田正信）公津村の名主惣五郎は四代将軍家綱（1641～1680）の寛永寺参詣の際に直訴に及び、幕府より減税は認められたが、直訴の咎で惣五郎とその家族は処刑されている (1653)。
　一方、被支配層の下位に置かれた商人は、やがて経済力を背景に社会的地位を実質的に向上させ、絢爛たる町人文化の華を咲かせていくことになる。
　三代将軍家光 (1604～1651) の頃には、一応、社会秩序も確立して泰平の世のなかが始まる。参勤交代制度により、江戸の人口は膨張し、江戸は数百万の人口を抱える巨大な消費都市となった。米穀をはじめ、野菜や酒などの食料の他、草鞋や衣類などの生活必需品を膨大な消費者に供給する必要が生じた。この傾向は大都市の江戸だけではなく、地方都市でも同様であり、江戸を中心に全国の街道は整備され、膨大な量の商品の移動が始まり、全国規模の経済流通が図られ、都市と地方の文化の交流も大いに促進した。商工業は盛んに拡大され、新田開発や農機具の改良など米の生産力の向上にも力が注がれた。この新しい経済の展開により貨幣の流通が活発化し、やがて貨幣を経済活動の中心に

据えた貨幣経済が確立していくことになる。武家の収入は米であり、その米を貨幣に換えて必需品を購入するのであるが、生活が向上してくると出費が嵩んで経済的逼迫に悩む事態に直面することになる。広大な領地と全国の鉱山を直轄地として支配し、強大な財力を誇った幕府の財政状態も五代将軍綱吉（1646～1709）の頃には早くも悪化しており、質を落とす貨幣の改鋳で物価の高騰をまねいたりした。この武家の困窮に対し、貨幣経済の進展のもと、経済的には武家を凌ぐ勢いを増してきた町人層の台頭により、やがて元禄の華やかな町人文化を彩ることになる。元禄の頃には三井八郎右衛門（1622～1737）や鴻池善右衛門（1608～1736）、河村瑞賢（1618～1699）や紀伊國屋文左衛門（1665～1718）など、町人のなかからは巨額の財をなした富豪も登場してくる。

　貨幣経済の発達は土地経済を基盤とする封建制度に大きな打撃を与えた。幕末に至るまで幕府による財政の立て直しを図る度重なる改革もあまり効を奏さなかった。自然経済を基盤とする農村にも貨幣経済は持ち込まれ、都市の周辺には土地を失った百姓が大量に生み出される事態も生じた。

　封建社会を維持するために、幕府は道徳の育成に儒学、特に朱子学を重視した。家康は武家諸法度の成立に力を貸した林羅山（1573～1657）の朱子学を特別に保護を与え、儒学を奨励した将軍綱吉は元禄3（1690）年、湯島に孔子廟を建てて聖堂学問所を起こし、林家の私塾をここに移して、林家の学問を官学とした。林家は幕末に至るまで大学の頭として学問の世界を君臨することになる。古学の山鹿素行（1622～1685）は羅山の高弟であり、陽明学の中江藤樹（1608～1648）も朱子学の徒であった。

　朱子学は、自然の理法により人間の社会を説明し、自然や人間の秩序は最高善である理によって統轄されるという思想を持つ。

　山鹿素行は31歳（1652）で播州赤穂浅野家に1000石の扶持で招聘されるが、後に朱子学に疑問を抱き、孔子を直接読むことを唱えて『聖教要録』（44歳）を著し、朱子学を批判したため、幕府の処断を受けて赤穂に流罪になる。このとき、大石内蔵助はまだ8歳で、大叔父の大石頼母良重や大石父子は素行を賓師として待遇し、その教えを聴いたと言われる。元禄の頃になると、朱子学に対

して儒学の内部からもいろいろな批判が生じてくる。

3 「忠臣蔵」とその周辺

　元禄（1688〜1704）と言えば、五代将軍綱吉の治世下で、元禄14（1701）年江戸城松の大廊下において勅使接待役播磨国赤穂藩主の浅野内匠頭長矩が、高家筆頭の吉良上野介義央に刃傷に及ぶ事件が起きている。吉良上野介義央には咎め無く、浅野内匠頭長矩は即日に切腹、赤穂浅野家は改易、喧嘩両成敗に至らず、翌元禄15（1702）年、旧赤穂藩筆頭家老・大石内蔵助（1659〜1703）を頭に赤穂浪士47人が吉良邸に討ち入る事態となった。今日にも「忠臣蔵」として語り伝えられる事件である。

　武家出身の近松門左衛門はこの事件をテーマに作品『碁盤太平記』（1706）をいち早く書き上げ、大坂竹本座で初演されている。また、『仮名手本忠臣蔵』（1748）は近松門左衛門の後を継いだ竹田出雲の二代目出雲の作である。

　この『仮名手本忠臣蔵』をベースとして、その後いろいろな脚色も盛り込まれながら、今日に伝わる「忠臣蔵」が形成されてきたものと思われる。芭蕉の俳諧の高弟・宝井（榎本）其角が討ち入りの前日に浪士神崎与五郎と逢い、討ち入りを暗示する句を交わしたり、討ち入り深夜、吉良家に北隣した土屋家の屋敷内から浪士たちに提灯を高々と掲げて応援する場面なども今や「忠臣蔵」の定番になっている。

　この土屋家（久留里藩主）は新井白石（1657〜1724）父子がかつて仕えていた主君の家であり、白石は浪士の討ち入りの翌日に土屋家を訪ね、討ち入りの模様を聞いていたと言われる。後に六代将軍家宣（1662〜1712）に仕え、近世政治史上「正徳の治」をもたらす中心人物として活躍することになる白石だが、甲府藩に新しく仕官が叶ってからまだ10年にも満たないうちに起こった赤穂浪士の事件は、政治的関心はもとより、かつて自らも自分の仕えていた主君が江戸城殿中で同様な刃傷事件に遭遇し、結果的に白石も赤穂浪士のように浪人となった経緯があるだけに、赤穂事件に寄せる関心はただならぬものがあったと思われる。浅野内匠頭長矩が吉良上野介義央に刃傷に及ぶ事件を17年溯る

天和4（1684）年、諸大名が将軍綱吉に謁見する総登城の日に、白石が仕える大老堀田正俊が江戸城殿中で若年寄稲葉正休（堀田の従兄弟）に刺殺されるという刃傷事件が起きた。これも事件の真相は明らかではない。幕府の要請で東北地方の幕府領年貢米を江戸に廻送する航路（東廻り航路、西廻り航路）の開発と整備（1671、1672）を行ったことでも有名な河村瑞賢（1618〜1699）が、当時、若年寄稲葉正休の推挙により淀川の治水工事（1684）に従事していたが、その普請をめぐって大老堀田正俊と思惑の行き違いが生じ事件へと展開したとされている。殿中で刃傷に及んだ稲葉正休はその場で老中たちに斬り殺され、刺殺された方の堀田家も減封、転封となり、その煽りをうけて白石は禄を失い数年間の浪人生活をすることになるが、白石が晩年に著した自叙伝『折たく柴の記』（1716）には、瑞賢が息子の学友であった白石にいろいろ経済的援助を申し出たエピソードが織り込まれている。晩年、瑞賢は一連の事業の功績が認められ、将軍との謁見も許される旗本の地位に就き平太夫義道と名乗った。士農工商の身分制度が布かれた時代に、貧農の子として貧しい時代を過ごしながらも材木商、海運業と事業に成功して富豪となり、やがて旗本に列した瑞賢の生涯は元禄時代のロマンや庶民のたくましさなど社会の特色の一端を示している。

　因みに、松尾芭蕉が『野ざらし紀行』の旅に出るのが、ちょうど堀田・稲葉刃傷事件の天和4（1684）年の頃にあたる。また、新井白石（1657〜1724）と赤穂藩家老・大石内蔵助（1659〜1703）、近松門左衛門（1653〜1724）の年齢を比べてみると、白石は大石より2歳年上で、近松は白石より4歳年上である。また白石と近松は同じ年に没しており、全く同時代を生きていたと言える。

　赤穂事件に関しては、儒学者の間でも、その処遇をめぐって意見は対立した。山鹿素行の流れを汲む古学派から言えば、浪士たちは武士道を貫いた「忠義」の士であり、正しく「武士の鑑」にあたいするものである。一方、荻生徂徠（1666〜1728）は、彼らの行動は私怨による暴挙に過ぎないものであり、厳しく処断されねばならないとした。幕府は徂徠の意見を採り入れ、浪士たちに切腹を命じることになるが、その真相に関しては、今日でも謎を残しており、それだけに色々な解釈が飛び交い、最近でも細川家の家臣が描いたとされる浪士切腹場

面の描画が発見され話題になったばかりである。今日にまで語り継がれる元禄の泰平の世に起きた「討ち入り」からおよそ300年を経るが、今なお事件に対する人びとの意識は高く、「忠臣蔵」は庶民の人気を博している。

4　元禄文学の背景

　元禄期は年号的には元禄元 (1688) 年から元禄 17 (1704) 年までの期間であるが、元禄文化の時代は将軍綱吉の治世下を中心とした時期を指すものと考えてよいだろう。

　この時代に井原西鶴、松尾芭蕉、近松門左衛門の元禄を代表する三大作家がほぼ同時に現われるが、彼らが文学作品を著し、またその作品が民衆に受容された時代的・社会的背景について考察する。

　①町人の経済力の向上と出版技術の普及

　印刷技術が発達するまでは、文学作品と言えば、書写による形でしか伝えることができなかった。作者は教養のある武士や僧などの知識人で、読者層も一部の者に限られていた。

　これまでの刊本 (木活字印刷) は幕府の漢籍の他、せいぜい本阿彌光悦 (1558～1637) や角倉玄之(はるゆき) (角倉了意の子) (1571～1632) の古典の翻刻に限られていたが、キリシタンの渡来など海外の文化・技術に刺激を受けて製版印刷技術が飛躍的な発展を遂げ、寛永期 (1630) には上方を中心とした民間の営利的出版業が成立し、仮名草紙や俳書、中国漢詩文などが盛んに刊行され始めた。経済力の向上により余裕のある町人は作品を印刷物で親しみ、急速かつ広範な読者層に文学愛好者が増えた。そのため、書籍出版や販売ルートが発展し、筆写本から古典の翻刻がなされ、王朝文学や軍記物、随筆、仮名草紙の文学を親しむ事ができるようになった。

　②仮名草紙

　仮名草紙は当時一般的には仮名和書、草紙と呼ばれていた。中世の御伽草紙と西鶴の浮世草紙との過渡期的なものと見なせる。近世初期の仮名草紙は16世紀室町時代のお伽草紙の延長線上に発達したものである。作者は知識階層の

公家や武士、僧侶で、文字を解し始めた庶民を啓蒙教化する程度のものであった。仮名和書とは漢籍に対しての通俗的仮名書きの和書のことを言い、実用性と教訓性が混在し、知識人の庶民への啓蒙教化の面を持つ。仮名草紙初期のものは中世的小説の影響が残り、『怨之介』『薄雪物語』は恋物語で中世的色彩も濃く、太田牛一(1527～?)の『信長記』や小瀬甫庵(1564～1640)の『太閤記』などは御伽衆によって語られたものとされ、他にも『戯言養気衆』『醒睡笑い』などの笑話もある。新時代の社会風俗を描いた三浦浄心(1565～1644)の『慶長見聞集』、『そぞろ物語』やキリシタンを取材した『切支丹退治物語』などもこの系列とされる。また、浅井了意(?～1691)の『東海道名所記』『江戸名所記』などの名所記の他、磯田道治『竹斎』のように物語的構成に道中記的な要素を加えたものもある。浅井了意にはこの他、『可笑記評判』(1660)や『浮世物語』(1665)がある。教訓性の強い作品としては如儡子の『可笑記』(1642)(西鶴の武家物『新可笑記』はこの『可笑記』に基づいている)、徳川忠長に近侍として仕えた朝山意林庵(1589～1664)の『清水物語』、イソップの翻訳『伊曾保物語』などがある。

③連歌と俳諧

俳諧は前時代的和歌・連歌の幽玄美を継承しながら連歌から独立し発達した。前時代に座興の言い捨てとして、楽しまれてきた俳諧の連歌は中世末期に山崎宗鑑(1465～1553)らにより独自のものに形成されたが、当時の滑稽・卑俗を事とする文芸性の低いものでしかなかった。

近世に入って庶民層に文学享受の欲求が高まるにつれて、俳諧は容易さの点から多くの人びとに親しまれ、流行するようになる。京都に松永貞徳(1571～1653)が出て『御傘』で俳諧の式目を制定し、『新増犬筑波集』により作法を定めて俳諧のジャンルを確立した。貞徳は祖父入江盛重が摂州高槻の城主であり、武将の家系の生まれである。細川幽斎(1534～1610)や里村紹巴(1527～1602)に和歌、連歌を学び中世の伝統的環境のなかで育った。彼の俳諧観は俳言で賦する連歌ということに基準を置く保守的なものであったが、俳諧の盛行に従い、俳諧の中心的存在となった。彼の門流は貞門と称され、貞門には古典注釈で著名な北村季吟(1624～1705)や松江重頼(1602～1680)や野々口親重(1595～1669)

らがいた。貞徳には俳諧を和歌・連歌に入る為の階梯と捉える保守的な面もあったが、貞門諸家の編んだ膨大な式目書には俳諧の普及に積極的に取り組もうとした意志が見える。貞門俳諧は庶民の文学的要求を満たし、多くの支持者を得た。しかし、言語的遊戯の面白さの範囲を出ず、形式的句風に不満を抱かれ始め、やがて西山宗因（1605～1682）を中心とする談林派によって自由な新傾向の俳諧が発表されるに至る。

④浄瑠璃

室町時代の中期には音曲による語り物として謡曲や平家琵琶などがあった。その曲と筋の味わいを生かした語り物で、義経との恋物語を扱った仏教霊験話『浄瑠璃姫物語』（小野お通作とも言われる）が人気を博し評判となった。女主人公の「浄瑠璃姫」から「浄瑠璃」という名が広まり、人形の操作術と三味線の語り物が結びついた新しい演劇である浄瑠璃が誕生した。

近松門左衛門以前の古浄瑠璃では、「本地霊験もの」「開帳もの」「縁起もの」など民間の寺社の祭礼で行われる奉納芸能の性格を色濃く残しており、内容的には仏教により救済されるという仏教信仰に基づく霊験思想を扱ったものや軍記・長者説話が多くを占め、叙事詩風で素朴なものであった。人間はまだ個性的には描かれてはいない。初期の素朴な語りから、だんだん専門的な語り手が出てくる。薩摩浄雲（1595～1672）の系統をひく江戸浄瑠璃と虎屋源太夫の系統の上方浄瑠璃がそれぞれ覇を唱え、双方ともに曲節などに独特な創意を工夫した。やがて上方を中心に井上播磨掾（1632～1685）や宇治加賀掾（1635～1711）のような優秀な語り手が現われ、古浄瑠璃から新浄瑠璃への過渡期を盛りたてた。この両者を吸収しながら、義太夫節の竹本義太夫（1651～1714）が登場してくる。近松門左衛門は義太夫と組んで、やがて近世人形浄瑠璃の全盛期を迎えることになる。

第2節　井原西鶴と浮世草紙——町人文学の誕生

1　生　涯

　井原西鶴は寛永19（1642）年に大坂で町人の子として生まれ、上方を舞台として俳諧と浮世草紙作家として活躍し、元禄6（1693）年に52歳で大坂で没した。事情により有産家の祖父のもとで育ち、本姓は平山藤五というが、母方の姓・井原を名のった。談林俳諧は15歳で志し、21歳で既に俳諧点者（宗匠）になっている。

　32歳で西鶴は、中世的幽玄な連歌的発想を基調とした言語遊戯にとどまる貞門の俳風とは異なる、自由で表現の新しい談林の西山宗因門に入った。人間や社会を詠み込む先端を行く作風で旧派からは異端・阿蘭陀西鶴と罵られて興行から外されりしたが、これに激怒した西鶴は一派を率いて大坂生玉社で12日間の万句興行（1673）をし、処女撰著『生玉万句』として刊行した。この興行には師の西山宗因も参加しており、同年、号を鶴永から西鶴へ改めた。芭蕉の高弟・榎本其角も後見役として参加したと言われる量と速度を誇示する矢数俳諧（速吟の俳諧）では、住吉社前で一昼夜に2万3500句の独吟興行を行い大記録を樹立した（1684）。西鶴と其角はこの時期から親交を深める。

　この時期、西鶴（34歳）は、延宝3（1675）年の春、10年年下の幼馴染みの若妻を病で亡くし、追悼句集の『俳諧独吟一日千句』を完成させている。子どもは3人あり、そのうち女の子ひとりは盲目であったようだ。京都堀川に私塾の古義堂を開いた古学堀川学派の創始者伊藤仁斎（里村紹巴のひ孫）（1627～1705）には、門人に幼少期からの弟子で赤穂浪士の大石内蔵助もいたが、西鶴はこの古義堂で学び、伊藤仁斎の次子伊藤梅宇は西鶴と知己であり、伊藤梅宇は著書『見聞談叢』のなかで「妻はやく死し、1女あれども盲目、それも死せり」と西鶴のことを記している。追悼句集『俳諧独吟一日千句』でも、妻が幼児3人残し25歳の若さで病没した事情が詠まれている。

○ 巣籠（すごもり）や子供三人残して子規（ほととぎす）
○ 引導（いんどう）や廿五を夢まぼろ子規

　延宝5年（36歳）で西鶴は手代に名跡を譲り、剃髪法体となって草庵に入る。子どもを思う心は、晩年に近い元禄元（1688）年『世の人心』のなかでも「両眼見えねば、縁に付べき沙汰絶えて明暮是を嘆き、同じ年程の娘を見ては我子のあれならばと思ふからなり」と述懐していることからも窺われる。
　住吉社前で一昼夜に2万3500句の独吟興行を行い大記録を樹立する（1684）2年前（師の西山宗因が78歳で没した天和2年）、西鶴は浮世草紙『好色一代男』（1682）を刊行した。現実生活の描写は俳諧形式では限界があり、散文形式の浮世草紙作家の道を歩むことになる。この時期は俳諧から散文への過渡期にあたると見られる。『好色一代男』は源氏物語的構想の枠内に主人公・世之介の一生を俳諧的筆致で描きつつ、世相風俗、諸国色里の案内や三都の列伝を年代記風に纏めたものである。これまでの仮名草紙の持つ啓蒙性を払拭して、赤裸々な世相を描き、男女愛欲の姿をありのままに写して小説界に一新紀元をもたらした。恋は一連の好色物語として展開され、好色物と呼ばれる。第一作は初版が500部程度で思案橋の版元から出された。価格は銀5匁で、中流町人でなければ入手困難な値段であったが、好評なため、大手の本屋からも出版され、版を重ねて、1684年には江戸でも刊行された。挿し絵は西鶴の自筆で、江戸版では浮世絵師・菱川師宣（もろのぶ）（1618～1694）が絵筆をふるった。菱川師宣は移り変わる女性風俗を情緒的に表現し、この新しい風俗画を世人は浮世絵と称した。
　『諸艶大鑑（しょえんおおかがみ）』（『好色二代男』）（1684）は一代男世之介の養子となり、美面鳥から色道の秘伝1巻を授かり、古狸から遊女の事を語ってもらう名妓逸話集で、中世の説話物語の『宇治拾遺物語』にある宇治大納言の聞き書きの体裁を模している。金銭がものを言う華やかな遊里では金ずくで人間が買われ、支払いに詰まれば男も転落していく。遊女と男客との清純な恋はあだとなる。
　西鶴（44歳）の人形浄瑠璃の脚本『暦』（1685）は大阪道頓堀で上演されたが振るわず、一方、近松門左衛門（33歳）作の『賢女の手習いならびに新暦』が竹

本義太夫により上演されて好評を博した。西鶴と近松のニアミスの一場面である。西鶴は浄瑠璃にはむかない事を悟り、同年1月説話物語『西鶴諸国はなし』を出版する。

お夏、おせん、おさん、お七、おまんらは不義は死をもってあがなわなければならない元禄の社会の掟のために痛ましい最期を遂げた女たちであるが、この実話をもとに西鶴流のフィクションを盛り込んだ『好色五人女』は、恋の自由がゆるされない封建社会の姿を描いたものである。

元禄元(1688)年からは愛欲の世界から一転し、物欲の面に視点が向けられ、晩年は病と闘いながら、当時の町人社会を題材にした町人物の作品に向かう。『日本永代蔵』、『世間胸算用』に至っては、人間を見る態度はいっそう鋭さを増し、経済小説『世間胸算用』では大晦日という町人の経済生活のクライマックスに焦点を合わせ、そこに織りなされる悲喜交々の人間模様を描くことに成功している。

他に、武家物『武道伝来記』『武家義理物語』や雑話物『西鶴諸国ばなし』『本朝二十不孝』などの作品を残した。弟子の北条団水により整理刊行された遺稿には『万の文反古』『西鶴置土産』(絶筆)がある。

辞世吟「人間五十年の究(きはま)り、それさへ我にはあまりたるにましてや浮世の月見過しにけり末二年」を残し、52年の生涯を終えた。

2 作品紹介

(1) 『西鶴諸国ばなし』

巻一から巻五まで　各巻につき7話ずつ、合計35話で構成されている。

【序文】

　　世のなかは大変広い。そこで、日本諸国を見めぐって、はなしの種を求めてみた。熊野の奥山には、湯のなかで泳いでいる魚がいる。筑前国にはひとつを2人で担う程の大蕪がある。豊後国の大竹はそのままでも手桶になる。若狭国には200余歳までも長生きしている白い尼が住んでいる。近江国の堅田には背丈

が7尺5寸(約2.2メートル)もある大女もいる。丹波国にには1丈2尺(約3.6メートル)もある大きな干鮭を祀った神社がある。松前には100間(約180メートル)続きの長い荒布がある。阿波の鳴門には竜女の掛硯がある。加賀の白山には閻魔大王の巾着がある。信濃の寝覚の床には浦島太郎の火打箱がある。鎌倉に源頼朝の小遣帳がある。京の都の嵯峨には41歳まで大振り袖を着た女がいる。
　これを思うと人間は化け物、世のなかに無いものは何も無い。

【巻一の三「大晦日はあわぬ算用」】(あらすじ)
　　　　年の暮れだというのに正月の準備もせず、髭も剃らず、掛け取りにやって来た米屋の手代を逆に睨みつけて横車を押す原田内助という浪人がいた。江戸の市中にさえその無法さが知れ渡って住みがたくなり、4、5年前から品川の借家に移り住んだが、朝の炊事に使う薪にも事を欠き、夜も灯す油もないという貧しい有様であった。どん底の貧しさで迎えた年の暮れに、医者をしている妻の兄に無心の手紙を出したところ、先方は見捨てるわけにもいかず、金子10両を包んで、その表書きに「…の妙薬、…丸、…によし」と医者が出す薬袋をもじって「ひんびょうの妙薬、金用丸、よろずによし」と洒落を書いて内助の妻に贈り届けてきた。内助は喜び、日頃、懇意にしている浪人仲間へ「酒を一献差し上げたい」と自宅に招待した。やって来た7人の客は、皆、厚手の和紙で作った紙子に時期はずれの単羽織を着てはいるが、昔仕官していた頃の面影を残しており、一応の身なりをしている。一通りの挨拶を終えてから酒宴になり、表書きの文言の洒落を楽しむために小判の包みを取り出して、皆に見せて廻すうちに酒杯の数も重なって酒宴は盛り上がり、やがて酒宴も終わりに近づいた頃、客に見せて廻した小判を集めたところ、10両のうち1両が足りなくなっていた。一座の者は居ずまいを直して袖などを振って調べてみたが、いよいよ1両は出てこない。主人は客に気を配り、1両は何かに使ったので足りないのは自分の覚え違いだったと言うが、「今までたしかに10両あったのにおかしい」と正客から着物の帯を解いて身の潔白を示すと、次の客も衣類を改めた。ところが、3番目に黙って座っていた客は「…衣服を振って調べてみるまでもない。金子1両持ち合わせているのが身の不運だ。思いも寄らぬことで一命を捨てることになった」と偶然にも1両持ち合わせていることを告げる。金子の出所は小柄を1両2歩で昨日売却したものだが、1両紛失中の折節が悪い。自害した後、よく調べて汚名を濯いでもらいたいと刀に手をかけ抜こうとしたとき、「小判はここにある」と行灯の陰から小判1両を投げ出した者がいる。紛失中の小判が出てきたことで、

客の疑いも晴れて一座の騒ぎが静まった。すると、台所から「小判はこちらに来ておりました」と主人の内儀が重箱の蓋に小判がくっ付いたまま座敷に持ってきた。紛失した小判は山芋の煮染め料理の湯気にくっ付いていた模様である。しかし、これで小判が1両増えて11両となってしまった。座中の誰かが最前の客の難儀を助けようと自分の小判を出したものにちがいない。小判の持ち主に返却しようとするが、誰ひとり名乗り出る者はいない。一番鳥が鳴き出す頃になっても客は座を立って帰るにも帰れない。そこで主人は、かの小判を1升枡に入れ、庭の手水鉢の上に置いて、金子の持ち主にそっと持ち帰らす一計を案じた。お客をひとりずつ帰して、その都度、戸を閉める。7人を帰してから枡のなかを見ると、誰とも知れず小判を持ち帰っていた。主人の工夫といい、座なれた客の振る舞いといい、武士の交際というのは、格別に立派なものである。

　小判1両の紛失から大騒ぎとなり、身の潔白の為に危うく命を捨てる窮地に陥った友を救う為に黙って1両提供した者がいる。誰とも言わないその気持ちを汲み取った主人の工夫といい、ほのぼのとした温かい余韻が残る。

(2) 『武道伝来記』（副題は『諸国敵討』）

　巻一から巻八まであり、各巻にぞれぞれ4話ずつ、合計32話の説話から構成されている。

【序】
　和朝兵揃えのなかに、鎮西八郎為朝の鉄（くろがね）の弓、武蔵坊弁慶の長刀、朝比奈三郎義秀の力腕、悪七兵衛景清の目玉などがある。これらは見たこともない昔の話なのでしばらく措く。ここでは中古の武士道の忠義や諸国の名高い敵討ちなど、その働きを聞き伝えて、文章の林も繁く、言葉の山を重ね、構想の海深く豊かに、四海の波静かに、千代田城の松も久しく、久方の雲に慶びの鶴が舞うこの御時に、鶴と言えば、この西鶴が本書を編んだ。

【巻八の第四「行水で知るる人の身の程」】（あらすじ）
　下野の国で老人から当地の昔の事件を聞いた話。那須の殿に仕えていた菅田伝平、蔭山宇蔵の2人が言い出して、酒の肴にする鳥狩りをしようという話になって、若者たち30人ばかり誘い合わせて棒や竹を持って出掛けた。ある人の

話では殺生石に止まった鳥はたちまち落ちて容易に摑み取りできるというので石のところに行ってみると、案の定、簡単に山鳥を捕らえることができた。鳥を毛焼きにして酒盛りを始めた。そのとき、菅田があの石に落ちた鳥を食べると必ずあたると言われていると話すと、なまぬるい習慣に我慢できない若者たちは命など惜しくはないと言って鳥を丸ごと焼いて頭まで食っていた。熊川茂七郎は思案顔して手をつけなかった。これを見て心ある人たちは手を出さずに酒だけ飲んでいた。すると高砂丹兵衛が「茂七郎殿は長生きなさるだろう。鳥を食べない人は580年も生き残ってみろ」と繰り返して言った。熊川茂七郎は立腹し刀に手をかけようとしたが、人びとに引き取られ、その場は無事に済んだ。しかし、借宿を立って帰るとき、茂七郎は高砂丹兵衛を待ち伏せて斬りかかった。しばらく両者斬り結んだが、茂七郎は運悪く薄雪で隠れた棚橋の朽ち木の穴に足を取られて討たれ、丹兵衛は行方をくらました。

　茂七郎の一子、茂三郎はまだ7歳で敵討ちが何時になるか分からないので、母親は嘆きのうちに育て上げ16歳になった。しかし、丹兵衛の顔も知らないので、めぐりあっても討つ術がなかった。また後見を頼む人もなく、残念に暮らしていた。兄弟間の不和から長く縁を切っている因幡の伯父を頼んで丹兵衛を討たせよう。訪ねていけば見捨てはなさるまい。と手紙を持たせ伯父の熊川茂左衛門に遣わした。茂三郎が伯父を訪ねると、助太刀を引き受けてくれた。こうして、茂左衛門は茂三郎を連れて諸国をめぐり歩いた。丹兵衛も森沢団斉という槍の名人を頼って主従8人で奈良の猿沢の池前の宿に泊まった。幸運にも互いにそれとは知らず、たまたま隣に茂三郎らも泊まり合わせた。丹兵衛の奉公人たちが風呂に入り交わり番に背を流していたところ、相手の背中に灸を据えてあるのを見て、「明日はどうなるか分からない身の上なのに養生などしても仕方がない。万事ははかない浮世だ」というと相手も「世に隠れて逃げ廻る主人を持って、いつどうなるか分からない身の上だ」とつぶやくのを茂三郎の小者が垣根越しに聞いて、主人に話した。茂左衛門がこっそり裏から様子を聞き合わせ、「明日は七つ発ちをして伊賀越えをする」ということであった。

　茂三郎一行はこっそり夜中に発って足場の良い所を探して伊賀上野まで来てしまった。街道の辻の曲がり角を見立て、主従一行は勇み立った。近くの酒屋に入って、弦掛け升に酒を容れて心祝いの酒盛りをして縁側に居並び待ち受けていた。八つ下がりになって相手は乗掛馬2頭を追い立てて上野の宿に入ってきた。森沢団斉の特技の槍を持つ小者が町はずれの屋根に槍をもたせかけて雪隠に入ったのは運の尽き。茂三郎は馬の鼻先に立って、親の敵を討つぞと名乗

りかけて斬る太刀で馬上の敵の高股を斬り払って、後に引くと、丹兵衛も抜き合わせ、戦ったのはあっぱれな働きであった。団斉が馬から下りて助太刀するところを、茂左衛門が横手に払って遮り、2人とも使い手であったので秘術を尽くして戦った。茂三郎と茂左衛門は正義の剣であったので、深傷を負いながらも、次第に力を加え、遂に相手を討ち果たした。やがてその国の守のところから大勢の人が駆けつけてきて、2人を励まして帰った。まことに古今にまたとない武士の鑑である（1687年、4月刊）。

荒木又右衛門の伊賀上野の仇討ちを素材としたものである。備前岡山藩主池田忠雄の小姓上がりの渡辺源太夫（16歳）が河合又五郎（19歳）に斬殺され（1630）、主君の特別の配慮から兄の数馬が仇討ちを許された。又五郎は旗本安藤四郎右衛門重元にかくまわれ、池田侯から旗本へ身柄引き渡しの交渉がなされたが、大名と旗本の対立にまで発展した。幕府の調停も空しく、池田侯（31歳）は病死。備前藩は因幡・伯耆藩に国替えとなり、一方、又五郎をかくまった旗本安藤らは100日の寺入りを命じられ、又五郎は江戸追放の処置が執られた。事件から4年目、渡辺数馬（27歳）と助太刀の荒木又右衛門（37歳）ら4人は伊賀上野鍵屋の辻で、又五郎（24歳）ら一行11人を待ち伏せて、見事敵討ちを成し遂げた（1634）。『武道伝来記』には仇討ちが成功するものばかりではなく、逆に返り討ちにあうものもある。「武士の面目」に拘る当時の窮屈な武家社会の姿と死生観が垣間見られる。

(3) 『武家義理物語』

巻一から巻六まであり、巻一は5話、巻二は4話、巻三は5話、巻四は4話、巻五は5話、巻六は4話の合計27話で構成されている。

【序】

　人間の心というものは万人ともに変わるものではない。太刀をさすと武士、烏帽子を被ると神主、黒衣を着ると出家、鍬を握ると百姓、手斧を使うと職人、算盤をはじくと商人の姿になる。それらの相違は家職の相違に過ぎない。人はめいめいの家業がいかに大切であるかを知るべきである。弓矢の道を励むのが

武士の役目なので、俸禄を与えている主君の命令を忘れて、一時の喧嘩や口論など私事のために命を捨てることは武士の道ではない。義理に身を捧げることこそ最上の武士の道である。古今のそのような物語を聞き伝えて武家の義理にまつわる話をここに集めた（貞享 5〈1668〉年 2 月）。

武家社会を義理、人情で捉えるところが興味深い。

【巻一の二「黒子は昔の面影」】（あらすじ）

　　明智日向守光秀は以前十兵部といい、亀山城に仕え外様勤めをしていた折（西鶴は「亀山城主に仕え」と記しているが、亀山城主であり、この城に仕えた史実はない）、朝夕の心掛けが並み侍とは違い、奉公に私心がなかったので、弓大将を命ぜられ武士の面目を施した。このとき、軍用金が 10 両あったが、早くも一国の領主になろうという野心を抱いていた。生まれつきの気性の大きさは、その身についた徳である。この十兵部がいまだ独身であることに目をつけ、娘を持った人たちは婿にしたいと望んでいたが、十兵部の妻は既に決まっていた。近江国佐和山の何某という侍に美しい姉妹があって、どちらも美しい娘であったが、姉の方が器量良しだったので、11 歳のときから言い交わし嫁に迎える約束をしていた。それから 7 年あまり過ぎ、娘も世の哀れや人の情けが分かる年頃になったはずであるから、十兵部は娘の親元に手紙を出した。ところが、姉妹は一緒に疱瘡にかかり峠を越したところ、器量良しの姉はすっかり卑しげに変わってしまい、妹の方は昔のまま美しく育った。姉の器量がひどく醜くなったので、親たちは美しい妹の方を十兵部に遣わそうと相談して、その事を姉妹に話した。すると姉娘は少しも自分の身の上を嘆かず、「私がこんな姿になって嫁ぐことは思いも寄りません。我慢して下さる方があっても、あの方以外に男を持つ気持ちはありません。私の以前の姿に似ていて、何事にも賢く、心も素直な妹を十兵部殿へお遣わし下さい。私はかねがね出家を願っております」と言って、持ち慣れた唐製の鏡を打ち砕き、浮世を捨てる誓いを立てた。これを聞いた父母も感涙に咽び、思案していたが、こう言い出したからには元へ戻らないと思い、妹娘に理由も言わずに亀山への縁付きの事を申し渡した。すると妹は納得がいかず「姉上よりも先に縁付いては、人の道に違っております。…」と言う。姉は出家したいと深く望んでおり、近いうちに奈良の法華寺に遣わす予定なので、妹のそなたを亀山に送るつもりである。明智十兵部という人は武芸に優れ、道理に明るいので、一生連れ添う夫婦の楽しみは深いなど、父親はいろいろ言

い聞かせたので、妹娘は女心にうれしく、親たちの言われるままに吉日を選び、身分相応以上の華やかな支度をして亀山に送られた。十兵部も縁組みを祝い、三々九度を酌み交わしたが、そのときまで幼いときに見た姉娘だと思い込んでいた。その後、寝間の灯火の近くで互いに顔を見合わせたとき、娘の横顔に注目して、娘には気にする程でもない黒子がひとつあったはずだが、取ってしまったのかと言葉にはせず見ていた。すると娘も気付いて、「ここに黒子があったのは姉上でございます」。美しい姿が疱瘡で変わり、姉に代わって自分が嫁いできたわけを話し、これでは道が立たないので、黒髪を守り刀で切ろうとするのを「そなたが出家しても世間が済むものではない。人知れず内緒で済ます思案があるので、5日目の里帰りまでお待ちなさい」と十兵部は押しとどめ、さすがに武家の娘だけあって立派な心底だと深く感心した。それから2人は部屋を別にして、里帰りのときに次のような手紙をしたためた。「私がもらったのは姉の方で、難病は世にある習いである。たとえ、以前の器量でなくても是非寄こして下さい」。命を懸けても夫婦になりたいと十兵部は心の程を書き送った。嫁の実家でもこの処置に満足し、願い通りに姉娘を送り届けた。十兵部は打ち解けて妻をいたわり、夫婦仲の長かれと祈った。女は男の情けを忘れず、何事も夫の心に従った。女は夫に武道の油断をさせず、十兵部も世にその名を上げた。

明智光秀（1528～1582）の義理堅い性格と夫婦愛が紹介され、当時の人びとが一時代前の話や信長を討った光秀をどのように見ていたか、その一端が垣間見られる。

(4) 『新可笑記』

巻一から巻五まであり、巻二は6話あるが、その他の巻はすべて各巻5話ずつあり、合計26話で構成されている。

【序】

　笑いに二通りの笑いがある。嘘の笑いと実の笑いである。そもそも人間は嘘と実の入り物のようなものだ。明け暮れ、世の人びとの慰みの為に書かれた草紙類を集めて読んでみると、昔、淀川の水を硯に移して人の為に物の道理を書きつづり、それを『可笑記』と名付けて残した書物があった。「笑うべきおかし

な書」とあるが、真面目な書物で笑えるものではない。私はこの題号を借りて、笑われるつもりで『新可笑記』という書物を書いてみたが、我ながら腹を抱えて笑う。知恵袋の小さいことは生まれつきのことで致し方ない。

【巻一の二 「一つの巻物両家にあり」】（あらすじ）

　　　昔、賢人が「義を重んじて命を軽んずるのは義士の好むところである」と言った。大和の国、信貴山城主、松永霜台久秀のところでは、由緒正しい浪人を召し抱えるというので、同国の南山、鶯の関の近村から、知人を頼って仕官を望んできた者があった。この浪人は楠木正成の後裔だと言って菊水の模様の太刀に添えて、軍中で催したとされる連歌の発句「咲きかけて勝つ色見する山桜」と書かれた自筆の詠草を差し出した。ところが河内の国分の里に身を隠していた浪人も、それと同様な太刀と詠草を持参した。鑑定の結果、一方は詠草のみが真筆で、太刀は後で拵えた偽物であり、一方の太刀は楠木の名剣であったが、連歌の懐紙は写しであることが判明した。達人が鑑定して初めて真偽が判明したのだから、取り次いだ武士に偽りはない。城主の判断により、奉公を望む者は身分証明よりも力量なので2人とも仕官が許された。家老はこの経過を心配して大横目に内々「殿の慈悲で2人は召し抱えられたが、2人は義理をたてて死ぬことになるだろう。何とか末永く奉公させたいので、太刀と詠草の噂がすっかり無くなるように心得て勤めよ」と注意したが大横目たちにはその意味が分からなかった。10日ばかり過ぎてやがて2人の知るところとなり、親から譲られた楠木正成伝来のものを持参したが真偽がはっきりしない事が判明した以上、武士の一分が立たないので2人は遺書を残して刺し違えて死んだ。遺書を見た城主および家中の者はあっぱれな武士の意気地に2人の死を惜しんだ。この話を伝え聞いた金剛山ふもとの村の郷士が楠木家の系図と武道具の目録を城主に持参して、かの2品は親が修復の為に奈良へ遣わしたときに職人が盗って逃げて去った品である。先祖代々の大切な道具ゆえ、受け渡してほしいと願い出た。家老は若侍たちの顚末を見抜いていた。

　義を重んじて命を軽んずる義士の姿が紹介されている。当時の死生観を知る手掛かりとなる。今日からみれば、腹を抱えて笑える話ではない。

(5) 『日本永代蔵』

　巻一〜巻六、各巻5話、全巻30話で構成。

【巻六、第五、知恵をはかる八十八の升掻】（あらすじ）
　　　世間は広い。世間が不景気になったといっても、丸裸で商売につき一流商人にまで成り上がった人も大勢いる。人の暮らしを見てみると、昔より一般に物事豊かになってきている。破産する人もあるが、繁栄する人の方が多い。世帯の持ち方は人によって違い、渡世は様々に変わりがある。夫婦で共稼ぎをしても暮らしかねる者もおれば、ひとりの働きで大勢を養っている者もいる。この人は町人としてひとかたならぬ出世をしたことになる。その身の利発さによる賜なのだ。普通の町人の場合、金銀をたくさん持っていれば、世間にその名を知られる。家柄や血筋など関係なく、ただ金銀が町人の氏系図になるのだ。ともかく、大福を願い、長者になることが肝要である。しかし、人は健康でその分相応に世を渡ってゆく方が、大福長者よりもなお優っている。家が栄えても跡継ぎがなかったり、夫婦別れしたりして、諸事に不足がちなのが、この世の習いである。

　町人は家柄や血筋など関係なく、貨幣がものを言うが、健康であることはそれ以上に大切だ。

(6) 『世間胸算用』

　巻一〜巻五から成り、各巻ごとに4話、全巻20話で構成されている。

【序】
　　　商人はそれぞれの知恵袋によって欲しい物は何であっても稼ぎ出すことである。それゆえに、町人は元日より胸算用に油断なく、大晦日は1日千金の総決算日にあたることを知らなくてはならないと説く。

【巻一、1. 問屋の寛闊女】（あらすじ）
　　　世のなかの定めとして、大晦日が闇夜であることは分かっていることなのに、世間の人は皆、平素の世渡りに油断していて、胸算用が違って大晦日の支払い

ができかねて困るのは各自の覚悟が悪いからである。1日千金にも替えがたい大晦日を越えかねるのは借金のせいであるが、その借金も人それぞれに子どもという柵があるからで、人の資産相応に費用がかかるからである。目には見えないが年間には大きな額になる。近年では女房たちの奢りが激しくやりくりに窮した問屋などは田地を密かに買っておいたりする。大晦日の支払いは振り手形で始末をつけようとするが不渡りを承知で手形を振り出して住吉神社の年籠に出掛け、掛け取りは不渡り手形を握って年を越した。

大晦日という総決算の日に焦点を絞って、経済面から悲喜交々の人間の模様を描写する視点がおもしろい。ユニークで新しい試みは見事に成功している。

【2. 長刀は昔のさや（昔の長刀も今は鞘ばかり）】（あらすじ）

長屋6、7軒の住人は正月を迎えるのに、皆質の心あてがあり、少しも浮世の苦しさを嘆く様子がない。平素、家賃は月末に支払うし、世帯道具や米、味噌など掛けで売ってくれないので、現金払いにしているので、掛け取りもなく、「楽しみは貧家に多い」諺をそのまま生きている。人は皆1年中の大まかな勘定だけして、毎月の胸算用をしないので、収支決算が合わないのである。その日暮らしの者は通帳をつけることもないので、正月の費用に、夕方からそれぞれ物を質屋に入れるのである。たとえば、気難しい落ちぶれ浪人は長刀の鞘を女房に持たせて質屋にやる。質屋が金にならないので乱暴に鞘を投げ返す。それを見て女房は「関ヶ原の戦いのときに手柄をたてた長刀で……」と由緒ある鞘の話をして泣き出し、近所の者たちも集まってくる。騒ぎになるとまずいので、質屋は仕方なく詫び料として300文と玄米3升を与え、ようやく騒ぎがおさまる。その他、托鉢の物乞いの尼僧の様子などを描き、「脇から見るさえ悲しき事の数々なる、年の暮」と結ぶ。

貧しい長屋の住人たちの生活と大晦日の様子がノン・フィクションで鮮やかに描かれている。

3　西鶴の挑戦

西鶴は若くして俳諧点者（宗匠）となり、談林派の俳諧のホープとして、時代の先端を行く自由な表現を試み、人間や社会の姿を句に詠み込んで阿蘭陀西鶴の異名を取り、また量と速度を誇示する矢数俳諧（速吟の俳諧）では、一昼夜に

2万3500句という大記録を樹立した。また一門を率いて万句興行を実現するなど、その活躍の舞台の裏には、それを可能にするだけの経済力を有していたという証拠でもあろう。

　当時の俳諧の宗匠は、身分の高い侍までも弟子入りしたという格式のある地位が社会的にも認められていた。俳諧に自分の表現の限界を覚った西鶴は、この地位を惜しげもなく去って、俳諧仲間からは白眼視されながらも、40歳を過ぎてから「好色物」の散文作家の道を歩む挑戦を始めた。流行作家としての地位を獲得し、晩年に至るまで鋭い観察眼で当時の風俗や人間の姿を描き、経済小説『世間胸算用』をはじめ多くの傑作を残した。後に浮世草紙と呼ばれる町人文学を確立した意義は大きい。

　西鶴の浮世草紙は、西鶴存命中は仮名草紙の名で呼ばれていた。浮世草紙の名称が現われるのは、西鶴没後10年経った1704年からで、その頃は好色物を意味していた。浮世は憂き世にも通じ、来世に対する定めなき無常の現世のことであるが、無常な憂き世という否定的な見方ではなく、近世町人のたくましい現実肯定精神に裏付けられた当世風の好色を意味するものであった。現在は上方の町人文学の総称として用いられる。後の文化文政期（1804〜1830）に江戸を中心として流行した絵入り小説は「草双紙」と呼ばれ、浮世草紙とは区別される。

　西鶴の浮世草紙は明治の作家、尾崎紅葉（1867〜1903）や樋口一葉（1872〜1896）などにも強い刺激を与えている。尾崎紅葉の『金色夜叉』では「金か愛」が問われ、樋口一葉の『たけくらべ』や『にごりえ』では西鶴さながら、明治の遊里の世界を背景に女の哀れさが物語られている。

第3節　芭蕉——風雅への挑戦

1　生涯

　聖俳・松尾芭蕉（1644〜1694）は伊賀国上野（柘植とも言われる）に松尾与左衛門の次男（幼名、金作）として誕生した。同胞は兄ひとりと姉ひとり、下に3人の

妹があったと伝えられている。俳諧師として世に出るまでの時期については記録に乏しく不明な点も多い。

　伊賀の地は戦国末期、天下統一を目論む織田信長が伊賀攻略を謀った折、郷士たちの激しい抵抗にあったが、織田方についた福地氏により伊賀の地は陥落するに至る。信長亡き後は、豪族郷士たちの福地氏への反感は大きく、福地氏はこの地を去らざるを得なくなり、柘植に残った者が同族の松尾姓を名乗ったと言われる。家康晩年の頃に藤堂高虎が伊勢・伊賀国に移ってきて領主となり、藤堂家が代々、大津と上野に城代家老を置いてこの地を統治した。松尾家では芭蕉の父の代になって柘植から上野の農民町に移住している。

　芭蕉誕生の頃は将軍家光の治世下で、誕生の10年前には旗本と大名間の確執問題を背後に孕む荒木又右衛門による伊賀上野の仇討ち (1634) があり、また、その3年後、肥前では島原・天草の乱 (1637) が起こっている。芭蕉の幼年期には剣豪の宮本武蔵 (芭蕉2歳) や柳生宗矩 (芭蕉3歳) が相次いで没し、芭蕉8歳のときには幕府転覆を謀る由比正雪の乱・慶安事件 (1651) が生じ、まだ幕府の厳しい監視の目が光っている頃である。このような時代に芭蕉は13歳で父を亡くすが、家督を継いだ兄・半左衛門の家に身をよせながら29歳で江戸に出立するまで、故郷上野で過ごすことになる。因みに上方には2歳年上に井原西鶴が、9歳年下に近松門左衛門がいた。

　芭蕉 (宗房) は19歳頃から藤堂新七郎 (藤堂藩伊賀付き侍大将5000石) の継子・藤堂良忠に台所御用人として仕える。良忠 (俳号・蟬吟) は芭蕉より2歳年上で年齢も近く、京の北村季吟を師として俳諧に打ち込んでいた。

　北村季吟は松永貞徳らに俳諧を、また飛鳥井雅章らに和歌や古典を学び、源氏物語や枕草紙の注釈書を著している教養人で、歌人、俳諧宗匠として多数の弟子をかかえていた。この季吟の弟子が上野にも多数いたと見られ、芭蕉も季吟の指導を受けた弟子のひとりと思われる。

　その頃の俳諧は松永貞徳の流れを汲む貞門俳諧が主流で、機知的なおかしみ、滑稽さを楽しむ言葉の遊戯が流行していた。

　芭蕉も主君良忠とともに機知的おかしみを狙った俳諧を盛んに作り、俳諧作

品集『佐夜中山集』には蟬吟(せんぎん)と芭蕉の句が載っている。ところが、寛文6(1666)年に藤堂家5000石の当主になるはずであった良忠(25歳)が病没したため、芭蕉(23歳)は藤堂家を辞して、兄の家に身を寄せながら過ごしていたと思われるが、数年間の詳細は分かっていない。

　寛文12(1672)年の春、29歳の芭蕉は上野の天満宮に、談林調の流行言葉や歌を盛り込んだ30番の発句合(発句60句を左右2組に分けて優劣を競う遊び)『貝おほひ』を著作奉納し、俳諧仲間の藤堂藩士向井八太夫(卜宅)に伴われて江戸に下り、日本橋小田原町の杉風方に落ち着く。杉山藤左衛門(俳号杉風)は芭蕉より3歳年下で、家業が魚の納屋御用を務めるまでに繁栄しており、芭蕉を支える有力なパトロン的存在のひとりになる。『十八番発句会』(1678)の判詞に「予が門葉杉風」と述べているように師弟としても深い親交を持つ。

　芭蕉が江戸に来た頃は、貞門俳諧の革新を意図して起こった談林俳諧が勢いを増していたが、その自由奔放な表現は詩歌の精神を見失う危険性も孕んでいた。その2年後(1675)、上方では西山宗因門下の西鶴が『俳諧独吟一日千句』を完成させており、また西山宗因自らが上方から江戸に下り、『江戸俳諧談林十百韻(とっぴゃくいん)』を刊行して大反響を巻き起こす。芭蕉もこの新しい談林俳諧の影響のもとにあり、この風潮のなかで『貝おほひ』を自費出版し、西山宗因の連句会にも俳号「桃青」で一座して交際している。この頃、芭蕉にも榎本其角や松倉嵐蘭、服部嵐雪など有力な門人が入門しており、また、上方で北村季吟門下であった山口信章(素堂)と連句百韻2巻を天満宮に奉納し出版したり、一時、帰郷したときには俳諧の会を開催するなど俳諧世界で頭角を現わしてくる。郷里にいた甥の桃印(16歳)を、そのとき一緒に江戸に連れ帰り面倒を見ている。当時、藤堂藩は領民の音信不通を許さず、5年に一度の帰参を義務づけており、芭蕉の帰郷もそれに関連したものであろう。

　延宝5(1677)年の春には万句興行を行い、芭蕉は念願の俳諧宗匠(34歳)の地位を得て江戸俳諧に一勢力を形成し、俳書にも相当数の句を載せていく。一方、この時期には名主小沢太郎兵衛(俳号・卜尺)の依頼で名主の名代として江戸小石川の水道工事にも携わっているが、深川の草庵の隠者になるまでは小沢

太郎兵衛の所にいたことが考えられる。

　ところで、談林俳諧は自由奔放な表現で機知や滑稽の面白さを追求してきたが、やがて古典を弄る種も尽き、行き詰まり始めていた。時代は新たな俳諧世界の構築の必要を迫っていた。

　このような状況のなかで、貞享延宝8（1680）年、芭蕉（37歳）は『桃青門弟独吟二十歌仙』を刊行（門人20人結集）するが、その年の冬、これまでの俳諧宗匠の地位を捨て、深川の草庵に隠棲して俳諧隠者を宣言する。近くの臨済宗の寺に出かけ、禅の修行に励むなど、もっと深い人生の根源的な模索が始まる。俳風も一大転換され、これまでの言語遊戯的俳諧から閑寂枯淡の風雅を目指す俳諧へと変わっていく。翌年、門人李下が草庵に植えた芭蕉がよく育ち、この草庵をやがて芭蕉庵と呼び、自らも芭蕉と称するようになる。

　天和2（1682）年（39歳）、『武蔵曲』を刊行し、俳号・芭蕉を初めて名乗り、独自の句風の深化を図っていく。隠者としての生活がようやく落ち着く頃、この年の暮れの12月駒入大円寺を火元として起こった江戸の大火は本郷上野本所深川にも及び杉風下屋敷内にあった芭蕉の草庵も類焼し、しばらく甲斐の国の知人を頼って江戸を後にする。このとき、門人杉風の屋敷も大火で被害に遭っており、翌3年5月に芭蕉は江戸に戻るが庵もなく、6月に母親の死亡の知らせが届いても郷里に戻れない状況にあった。冬になって門人らの援助により、ようやく芭蕉庵が再建されるのである。

　翌貞享元（1684）年（41歳）の8月に芭蕉は門人苗村千里を同伴して江戸を立ち、翌貞享2（1685）年4月に帰庵するまで、母親の墓参を兼ねた帰郷を含む9ヶ月に及ぶ旅に出る。そのときの様子を取材したものが、最初の紀行作品『野ざらし紀行』である。この年、名古屋で連句の会を催し『冬の日』出版（俳諧七部集、第1集）、これ以後、最後の紀行作品となる『おくのほそ道』まで紀行の旅が続く。翌貞享4（1687）年（44歳）8月に曾良と宗波を伴い、常陸国鹿島の名月を見て、禅の師・仏頂和尚を訪ねる『鹿島詣』の旅をし、同10月下旬には江戸を発ち、正月を郷里で迎え、春の吉野山、須磨、明石に立ち寄る『笈の小文』の旅に出る。元禄元（1688）年（45歳）には、しばらく名古屋に滞在後、越智越人を伴っ

て信濃国更級の名月を観賞し、浅間山麓を経て江戸への帰路に着く『更級紀行』の旅をしている。

　元禄2 (1689) 年 (46歳) 3月、曾良を伴って『おくのほそ道』の旅に出る。『おくのほそ道』は大垣で終わっているが、元禄4年10月に江戸に帰るまでの期間、芭蕉は郷里の伊賀上野と京や湖南地方に滞在し、芭蕉の風雅観の「不易流行」や「軽み」についての深化を図っている。元禄3 (1690) 年 (47歳) には7月まで近江石山の幻住庵に入り、静かな落ちついた環境のなかで人生について自省し思索した名文『幻住庵の記』を執筆する。元禄4 (1691) 年 (48歳) 4月は京都洛北嵯峨の落柿舎に過ごし『嵯峨日記』を執筆し、その後、向井去来と凡兆共編による蕉門句集『猿蓑』の監修を行い、7月に出版している。

　元禄5 (1692) 年 (49歳) 5月には杉風などの協力による新しい芭蕉庵もでき、晩年の風調「軽み」に意欲的に取り組む。元禄7(1694)年(51歳)5月、江戸を立って帰郷し、9月には奈良や大坂で過ごすなどしているうち、病を得て臥床の身となる。10月12日、大坂南御堂前　花屋仁右衛門の裏屋敷で没し、近江国義仲寺に葬られる。芭蕉最後の句「旅に病で夢は枯野をかけ廻る」は旅に生きた詩人芭蕉の人生を象徴していると言えよう。

2　作品の紹介

(1) 『野ざらし紀行』

　貞享元 (1684) 年 (41歳) 8月に江戸を立ち、郷里で母親の墓参をすませ、翌2 (1685) 年4月に帰庵するまでの9ヶ月に及ぶ旅の紀行作品である。旅の行程は東海道から伊勢を経て9月には帰郷し母親の墓参、郷里上野に滞在の後、大和、吉野の秋を旅し、近江路、不破の関、大垣を経て桑名、熱田、名古屋をめぐり、帰郷して42歳の正月を郷里で迎え、奈良、京、大津、名古屋から木曽路、甲州路を経て4月の暮れに江戸へ帰庵する。

　『野ざらし紀行』は「旅立ち」から「帰庵」まで、13の部分から構成されている。芭蕉初の紀行作品をじっくり味わってみよう。

一　旅立ち

　千里に旅立ち「路粮をつゝまず、三更月下無何に入」と云けむむかしの人の杖にすがりて、貞享甲子秋八月、江上の破屋をいづる程、風の声そぞろ寒気也。
（遠い旅に出掛けるのだが食糧の準備も何の用意もできていない身なので乞食行脚ながら「手ぶらで、深夜月明のもと風雅の理想郷に遊ぶ」という古人の旅を心の支えとして…）

　　○　野ざらしを心に風のしむ身哉

　　　（路上でのたれ死ぬかもしれないという悲壮な覚悟を決めてみたものの、いざ一歩踏み出そうとすると寂寥と不安とで秋風が身にしみることだ。）

二　大井川―馬上吟

馬上吟

　　○　道のべの木槿は馬にくはれけり

　　　（路傍に咲く花木槿に旅情の慰みを得ているところ、木槿の花の一枝がいきなり自分が乗った馬に喰われてしまった。）

三　伊勢―外宮夜参

　松葉屋風瀑が伊勢にありけるを尋音信て、十日計足をとゞむ。腰間に寸鉄をおびず、襟に一囊をかけて、手に十八の珠を携ふ。僧に似て塵有、俗にゝて髪なし。我、僧にあらずといえども、髪なきものは浮屠の属にたぐへて、神前に入事をゆるさず。

　暮て外宮に詣侍りけるに、一ノ華表の陰ほのぐらく、御燈処々に見えて、「また上もなき峯の松風」、身にしむ計ふかき心を起して、（弟子の風瀑が伊勢に帰郷しているところを訪れて10日ばかり滞在した。腰に脇差ひとつさすこともなく、首からひとつ袋を下げて手には数珠を持つ格好をしている。僧ではないが俗でもない。僧ではないけれども、見かけは僧形をしているので、僧侶の仲間と見なし、神前への立ち入りは許されない。僧尼は三の鳥居より内での参詣が禁じられているので、その手前にある参拝所に詣でる。一の鳥居の陰は、ほの暗くて処々に灯りが見える。西行が歌に「深く入りて神路の奥をたづぬればまた上もなき峯の松風」と詠んだように、山の峰から吹き下ろしてくる松風が神の声のように有りがたく、身にしみる深い敬神の心を催して、）

○　みそか月なし千とせの杉を抱あらし
　　　（晦日の闇夜ゆえに今宵は月を仰ぎ見ることはできない。千古の昔から老杉の梢を嵐のような厳かな風が吹いていることよ。季語は月。）

四　美濃路―不破の関跡
　不破（岐阜の関ヶ原にある歌枕、不破の古関）
　　○　秋風や藪も畠も不破の関
　　　（荒れ果てた関屋の址すらなく、今ではそれら過去のすべては忘れ去られたように、畠と人家を囲む藪に変じて、村人たちの農耕の風景が見られることだ。季語は秋風。）

五　桑名
　桑名本当寺（本統寺）にて、（芭蕉より1歳年上の寺の住職は俳号・古益。）
　　○　冬牡丹千鳥よ雪のほとゝぎす
　　　（威厳と気品のある冬牡丹の美に見入っていると、どこかで千鳥の声が聞こえてきて、何とも言えない感動を覚える。千鳥を「冬のほととぎす」に見立てた。冬牡丹は10月の季語。）

草の枕に寝あきて、まだほのぐらきうちに浜のかたに出て、（主人の心配りにすっかり眠り足りて、まだ薄暗い早朝のうちに起き、浜の方に出て、）
　　○　明ぼのやしら魚しろきこと一寸
　　　（曙光の浜で、体長がまだ1寸ばかりの幼い白魚の繊細な体が銀白色に鮮やかに光っている。季語は白魚で冬。）

六　尾張風狂
　名護屋に入道の程、風吟ス。（名護屋に入る途中、詩歌を吟する。）
　　○　狂句木枯の身は竹斎に似たる哉
　　　（狂句の風狂三昧を生き、うらぶれた姿で漂泊するわが身は、滑稽物語の主人公の竹斎の様だ。季語は木枯で冬。）
　　○　草枕犬も時雨ゝかよるのこゑ
　　　（旅先での時雨の夜、暗い闇の静寂さのなかに、どこか遠くの方から犬の寂しい吠え

る声が聞こえてくる。季語は時雨で冬。)

雪見にありきて、(雪見の会で、)
　　○　市人よ此笠うらふ雪の傘
　　(市人よ、この雪のなかを徘徊してきた笠を売ろう。)

旅人を見る。(雪のなかを行く旅の人馬を見る。)
　　○　馬をさへながむる雪の朝哉
　　(旅人ももちろんそうであるが、旅人の乗る宿駅の馬でさえ驚いて眺めるほどの積雪の朝の風景であることよ。)

海辺に日暮して、(師走の海を見ようと船遊びに舟を出して、)
　　○　海くれて鴨のこゑほのかに白し
　　(短い冬の日が暮れて、寒くほの暗い海上から哀調を帯びた甲高く透き通ったような鴨の声が聞こえる。)

七　歳暮
ここに草鞋をとき、かしこに杖を捨て、旅寝ながらに年の暮れれば、(郷里に帰る道中に諸方を泊まり歩き、年が暮れて、)
　　○　年暮ぬ笠きて草鞋はきながら
　　(笠を着て草鞋をはいた旅人の旅姿のままに年が暮れていく。)

八　奈良
奈良に出る道のほど、(奈良に出る路で、)
　　○　春なれや名もなき山の薄霞
　　(春なのだな。奈良には有名な山が多いが、名もない山にも春の到来を告げる薄霞で霞んでいる。)

二月堂に籠りて、(東大寺の二月堂に拝観して、)
　　○　水とりや氷の僧の沓の音
　　(二月堂の修二会の行で、寒夜の厳しい森厳な荒行に一心に励む僧たちの木沓の音がする。季語は水とりで春。)

九　京―秋風亭
　京にのぼりて、三井秋風が鳴瀧の山家をとふ。(京の葛城郡鳴滝村にある秋風の山荘を訪ねる。)

　　梅林(邸内にある梅林)
　　　〇　梅白し昨日ふや鶴を盗れしし
　　　(「鶴を子とし梅を妻として暮らした」という宋の林和靖の故事を踏まえて、林先生のような清高な暮らしぶりをしている秋風を称え、邸内の白梅を見て戯れて、「梅は白く、昨日まで飼っていたであろう鶴の方は盗まれたか」。季語は梅で春。)

十　逢坂越え・大津(古関のあった逢坂越えをして大津へ)
　大津に至る道、山路をこえて、
　　　〇　山路来て何やらゆかしすみれ草
　　　(山路を越えて来てみれば、山路に何とはなしに何やら懐古の情を誘う可憐でゆかしい菫草が咲いている。季語は菫草で春。)

　　湖水の眺望
　　　〇　辛崎の松は花より朧にて
　　　(万葉集の古歌にも歌われてきた辛崎の老松は、湖岸の花々よりも何とも朦朧な風情がある。季語は朧で春。)

十一　邂逅
　水口にて、二十年を経て故人に逢ふ。(自分の跡を慕ってやって来た旧友の伊賀藩士服部土芳と20年ぶりに水口にて逢う。)
　　　〇　命二ツの中に生たる桜哉
　　　(土芳との再開の感激を桜に託し、満開の桜のように心ある友と芭蕉との関係はしっかりと結ばれていることだ。)

　伊豆の国蛭が小嶋の桑門、これも去年の秋より行脚しけるに、我名を聞て、草の枕の道づれにもと、尾張の国まで跡をしたひ来りければ、(源頼朝が流された地の蛭が小嶋の出身である僧の路通が旅の途中で芭蕉の噂を聞いて跡を追ってやって来

○　いざともに穂麦喰はん草枕
　　　（乞食同然の旅人であるので、心通う漂泊者同士いざとなれば、まだ熟していない青い穂の麦でも食えないことはあるまい。）

十二　甲斐路
　甲斐の国山中に立寄て、
　　　○　行駒の麦に慰むやどり哉
　　　（駒の憩う姿に自分も慰められることだ。訪ねた家の者の厚意に対する謝意を和む姿の描写で表現した。）

十三　帰庵
　卯月の末、庵に帰りて、旅のつかれをはらすほどに、（4月の末に、深川の草庵に帰り着き、長旅の疲れを癒すうちに、）
　　　○　夏衣いまだ虱をとりつくさず
　　　（旅の疲れが抜けきらぬまま、旅から連れ戻った虱を無精にもそのままにして、惚けた気分で長旅の跡を反芻して過ごしている。季語は夏衣。虱取りは隠者の挙措を象徴する。）

(2) 紀行『笈の小文』貞享4（1687）年

　貞享4（1687）年（44歳）、10月下旬に江戸を発ち、熱田、鳴海、名古屋では大変な歓迎を受け、その年の暮れに帰郷して正月を郷里の伊賀上野で迎え（45歳）、伊勢、吉野、高野山、和歌浦、奈良、大阪、須磨、明石に立ち寄る旅に出る。

　「自号記」から「古戦場を弔う（二）」まで「旅立ちの興」、「道の記論」、「鳴海の興」、「保美へ」、「伊良古崎」、「尾張」、「故郷へ」、「旧里越年」、「早春譜」、「新大仏寺参詣記」、「一句」、「奉納二句」、「伊勢にて」、「吉野への旅立ち」、「旅路の憂さ」、「長谷寺参竜」、「葛城山」、「滝づくし」、「吉野山」、「吉野の逸興」、

「紀伊路」、「旅賦」、「大和路」、「須磨浦眺望その（一）」と「須磨浦眺望その（二）」、「古戦場を弔う」、「明石夜泊」、「須磨浦眺望その（三）」の 32 の部分から構成されている。

一　自号記

　　わが身のなかに、名状しがたい「何か」或る物がある。今、仮にこれを名付けて「風羅坊」と呼ぶ。全くこれは、植物の「芭蕉」にも似て薄絹のように破れやすく、繊細で傷つきやすいところがある。この「何か」或る物は長年、俳諧を好んできた。
　　そして遂にそれをたつきともし、一生を送る仕儀となった。あるときは、うんざりして俳諧などは止めようと思ったり、あるときは、他人との俳諧作品の優劣を誇るべきことのようにも思い、心のなかは、この「何か」或るもののゆえに戦いの収まるときがなく、この身はなかなか落ち着かない。世間並みの仕事に就いて身をたてようと願うこともあったが、この「何か」或る物が騒ぎ出すので駄目になり、仏法に心ひそめて悟りの道を求めることもあったが、この「何か」のために破られ、遂に、無能無芸、この一筋、俳諧の道にわが身を献げていくことになった。西行の和歌にしろ、宗祇の連歌にしろ、雪舟の絵にしろ、利休の茶にしろ、そこには共通の同一の「何か」或る物があった。そして、それは今の私をも貫いている。風雅（俳諧）の世界は、天然自然に従い、四季を友とし、花を見れば身も心も花になり、月を見れば身も心も月になる。花月の風流を体現しないのは野蛮人に等しい。花月の風流の心得がないのでは鳥獣と同じだ。野蛮を脱し、鳥獣とは異なるところを見せて、心身に風雅を備えて人間らしく生きたい。天地自然の根本に立ち返り、あらゆる存在の根拠から出発しなければならない。

　ここには芭蕉が俳諧に身を捧げることになった経緯の告白が述べられている。それによると、世間並みの仕事に就いて身をたてようと願ったり、仏法に心をひそめて悟りの道を求めることもあったが、芭蕉の身のうちにある繊細で傷つきやすい「何か」或る物が騒ぎ出し、遂に、俳諧の道一筋にわが身を献げていくことになったという。　西行の和歌、宗祇の連歌、雪舟の絵、利休の茶には共通の同一の「何か」或る物があって、それは芭蕉をも貫いている。その

何かとは風雅の心であろう。風雅を備えて人間らしく生きることが芭蕉の人生の目的である。そのためには、天地自然の根本に立ち返り、あらゆる存在の根拠から出発しなければならないのだという。芭蕉の人生観、俳諧観が述べられており、注目したい。『幻住庵記』(三)にも風雅の道を歩んで来た人生がふりかえられている。

二四　旅賦

　　旅とはどんなものか。踵も傷つき破れるが、西行と同じと思えば、慰められる。西行は天竜川の渡し場で、頭を打たれ下船させられても、苦しみに耐え、修行の旅だとして怒らなかったという。高野の証空上人は、絵馬から落とされて、自分の愚かしさを恥じて逃げ帰ったという。それを思うと馬上の苦しみなどは忘れられる。自然の美しい風景を見ると創造主の力がそこに見えるようだし、一切の執念を超脱した修行者の遺跡に立てば、その志を身にしみて感じ、風雅に心身を捧げた人の跡に立てば、その作品の真実の意味を感得するように思う。これらは自然と人事との最も究極の根拠に触れることなのだ。住居を捨て去った身なので、りっぱな器物調度を蓄えたいという執着にとらわれることはない。何も持たない旅なので、道中で賊におそわれる不安もない。これらは、物欲から解放されるということである。貧しい旅なので、ゆっくり歩けば、駕籠に乗ったと同然の気分になれる。うまいものを食いたくも食えないが、腹をすかせて食えば魚鳥の肉より美味だ。これらは貧乏だから味わえるありがたさであり、物は考えようという気楽な旅なのだ。実務に時間を切られている旅ではないので、…気の向いた所で泊まり、調子が良ければ早起きして歩く。その日その日に願い事が二つある。今晩よい宿がとりたい。草鞋の自分の足にあったのがほしい。道中を行けば一瞬一瞬に心の変化が変わり、毎日毎日新しい心持ちになる。風雅を解するような人に出会うと、この上の喜びはない。…

　芭蕉の旅観が率直に述べられている。風雅を旅の花とし、西行のように風雅に心身を捧げた人の跡に立てば、その作品の真実の意味を感得できる。これらは自然と人事との最も究極の根拠に触れることなのだ。

(3) 『更級紀行』元禄元年

『更級紀行』は元禄元 (1688) 年 (45歳)、芭蕉はしばらく名古屋に滞在後、越智越人を伴って信濃国更級の名月を観賞し、浅間山麓を経て江戸への帰路に着く旅の紀行である。

(一)「旅立ち」から (十)「付載句集 (四) 信濃路」まで「僧との出逢い」、「木曽路」、「馬上の奴僕」、「更級の逸興」、「山中の盃」、「付載句集 (一) かけはし」、「付載句集 (二) 更級の月」、「付載句集 (三) 留別吟」の10部分から構成されている。

一　旅だち
　さらしなの里、おばすて山の月見事、しきりにすゝむる秋風の、心に吹さはぎて、ともに風雲の情をくるはすもの又ひとり、越人と云。
　木曽路は、山深く、道さがしく、旅寝は力も心もとなしと、荷兮子が奴僕をしておくらす。をのをの心ざし尽すといへ共、駅旅の事心得ぬさまにて、共におぼつかなく、もの事のしどろにあとさきなるも、中々におかしき事のみ多し。(更級の里・姨捨山の名月を見ようと、しきりに勧める秋風が心に吹き騒いで、心を落ち着かせない。風雅心に浮かれ立ったのが、その名を越人と言う。

あの木曽路は山深く道も険しいので、旅の頼りとなるものがなくては心配だと言うので、荷兮子が下男を供につけてくれることになった。皆さんがあれこれ心配してくれるのだが、肝心の旅については不案内なので、どれもこれも頼りなく、万事整わず、逆さま事などしでかすものだから、それも一興だと何度も笑い転げたことであった。)

「名月が見たいと思うと、もう心がそわそわして落ち着かない。それを見送る者たちも、また実務不案内である」。芭蕉旅立ちのパターンがここにある。こういう設定で風狂の旅であることを強調している。

八　付載句集 (二) 更級の月
　　○　いざよいもまだらしなの郡哉

（十五夜には更級の里で姥捨の名月を見たが、まだ余韻が残り、十六夜の今日も去りがたく、郡の名だけでも更級の郡のうちにとどまっている。）

十　付載句集（四）信濃路
　　○　吹(ふき)とばす石はあさまの野分(のわきかな)哉

（浅ましいまでに激しく吹き荒れる嵐に、石が風に吹き飛んでくる。）

(4)　『おくのほそ道』　元禄2（1689）年

　芭蕉が門人河合（岩波）曾良を伴い、奥の細道の旅に出るのは、元禄2（1689）年3月27日（46歳）のことである。芭蕉庵を人に譲り、歌枕や名所・旧跡を訪れ、句を作りながら日光、白河の関、仙台、松島、平泉、新庄、羽黒山、酒田、像潟、新潟、金沢、福井、敦賀を経て大垣に至るまでの紀行作品である。曾良とは金沢で別れ、大垣から伊勢神宮へ行き、5ヶ月の旅は終わる。推敲に推敲を重ね、芭蕉最後の紀行作品『おくのほそ道』が完成するのは芭蕉が生涯を終える元禄7年である（この年、江戸では高田馬場の仇討ちがあった）。遺言により、向井去来に譲られ、最初の刊行は元禄15年、京の井筒屋庄屋兵衛版である。

一　漂泊の思い
　　「月日は百代の過客にして、行きかふ年も又旅人也。舟の上に生涯をうかべ、馬の口とらえて老をむかふる物は、日ゞ旅にして旅を栖(すみか)とす。／古人も多く旅に死せるあり。予もいづれの年よりか、片雲の風にさそはれて、漂泊の思ひやまず、海濱にさすらへ、去年の秋江上(かうしやう)の破屋(はをく)に蜘の古巣をはらひて、やゝ年の暮れ、春立てる霞の空に、白河の関こえんと、そゞろ神の物につきて心をくるはせ、道祖神のまねきにあひて取るもの手につかず、もゝ引の破れをつゞり、笠の緒(を)付かえて、三里に灸すゆるより、松嶋の月先(ま)づ心にかゝりて、住(すむ)る方は人に譲り、杉風が別墅(べつしょ)に移るに、○　草の戸も住替る代ぞひなの家／面(おもて)八句を庵の柱に懸置(けておく)。」

　　（月日は永遠に旅を続けて行く旅人であり、毎年来ては去り、去っては来る年も同じく旅人である。舟の上で波に揺られ一生を送る船頭や馬のくつわを取って街道で老年を迎える馬子は、毎日旅に身を置いていて、旅そのものを自分の住処としている。／風雅

を愛した昔の人びとも数多く旅中に死んだ人がいる。私もいつの年からか、ちぎれ雲が風に吹かれて大空を漂うのを見るにつけ、旅に出て彷徨いたいという思いがしきりに起こり、海辺の地方をあちこち放浪し、去年の秋、隅田川のほとりにあるあばら屋に帰り、蜘の古巣を払いのけて、住んでいるうちに、年も暮れ新春を迎えると春霞の立ち込める空を見るにつけ、白河の関を越えて陸奥まで旅をしようと心が落ちつかず、そぞろ神が自分のなかにある詩的精神に乗り移って、心が狂ったようになり、道祖神が旅に出て来いと招いているような気がして、落ちつかず股引の破れを繕い、笠の緒を新しく付け替え、三里に灸をすえ、旅の支度に取りかかるとすぐに、松嶋の月が何より心配になるといった有り様で、住んでいた草庵は人に譲り渡し、杉風の別宅に移り住むに際して、／
○　この草庵も住人が変わるときがきた。雛祭りの頃なので、雛の飾った家になるだろう。という一句を詠み、この句を発句として表八句を作り草庵の柱に懸けておいた。）

　貞享4（1687）年、10月下旬、芭蕉庵を出て、翌5（1688）年4月まで、尾張、三河、大和、紀伊、摂津、播磨等の各地の旅行（『笈の小文』の旅）をしている。そのとき、鳴海、伊良古崎、和歌の浦、須磨、明石等の海浜も歩いている。それから1年が経ってまた、旅に死する覚悟で草庵を引き払っても陸奥への旅をしたい心が騒ぎ出した。

　風狂の旅に出る設定がここでも述べられ、旅を風雅の花とした芭蕉の人生観がよく出ている。

二　旅立ち
　　…千住で船から上がると、いよいよこれから遠い異郷へ三千里もの長い旅に出るのだなあという感慨で胸がいっぱいになり、この世は幻のようにはかないものだと承知はしていても、やはり別れを惜しんで涙を流すのであった。…
　　○　行春や鳥啼き魚の目は泪
　　　（春が過ぎ行こうとしていて、ほんとうに名残惜しいことだ。行く春との別れを惜しんで鳥は悲しげに啼き、魚の目は泪で曇り潤んでいることだ。季語は春。）

　惜春の情と惜別の情とが、同時に、この一句のなかに込められていて心をうつ。

二四　平泉
　　…藤原氏三代の栄華も一眠りの間の夢のようなものであって、今ははかなく消え去り…

○　夏草や兵どもが夢の跡
（高館に立って見ると、ただ夏草が生い茂っているばかりであることよ。ここは、義経ら勇士たちが功名を夢見て奮戦した所であるが、それも一場の夢と消え去り、今はただ草ぼうぼうたる廃墟と化している。この夏草もやがて枯れ果てていく。）

兵たちの奮戦もすべて夢のなかの出来事のように儚い。生い茂る夏草を配置することで、より一層、人の世の興亡の無常さと哀れさが心に伝わってくる。

二五　尿前の関

「…平泉から南下して岩手の里に泊まった。それから小黒崎やみずの小島を通り過ぎ、鳴子温泉から尿前の関に行き着いて、ここを越えて出羽の国に入って行こうとした。この道は旅人がごく少ないところなので、関所の番人に怪しまれ、やっとのことで関所を通った。大きな山を登ると日がもう暮れたので、国境を守る番人の家をたまたま見かけ、宿泊を頼んだ。…」

出羽の国に入る国境の関所で不審者として怪しまれ、やっと関所を通してもらうなど、この時代のチェック体制が垣間見られ、興味深い。芭蕉はここ尿前の関の番人の家で風雨のために3日間の足止めを喰らう。

○　蚤虱馬の尿する枕もと
（山中のむさ苦しい宿なので、蚤や虱に責められ、なかなか眠れないでいると、寝ている枕元では馬が小便をしている音が聞こえる。季語は虱で夏。）

山中での旅の辛さの一場面である。家屋の構造上、枕元で馬の小便の音が聞こえるのであろう。まさに「尿前の関」である。この作品は旅の辛さを表現していると同時に「尿の音」を逃さず、俳諧独特の意表を突く「滑稽さ」が盛り込まれ発揮されていると言える。

『おくのほそ道』は旅の順序や事実をそのまま記したものではなく、あくまでも、文学作品として完成されたものである。芭蕉は、この旅を終えた頃から、「不易流行」（流転変化することこそ、宇宙の不変の原理である）の理念を打ち出してくる。この流転変化のなかに永遠なる、「風雅」の世界を見出そうとする。芸術の根底には一貫して不変なものがあるが、その具体的な現われ方は変化・流行

するものであり、その変化・流行により不変的なものが表現されると考えた。

(5) 『嵯峨日記』

1691年（48歳）、芭蕉は1月上旬から3月末まで郷里の伊賀上野に帰郷する。4月18日に洛西嵯峨の向井去来の別荘「落柿舎」に入り5月4日まで滞在するが、その間の日記が『嵯峨日記』である。ちょうど、去来・凡兆編『猿蓑』の監修にあたっている頃で、5月5日以後は、野沢凡兆宅等に住居を移し、『猿蓑』は7月に刊行される。

「入庵」から「惜別」まで、「小督」、「落柿舎の記・談笑」、「閑居」、「作句」、「来客」、「閑居・妄想・念夢」、「読書」、「来客・来信」、「曾良」の11の部分から成り立っている。

芭蕉の日記がどのようなものか、一部、紹介してみよう。

一　入庵
　1691（元禄4）年4月18日、嵯峨に遊んで、去来の落柿舎に到着する。凡兆が同行したが、夕方には京へ帰った。自分はしばらく滞在することになっていて、障子の破れを繕い、庭の雑草は抜いてあり、邸内の一間が寝所と定まっていた。部屋には机がひとつ、硯、文庫、『白楽天詩集』、『本朝一人一首』、『世継物語』『源氏物語』、『土佐日記』、『松葉集』が置かれている。また、唐様の蒔絵の描かれた五重の重箱に、様々な菓子が盛りつけてあり、銘酒一壺には盃まで添えてある。夜具や食材は京から届けられていて不自由はない。己の貧しい身の上を忘れて静閑な生活を享受することになった（身辺の心配に煩わされず、自己の心を見つめる生活が始まる）。

机の上に置かれた『白楽天詩集』や『世継物語』、『源氏物語』や『土佐日記』などの書物の類いから、芭蕉や弟子の愛読書や教養の高さが察せられ興味深い。弟子の行き届いた心遣いから生活のゆとりが見える。落柿舎の静閑な雰囲気が簡潔かつ見事に描かれている。

二　小督

　　19日、午過ぎ、臨川寺に参詣。門前を大堰川が流れて、嵐山が右手に高く見え、山麓は松尾の里に続いている。虚空蔵に参詣する人の往来が賑やかである。松尾の里の竹藪のなかに小督屋敷という所がある。小督屋敷という所は上諏訪、下諏訪に三ヶ所ある。どれが本当なのか。かの源仲国が（小督の琴の音を聴いて）駒を止めた所と言われる駒留の橋というのが、この近くにあるのだから、今見ているのを本物としておこう。小督の墓は三軒茶屋の隣の竹藪のなかにある。墓標として桜が植えてある。おそれおおくも、宮中に仕え、錦繡綾羅（豪華で美しい衣服、織物、おらぎぬとうすぎぬ）の上に起き伏した身が、結局は藪のなかに埋もれ塵芥となってしまった。『白氏文集』にある悲運の美女（王昭君）の昔も思い出される。

○　うきふしや竹の子となる人の果
　　（竹藪に葬られ、土に帰し、竹の子と化した人の運命を思うと、世の無常の有り様が典型的に現われているように思われる。）

○　嵐山藪の茂りや風の筋
　　（嵐山から初夏の風が嵐の名の通り、さっと吹き下ろしてきて、竹藪の茂りを揺るがして過ぎていく。風の通り道が目に見えるのである。）

　　夕陽傾く頃、落柿舎に帰った。凡兆が京より来て、いれかわりに去来が京に帰った。夜は早くから床につく。

　午過ぎから臨川寺を参詣して、落柿舎の付近を散策する。帝に寵愛された小督の屋敷跡らしい所に出かけるが、今やその墓は竹藪に埋もれて塵のようになっている。
　世の無常の哀れさを改めて小督の墓に見る。

七　閑居・妄想・念夢

　　27日。誰も来ない。1日中、閑寂のうちに暮らした。28日。夢のなかで、死んだ杜国の事を言い出して、涙を流しているうちに目がさめた。心が何かと交って夢となるのだという。陰の気がつきたときには火を夢に見、陽の気が衰えると水を夢見るのだそうだ。
　　鳥が頭髪をくわえると、空を飛んでいる夢を見、帯を下に敷いて寝るときは、

蛇を夢に見るのだとも言う。『枕中記』とか、……荘子が夢のなかで蝶になったとか、どれも皆もっともだと思われて興味の尽きることはない。私の見る夢は聖人君子の見るような立派な夢ではない。起きている間は1日中、妄想・心の乱れが止むことなく、それが夜間眠ってからも夢のなかでも続くだけだ。……「念夢」というものにあてはまるのであり、覚めている間思いつめたことが、そのまま夢のなかに現われたものだ……

門人杜国の死を悲しむあまり、芭蕉の夢は思いつめたものが、そのまま夢に現われる「念夢」であると自ら言う。芭蕉の孤独と悲しみが強く訴えかけられ、夢のメカニズムにまで論及している点は注目したい。

(6) その他

○　古池や蛙飛びこむ水の音　（貞享2〈1685〉年）『蛙合』20番
○　かげきよも花見のざには七兵衛（年次不詳）
　　（豪勇の悪七兵衛もくつろいだ花見の席では表情をくずし、ただの七兵衛におさまっていることよ。季語は花見で春。）

悪七兵衛のことは井原西鶴や近松門左衛門も取り上げていて、芭蕉もこの人物を句にしたのかと、芭蕉の意外な一面を垣間見る。

○　先たのむ椎の木も有夏木立　（元禄3年）『幻住庵記』
　　（何はともあれ、椎の木立を頼りとして、疲れた身を夏木立のなかに落ち着けることにしよう。季語は夏木立で夏。）

人間は仮の世に仮の生を受け、どこも皆仮の住処ではないかという思いのなかにひたりながらも、ひとときの頼りを求めている。

○　初しぐれ猿も小蓑をほしげなり（元禄4年）『猿蓑』の発句（芭蕉七部集には『冬の日』、『春の日』、『阿羅野・曠野』、『ひさご』、『猿蓑』、『炭俵』、『続猿蓑』がある。『猿蓑』はそのひとつ。）
　　（故郷への山越えの道を歩いていると、初しぐれが降ってきた。木陰に雨宿りをしていると、猿も小さい蓑を着て初しぐれのなかを歩いてみたそうな様子である。季語は初しぐれで初冬。）

初しぐれを興じるところに、伝統的な和歌を越えた意表をつく句の新しさがある。

　　○　此の道や行人なしに秋の暮　（元禄7年）
　　（一筋の道が続いている。秋の夕日がまさに落ちんとして周りの木々を赤く染めている。地上には既に宵闇が漂い始め、この道を行く人はひとりもいない。寂寞とした孤独感が漂う。季語は秋の暮で秋。）

秋の夕暮れの孤独感がひしひしと伝わってくる。

【最後の句】
　　○　旅に病んで夢は枯野をかけ廻る　（元禄7年）
　　（旅の途中で病に倒れ、病の床で見る夢は寒々とした枯野をかけ廻る夢である。季語は枯野で冬。）

旅に病んでもなお、旅を慕い風雅を思い続ける悲痛な心が伝わってくる。

3　芭蕉の挑戦

　芭蕉も西鶴と同様に、談林派俳諧の宗匠となるが、40歳過ぎに西鶴は浮世草紙作家へと脱皮転身していくが、芭蕉もまた40歳近くになって俳諧の宗匠の地位を投げ捨て、草庵に俳諧隠者として隠棲し、閑寂枯淡の風雅を目指す俳諧を模索していく。人生を旅とし風雅を旅の花として常に精進努力を重ね、閑雅枯淡の境地（寂さび）に到達する。俳諧・芸術の精神として「万代不易一時流行」を唱え、最晩年には「かろみ」（「高く心を悟りて俗にかえる」）の境地を開拓し、連歌から完全に独立した新しい俳諧の世界を確立した。芭蕉は書や画もかいているが、俳諧の深化と歩調を合わせるように深まりを見せていく。これなども人格の深まりの反映されたものと解されよう。

　芭蕉亡き後、俳壇は芭蕉の高弟たちに引き継がれるが、蕉門の統一を欠き乱れた状態になる。江戸中期に与謝蕪村により芭蕉再興の働きがなされ、やがて明治期の正岡子規の近代俳句へと展開していく。

第4節　近松門左衛門と人形浄瑠璃

1　生涯

　近松門左衛門は父杉森市左衛門信義が越前福井藩に仕えた後、浪人になり京都に移り住んだ承応2 (1653) 年にその次男として誕生した。名は信盛 (通称は平馬) と言い、京で育ち、12歳で後陽成天皇の第九皇子・公家一条恵観に仕えた。また、俳諧を山岡元隣に学び、山岡の『宝蔵』に本名で一句掲載された。巣林子の号がある。1672年 (20歳)、主人の一条恵観が没し、俳諧の師・山岡もその頃に亡くなったため、公家勤めを辞めて、一時、近江近松寺に身を寄せている。「近松」のいわれとして、この「近松寺に遊学した寺の僧、罪あって寺門の側に刑されているのを見て、自ら戒めの為に近松門左衛門と称せしとぞ」と現世の無常を受け止め、生きる自戒としたというエピソードもある。武家勤めの兄と医師の弟、俳人の妹がいたと言われる。若き日に、仕えていた主君が亡くなり、勤めを辞して浪々の身となる点は芭蕉とも共通している。その後、作家修行中に手がけた物は、井上播磨掾の語り物『花山院后あらそい』(1673) と都万太夫座での歌舞伎公演『藤壺の怨霊』(1677) があるが、浄瑠璃作者として世に出るまでの10年間程の時期についてはほとんど何も知られていない。歌舞伎の脚本と人形浄瑠璃の台本の二股をかけた作家活動をしていたことは窺える。当時は作者よりも太夫や役者の方が遥かに優位な立場にたち実力を持っていたようである。

　天和3 (1683) 年31歳のとき、近松は叙事的な傾向の強い浄瑠璃・曾我物に武士道と人情を絡めてドラマチックな新風を打ち出し、彼より2歳年上の竹本義太夫と組んで上演した『世継曾我』が好評を博し、人形浄瑠璃作者として世に出る。この成功を祝して義太夫の依頼によって書き下ろした『出世景清』(34歳) の頃から近松門左衛門の名を公にし、人形浄瑠璃作家としての地位を獲得していく。

　元禄6 (1693) 年には都万太夫座の坂田藤十郎 (1647～1709) と組んで歌舞伎狂

言を発表したりもするが、歌舞伎の脚本は役者の技芸が中心を占めるため、藤十郎の死後は専ら浄瑠璃作家に専念していく。城中で刃傷事件（赤穂事件）が起きた元禄14（1701）年には近松は竹本座の座付き作者となり、浪士たちの切腹した元禄16（1703）年に近松初の世話浄瑠璃『曽根崎心中』を上演し、好評を得ている。2年後、竹田出雲の座付き作者となり、『用明天皇職人鑑』を上演した。正徳元（1711）年には『冥途の飛脚』、正徳5（1715）年には『生玉心中』『国性爺合戦』などを上演し、享保5（1720）年68歳で『心中天網島』、翌年には『女殺油地獄』を、享保7（1722）年70歳のときに、最後の世話浄瑠璃『心中宵庚申』を上演して、享保9（1724）年12月2日に72歳で大坂天満に没している。『関八州繋馬』は絶筆となった。

死の十数日前に死期を察した近松は長い辞世文をしたため、風折烏帽子に布衣の礼服姿で肖像画を描かせている。

辞世文「代々甲冑の家に生れながら武林を離れ三槐九卿につかへ咫尺し奉りて寸爵なく市井に漂て商買しらず隠に似て隠にあらず賢に似て賢ならずものしりに似て何もしらず…」

2 作品紹介

(1) 『世継曾我』

天和3（1683）年、宇治加賀掾（語り）、近松（31歳）デヴュー作

【あらすじ】

第一：御所の五郎丸に生け捕りにされた曾我五郎は既に殺されていた兄十郎の後を追って露と果てる。奉行の新開が五郎丸（荒井簾太）を功名第一とした為、曾我の縁者の朝比奈三郎が激怒して曾我兄弟の敵である新開と荒井を討とうとする者があれば自分が後見すると息巻く。

第二：曾我兄弟の母のもとへ事の子細を告げに行く郎党（鬼王と団三郎兄弟）が五郎の恋人である化粧坂の少将のところで新開と荒井に逢い、2人を追う。

第三：十郎の恋人（大磯の虎）と少将は曾我の里への道行となる。病床にあっ

た老母は兄弟が討たれた事を悟る。十郎と大磯の虎との忘れ形見の曾我祐若と涙ながらに対面する。

　第四：鶴ヶ岡の浜辺で鬼王と団三郎兄弟は新開と荒井を討ちそこなう。敵は虎の庵に行き上意と偽り、十郎の遺児祐若を奪おうとする。虎と少将は色仕掛けで企み、2人を唐櫃のなかに忍ばせる。朝比奈が登場して、大石を唐櫃に載せて荒井を圧殺する。

　第五：祐若、虎、少将、鬼王兄弟らを引き連れた朝比奈が新開を封じ込めた唐櫃を携え、主君頼朝の御前へまかり出る。新開は罪を問われ、曾我祐若は曾我の所領を賜る。虎、少将も遊女に似ぬ貞節を御台所から誉められる。虎、少将は今様を唄い、多くの遊女の舞いが華やかに繰り広げられる。

　曾我兄弟の亡き後、十郎の息子の曾我祐若が父の仇を討って所領を賜るという話であるが、武士の世界に人情を絡めているところが近松らしい。

(2) **『出世景清』**

貞享2(1685)年、竹本座初演、　竹本義太夫(35歳)　近松(33歳)

第一（熱田大宮司館の場）

　　平家の一族悪七兵衛景清は、平家の敵、右大将源頼朝に一太刀をあびせ、平家の恥辱をすすごうと落人になって、尾張国熱田神宮の大宮司のもとに身を潜めていた。大宮司は平家の恩を受けた者なのでひとり娘小野姫を景清に嫁がせ面倒を見ていた。頼朝が奈良東大寺の大仏を再興するにあたり、いつも頼朝の側を片時も離れずに従っている秩父の畠山重忠が奉行に任ぜられたので、景清はまず重忠を討つべく、妻から預かった痣丸の名刀を携えて奈良へ向かう。

（東大寺大仏殿の場）

　　大仏再興の儀式の日、人足に変装して潜り込むが重忠に見破られ、その場は斬り抜け、都に逃げる。

第二（阿古屋住家の場）

　　景清は勇猛な武士であったが、清水寺の観世音を信奉し参詣の途中で坂の側にいた阿古屋という遊女に心引かれ、夫婦の関係になり弥石、弥若と言う名の6歳、4歳になる2人の男子がいた。阿古屋は愛情細やかに景清をいとおしみ、子

どもにも小弓、小太刀を持たせて、けなげに武術の訓練をさせたりしていた。
　このようなときに重忠を打ち損じた景清が阿古屋の家に辿り着く。長年音信もなく、小野姫との深い仲も噂に聞こえており、夫の浮気をなじるものの、3年間の積もり積もった話で機嫌も直り夫婦仲は睦まじくおさまった。観音様へ参詣し轟坊に7日間籠ることを告げて妻子に見送られながら景清は出かける。
　そこへ景清探索の高札を見た阿古屋の兄の伊庭十藏が戻り、褒美は望み通りなので阿古屋に景清を訴えるように勧める。阿古屋は夫を訴えることなどできないと泣いて兄を止める。十藏は阿古屋が夫として景清を立てるが、景清には小野姫がおり、阿古屋は一時の慰み者に過ぎないのだという。
　こういう遣り取りの最中に熱田の大宮司からの飛脚便で小野姫の手紙が届く。手紙には阿古屋が傷つくような姫との仲が細々と書かれていた。阿古屋は手紙を引き裂いて悔しさに泣く。兄の伊庭十藏を引き止めたり、嫉妬の悔しさから逆に行かそうとしたり身を悶えて嘆くうち、遂に十藏は阿古屋を突きのけて六波羅へ急ぐ。

清水寺轟坊の場

　訴人の十藏に案内された500余騎の討手が轟坊を二重三重と取り囲み、時の声を挙げた。信心厚き行者を討たせては観世音の慈悲がすたることになると30数人の荒法師たちが命を捨てて討手に立ち向かう。景清は飛鳥の術を心得ているので簡単には討たれない。大勢の軍兵を相手に奮闘して、軍兵が十藏を守りながら引き下がったところを景清は逃げのびる。

第三（六波羅の場）

　景清の行方は知れず、景清を捕らえるために舅にあたる熱田神宮の大宮司が六波羅に送還され、景清の所在について厳しく詮議される。白状しない大宮司を六波羅の北の殿にできた新牢に押し込んで厳重な見張り番を付けた。舅の入牢を知ると舅の難儀を救う為に景清は現われるであろう。

（小野姫道行）

　小野姫は厳しい詮議を受けている父の身代わりになるために京へ向かう。景清と阿古屋の関係も案じられる。

（六条河原の場）

　小野姫は六条河原に引き出され、厳しい詮議と拷問を受ける。この事態に景

清が自ら名のり出て捕らえられる。熱田大宮司父娘は許される。

第四（六波羅新牢の場）

　頑丈な牢のなかに閉じ込められた景清に小野姫は差し入れをしたりする。阿古屋は2人の子どもを連れて会いに行くが、訴人となって自分を裏切った阿古屋の言い分を景清は許さない。景清に子どもたちは縋りつくが、子どもは阿古屋のものだと景清は突き放す。もはやこれまでと見た阿古屋は2人の子どもを景清の見ている牢前で刺し殺し、自らも自害して果てる。

　罵る十藏に怒った景清は観音に念じて牢を破り十藏を引き裂く。熱田大宮司父娘に難が及ぶと行けないので、自ら牢へ戻る。

第五（巨椋堤の場）

　頼朝は奈良の大仏御再興の完成を祝して大赦を行い、京鎌倉の牢を開放した。しかし景清は重罪なので、佐々木四郎に命じて首を刎ねさせた。大仏供養の為、奈良に向かう頼朝一行が巨椋堤にさしかかったとき、畠山重忠が追っかけてきて、景清は牢のなかでまだ生きているので急いで首を刎ねることを進言する。一昨日の暮れ方に既に首を刎ね、頼朝が確認して晒し首の刑にしたはずだが、頼朝は確認の為、京に引き返す。

（三条縄手の場）

　三条縄手には景清の首が掛けられ「平家の一党謀反の首領、悪七兵衛景清」と高札が添えてある。皆が見ていると、景清の首がたちまち光明に輝き千手観音の御首に変わる。

　そこへ清水寺の僧たちが駆けつけ、観音の首が切り取られ、切り口からは血が流れて礼盤や長床が血に染まっていると告げる。景清は清水寺の観世音を信奉し17歳から37歳の今日まで、毎日、33巻の普門品を読誦し修行したので、観世音が身代わりとなったのである。頼朝は仏の首を直垂の袖で抱え、清水寺に参詣して仏の首継ぎの法事を行う。

（清水寺轟坊の場）

　観音の首を継ぐ法事も終わり、頼朝は観音の功徳に感じ入り、景清を許して日向の国宮崎の庄を知行地として与える。景清は情けある頼朝を狙い続けたことを恥じ泣き崩れる。重忠のすすめで屋島の合戦の模様を語るが、頼朝を追って思わず抜き打ちにしようとする。頼朝には恩があるが、頼朝を見るとやはり

心が乱れると、脇差で自らの両目をえぐり出した。

　第二「阿古屋住家の場」では阿古屋の女心の葛藤が見事に描かれ、中間のひとつのクライマックスを作っている。六波羅に景清を訴え出ようとする兄を命がけで止めるか、それとも恋ゆえの悔しさから腹いせに夫を裏切るか、行きつ戻りつする心の葛藤が息苦しいまでに描かれている。第四「六波羅新牢の場」では、景清が阿古屋を絶対許さないので、景清の前で子どもたちを刺し殺し自害する場面はあまりにも残酷で哀れであり、観客も思わず息を飲む場面であろう。

　第五「清水寺轟坊の場」の頼朝を見ると復讐の怨念が沸き起こるので、両目をえぐって恩義に報いる場面は、最期のクライマックスで強烈な印象を残す。ギリシア悲劇のエディプス王の結末とも通じる。

(3) 『曽根崎心中』

　元禄16 (1703) 年、竹本座初演、　近松51歳。

【あらすじ】
観音めぐり
　　　目もとに恋を含み、今咲き出した初花のように美しい18、9の女、天満屋の遊女おはつは駕籠から出て、巡礼するとご利益があるとされる大坂33所の観音めぐりをする。
　　　一番目は天満の太融寺、夜も白んで二番鳥が鳴く頃には二番の長福寺、法住寺、法界寺、……と汗をふきながら天満の札所を残りなくめぐる。稲荷神社の観音堂に新御霊神社で33番を拝み納める。観音様は衆生を救おうと33に姿を変えて人びとを色で導き、情けで教え、恋の悟りへの架け橋として彼岸へ渡して救って下さる。

生玉社の場
　　　おはつの恨み言　内本町の醤油屋平野屋の手代徳兵衛が得意廻りをして生玉社へ来ると、境内の茶屋の床几から深く言い交わしたおはつに呼び止められ、

音信が無いのを恨み泣かれる。店の親方は叔父なので、親切に面倒を見てくれるが、徳兵衛の正直さを見て取った親方が、奥さんの姪に持参銀２貫目をつけて徳兵衛と夫婦にし、商売をさせる相談が去年から持ち上がっていた。承知しないうちに、国もとの老母（継母）が親方と勝手に縁談を決めて金を受け取り、無理やり祝言を押しつけられる事態となった。これでは男の面目がつぶれるので、親方の仕打ちに分別を忘れ、親方に過ぎた非難をして縁談を断る徳兵衛に、遊女おはつとのことが原因と気づいている親方は非常に怒り、徳兵衛は大坂を追放の上、期日までに老母に渡った持参金の返済を迫られる羽目になる。ところが、老母は握った銀はなかなか手放さない。銀の工面に苦心するが手がない。国もとへ引き返し、村中の人の懇願でやっと老母から銀を取り返すことができた。すぐに親方に銀を返済し、勘定を済ませば埒があくが、おはつを大坂に置いておいては逢えなくなる。「逢うに逢われぬその時は、この世ばかりの約束か。あの世で結ばれた例のないではなし」とおはつも涙にむせる。

　返済の期限が明日に迫るとき、せっかく苦心して手に入れた銀は、油屋の九平次に「晦日たった１日要ることがある。３日の朝は返そう」と窮状を訴えられ、信頼できる友達と信じて、一時貸してしまう。相手は徳兵衛の事情も知っており、男の面目を大切にする者だから期限までには返してくれるものと信じ切っている。おはつとその話をしているところへ油屋の九平次が町衆と連れだって通りかかったので、貸した金の返済を求めると、相手は全く身に覚えがないとしらを切る。証拠の証文を見せると、その証文は金を搾取するために造られた偽造物で、押された印判は以前に落とした物だと難癖をつける。徳兵衛は悪者にされ、九平次と連れの町衆も信じてくれない。騙された悔しさに腕ずくで取り戻そうとするが、皆に打擲され散々な目に合う。この様子を見て、おはつは心配で胸もつぶれる思いでいたが、駕籠で廓へ連れ帰られる。面目を失った徳兵衛は身の潔白を証明するために自害をほのめかして立ち去る。

蜆川新地天満屋の場

　天満屋に連れ帰られたおはつは、「徳兵衛は騙りで捕まった」などの悪い噂に心を痛めていると、表に編み笠を被って忍んできた徳兵衛を見つける。走り出ようとしても店の者の目があり、なかなかそうもできない。やっと口実をつけて外に抜け出し、打掛の裾に徳兵衛を隠し入れて縁の下へと忍ばせる。上がり口に腰かけて皆から見えないように何げなく振る舞う。徳兵衛が忍んでいるとも知らず、そこへ九平次が悪ふざけ仲間とやって来て、徳兵衛が偽証文で自分

から金を奪おうとしたと悪い噂をながす。縁の下で徳兵衛が歯を食いしばり怒りで身を震わせているのを、おはつは足の先で押し鎮める。おはつは涙にくれながら「男気を見せて騙された災難だけれど、証拠がないので道理が立たない。死なねばならない成り行きだが、死ぬ覚悟を聞きたい」と独り言に見せかけて足で問うと、徳兵衛はお初の足首をとり咽笛をなでて自害すると知らせた。2人は心と心を深く通わせて声を立てずに泣いた。九平次は気味悪がり悪口だけ言って帰っていった。

夜更けになって死装束のおはつは暗闇のなかで徳兵衛と手を取り合い、店を抜け出る。

道行

2人は来世での夫婦を契りながら曽根崎天神の森へ道行をする。

曽根崎天神の森の場

死に場所を求めながら、流れる涙をとどめて松とひとつの根から二つの幹に分かれた棕櫚とが上方で枝を交差しているのを男女の連理の契りとなぞらえ、憂き身の最期の場所と決める。徳兵衛は迷惑をかけた叔父に詫び、冥途の父母を思って泣き、おはつは田舎で達者に暮らしている父母や兄弟が知らせを聞いたら、どんなに嘆くだろうと声も惜しまずに泣く。徳兵衛も大声をあげ泣き焦がれる心根は道理至極で哀れである。いつまで言っても、仕方ないことと、2人は上着の帯を解き　黒い小袖を脱いで、2本の道理の木に体を帯でしっかり結びつけ、徳兵衛はおはつを脇差で刺し、自分はおはつの剃刀で自害した。

元禄16（1703）年4月に、大坂曽根崎露天神の森で、大阪の醬油屋平野屋手代の徳兵衛と堂島新地天満屋抱えの遊女おはつの心中事件が起きた。徳兵衛には縁談の話が、おはつには身請けの話が決まっていた。この事件は世間でも評判となり、近松は同年翌月、この実際に起こった心中事件を素材に、義理と人情に絡まれ、追いつめられていく男女の愛と情死の悲劇を描いた。この劇作は竹本座で初演され、観客は同情と共感をもって息を飲みながら観賞したと言われる。

(4) 『冥途の飛脚』

正徳元 (1711) 年、竹本座初演、座元・竹田出雲　近松 59 歳。

【あらすじ】
上之巻　飛脚屋亀屋の場

　　難波津の華やかな色里に通う亀屋の跡継ぎの忠兵衛は 24 歳になる。4 年前に大和新口村から持参金を持って亀屋の養子になった。大百姓のひとり息子ながら、生みの母を失って継母に育てられ放蕩通いを心配した亀屋が養子に貰い受けた者である。亀屋後家の妙閑の後見により商売もうまくなった。俳諧や茶の湯も嗜み、人あたりもよく、地方では垢抜けた男で遊里の遊女梅川に入れ込んでいる。飛脚で送った金が届かぬがどうしたのかという客からの催促に、継母の妙閑も心配顔である。義理の親子の関係から角が立つのを恐れて、事情を聞き出せないでいる。遊女梅川に恋こがれ廓に通いつめる忠兵衛は留守の間に催促がきて、どうなったか成り行きが気に掛かるが、敷居が高くて家のなかに入れない。そのうち、戸口で直接催促に来た丹波屋の八右衛門に見つかってしまう。親しい間柄の八右衛門には、遊女梅川が田舎の客に見請けされるのを引き止める手付金に預かった為替の金を流用してしまった事を打ち明けて泣く。その態度に八右衛門は待つことを約束する。2 人が戸口で話しているところを継母に見つかり、丹波屋の金が届いたのは 10 日も前なのに、なぜ金を渡さぬのかと律儀一途の継母は忠兵衛を叱る。忠兵衛は継母の手前、戸棚を開けて陶器の鬢水入れをさも小判のように駿河包みに包み、継母の字が読めないことを幸いに、50 両と墨で書いて八右衛門に渡す。事情を知る八右衛門も偽の受け取りを書いて、その場をごまかす。江戸からの荷が届き、使いの侍から再三催促されていた金 300 両を急ぎ屋敷に届けることになり、金を懐に入れて武家屋敷の方に向かうのだが、心に染まる遊女屋の方へ自然に足が向いてしまい、心のうちで闘いながらも誘惑に負けて遊女屋の方へ向かう。

中之巻　新町越後屋の場

　　身請けしようとする田舎の無粋者を避けて、梅川は忠兵衛との偲び宿である越後屋に立ち寄る。2 階で客待ちの遊女たちが遊んでいるのに加わり、身の上の辛さを語っているうちに「恋路には偽りも誠もない。縁のあるのが誠である」という筋の浄瑠璃を三味線で誰かが奏でる。その浄瑠璃を八右衛門が聞きつけ

て、そこへやってくる。身請けする為に商売の為替金にまで手を出している忠兵衛の事を友情から心配するあまり、実状は身請けするほどの金は持ち合わせていないので、遊里に近づけないようにしてほしいと頼み込むのを、外で立ち聞きしていた忠兵衛は分別を失い、その場に踊り出て、それくらいの金は持っていると勇みだち、懐中の為替金の封印を切って八右衛門に50両を投げつけ、残りの金で梅川を急かして身請けしてしまう。

下之巻　道行忠兵衛梅川相合駕籠

　　　2人は冷えた足を互いの股で暖め合いながら相合駕籠で人目を忍び、故郷大和への道を急ぐ。既に畿内や近国に追手の手が廻り、生国の大和では17軒の飛脚問屋が手掛かりを聞き出そうとしている。駕籠代や旅籠代など逃亡の20日間で40両を使い果たし残りはわずか2分のみ。里の裏道や畦を通って藤井寺に辿り着く。故郷の村では役人の厳しい詮議の目が光っていて、幼友達の忠三郎の家に一時身を隠す。そこへ父の孫右衛門が通りかかり、氷ついた水たまりに足を取られて下駄の鼻緒を切って仰向けに倒れる。見かねた梅川は思わず孫右衛門のところに飛び出して、嫁としての孝心一杯の親切を尽くす。孫右衛門はすべてを察し、この逃亡事件がおこり親子の関係は勘当しているが、やはりかわいい息子の事。事情を知れば、田畑を売り払っても助けてやれたのにと嘆く。持ち合わせていた金を与えて忠三郎たちに一刻も早くこの場から立ちさらせようとする。友達の忠三郎が帰ってきて、この家はすぐに厳しく取り調べられるので裏道へと逃すが、父親が案じるなか、2人は捕らえられ、浮名を難波に残すことになった。

　義理の親子の遠慮があだになった。飛脚屋亀屋の養子忠兵衛は恋中にある遊女梅川の身請け話に分別を失い、義理の親の心配をよそに、他人の為替金を流用してしまう。友の理解と配慮で一時は大事に至らずにすむが、侍屋敷に大金を急ぎ届ける途中、心に魔がさして梅川のところに立ち寄る失策を犯す。忠兵衛を心配する友の言動を誤解して逆上し、身の破滅を承知で懐の為替の大金に手をつけ、梅川を身請けしてしまう。恋の成就（身請け）の実現が引き返せない破滅と引き換えになされるという設定はさすがに心憎い。故郷への2人の逃避行と郷里の実父の親心はあまりにも切ない。

(5) 『心中天の網島』

享保5（1720）年、竹本座初演、座元・竹田出雲　近松門左衛門68歳

【あらすじ】
上之巻　曽根崎河庄の場
　　紀伊國屋お抱えの遊女小春は治兵衛との逢瀬を親方から止められている。一見の侍客ということで河内屋へ呼ばれる。そこで小春との恋を治兵衛と競う太兵衛に出会い治兵衛の悪口を聞かされる。小春は治兵衛と心中を約束したが、訪れた侍客に心中を思いとどまるように言われ、心にもない嘘を言って死なずに済む手段を依頼する。それを立ち聞きしていた治兵衛は小春の背信に逆上し、脇差を突っ込むが届かず、縛り付けられる。その姿を太兵衛に罵倒され打擲されるが、侍客が太兵衛を懲らしめる。侍客は実は侍姿に変装した治兵衛の兄の孫右衛門であった。兄の意見に身を恥じた治兵衛は手を切る決心をして取り交わした誓紙を小春に打ち付け、小春にも誓紙を兄に戻させる。小春が戻した誓紙のなかに治兵衛の妻おさんの手紙が交じっていたので、兄の孫右衛門はすべてを察するが、表には出さず、治兵衛と一緒に帰る。

中之巻　天満紙屋内の場
　　妻おさんひとりで家を切り盛りする紙屋に、おさんの実母で治兵衛の叔母が孫右衛門を伴って来る。天満の大尽が小春を請け出すという噂を舅五左衛門が聞いて治兵衛の事かと思い確かめに来たのであった。大尽とは恋敵の太兵衛の事で、自分ではない証拠に小春との縁切りの誓紙を書く。2人が帰った後、治兵衛の流す涙が、小春が太兵衛に見請けされるなら死ぬとの言葉に背いた悔しさの涙と知り、おさんは小春の死を悟り、小春への手紙で夫治兵衛と手を切らせたのは自分であることを夫に打ち明け、小春身請けのための金を調達する。それを持って出ようとする所へ舅が訪れ、激怒しておさんとの離縁を迫り、無理矢理におさんを連れ帰る。

下之巻　蜆川大和屋の場
　　大和屋で小春と逢っていた治兵衛はひとりで帰ると見せかけて舞い戻るが、人影に身を隠す。弟の身を案じる兄に感謝しながら、大和屋を抜け出た小春と死に場所を求めて西に背を向けて行く。

名残りの橋尽し　天神橋に立つ2人は通ってきた西の方を振り返った後、治兵衛は近くの自分の家も見返らず、背を向けて橋を渡り、網島の大長寺辺りにある小川の水門上の堤に立つ。

網島の場
　　2人はおさんへの義理に苦しみながら、髪を切って出家姿となり、死に場を異にすべく、堤の上で治兵衛がおさんを刺し殺した後、治兵衛は水門のまないた木に腰帯の一端を結びつけて縊死する。

　女房おさんと2人の子を持つ紙屋の治兵衛は紀伊國屋の遊女小春と恋仲にある。治兵衛と小春との恋を競うお大尽の太兵衛が小春を身請けする話が進み、太兵衛との見請けが決まるなら、小春は治兵衛と心中する約束をする。心中を思い止めようと治兵衛の兄が説得したり、女房のおさんが小春に手紙を出して治兵衛と別れてくれるように頼む。その心配に応えた小春の言動を治兵衛は小春の心変わりと誤解して逆上するが、小春の心には治兵衛への背信など全くない。小春の死の覚悟を見抜いた女房のおさんは、小春の身請けの金を調達しさえするが、激怒したおさんの親が治兵衛との離縁を迫り連れ帰ってしまう。このような周囲の心配や怒りをよそに、治兵衛と小春は心中する。2人の一途な恋を誰も止めることはできない。兄の心配や舅の激怒はもっともである。小春の本心を見抜いた女房おさんの心は尊くかつ哀れである。

3　近松門左衛門の挑戦

　近松は武士を捨て、人形浄瑠璃作家の道を歩んだ。人形浄瑠璃と歌舞伎の両方に取り組んだことは、人形浄瑠璃の世界に歌舞伎の世話物を取り込むことに成功した。経済的余裕に支えられ、人間としての自覚に目覚めた庶民が封建社会の窮屈な柵のなかで、義理と人情の板挟みに苦しみ、葛藤する姿を近松はドラマチックに描き出した。

　実際に起こった事件や社会の世相を取り入れ、観客の心に深く訴える劇作に仕上げ、人形浄瑠璃の世界を洗練された芸術へ導き、今日の「文楽（人形浄瑠璃）」へ繋がる発展の基礎を築いた功績は大きい。近松の描き出す悲劇は人間の人間

であるがゆえに運命的に避けがたいギリシア悲劇にも相通じ、また構成的にも内容的にも人間の欲望ゆえに引き起こされるシェークスピアのヨーロッパ近世悲劇にも匹敵するものがある。

おわりに

　西鶴、芭蕉、近松は皆、それぞれ若い頃には俳諧の世界に足を踏み入れたという共通性がある。西鶴は俳諧の世界に新風を吹き込み、速吟で名を為したが、のちには浮世草紙の作家として、人間の姿を容赦ない観察眼で捉え、史上初の町人文学の世界を確立した。近松は人形浄瑠璃を舞台に、義理と人情に引き裂かれた人間の心の葛藤と悲劇をドラマチックに描き、人形浄瑠璃を芸術にまで高め、劇作家としての社会的地位を確立した。芭蕉は俳諧の道を一筋に極め、風雅枯淡の美意識にまで高めた。彼らは、それぞれに新世界を開拓し、晩年に至るまで激しく挑戦し続けた。

　彼らの残した偉業は、後世に大きな影響を与えながら今日に及んでいる。近世元禄の時代に活躍した彼らの生きざまから学ぶことは多い。　　　［大橋康宏］

参考文献
山本博文監修『江戸時代年表』小学館、2007年。
相賀徹夫編『原色日本の文化』小学館、1968年。
藏並省自・妹尾啓司『近世日本の社会と文化』八千代出版、1973年。
新井白石『折たく柴の記』岩波文庫、1939年。
暉峻康隆他校注・訳『井原西鶴集1』新編日本古典文学全集66、小学館、1996年。
宗政五十緒他校注・訳『井原西鶴集2』新編日本古典文学全集67、小学館、1996年。
谷脇理史他校注・訳『井原西鶴集3』新編日本古典文学全集68、小学館、1996年。
冨士昭雄他校注・訳『井原西鶴集4』新編日本古典文学全集69、小学館、2000年。
長谷川強他『図説日本の古典15　井原西鶴』集英社、1978年。
井本農一『芭蕉入門』講談社学術文庫、1977年。
井本農一他校注・訳『松尾芭蕉集1』新編日本古典文学全集70、小学館、1995年。
久富哲雄『おくのほそ道』講談社学術文庫、1980年。
田中善信『芭蕉二つの顔』講談社学術文庫、2008年。
芭蕉講座編集部『芭蕉講座』第五巻、俳文・紀行文・日記の鑑賞、精堂出版、1985年。
岡田利兵衞『芭蕉の書と画』八木書店、1997年。
白石悌三他『図説日本の古典14　芭蕉・蕪村』集英社、1978年。

鳥越文蔵他校注・訳『近松門左衛門集1』新編日本古典文学全集74、小学館、1997年。
鳥越文蔵他校注・訳『近松門左衛門集2』新編日本古典文学全集75、小学館、1998年。
鳥越文蔵他校注・訳『近松門左衛門集3』編日本古典文学全集76、小学館、2000年。
諏訪春雄他『図説日本の古典16　近松門左衛門』集英社、1979年。
毎日新聞社編『日本人物事典』毎日新聞社、1952年。
児玉幸多他『人物日本の歴史11（江戸の開府）』小学館、1975年。
奈良本辰也他『人物日本の歴史12（元禄の時代）』小学館、1975年。
児玉幸多他『人物日本の歴史13（江戸の幕閣）』小学館、1976年。
原田伴彦他『人物日本の歴史14（豪商と篤農）』小学館、1975年。

第4章　近現代の倫理／科学技術

　この章においては、近現代の倫理と科学技術について考察する。取り上げる思想家たちは、順番に福沢諭吉（1835～1901）、三木清（1897～1945）、戸坂潤（1900～1945）、下村寅太郎（1902～1995）である。福沢以外の3名はいわゆる「京都学派」の哲学者であるが、この点については立ち入らない。彼ら4人は、いずれも近現代の日本にあって、倫理と科学技術について注目すべき思索をしている点で共通している。

　はじめに、福沢諭吉における倫理と科学技術の関係について考察しよう。

第1節　福沢諭吉における道徳教育と科学技術

　福沢諭吉は、周知のように明治の啓蒙思想家・教育者で、慶應義塾の創設者でもある。1835（天保6）年豊前中津藩（大分県）の下級武士の家に生まれ、19歳で長崎に出て蘭学を学び、後に英学に転じた。幕府使節に随行し3度欧米を視察した。明治新政府の度重なる出仕要請を辞退し、生涯官職に就かなかった。1873（明治6）年に明六社に参加し、1885（明治18）年には「脱亜論」を唱えた。

1　福沢の道徳教育

　さて、第二次大戦後の日本は、戦争による焦土から国民の努力によって敗戦の混乱を克服して経済発展を遂げ、福沢が言う有形学の物質文明は急速に発達した反面、無形学の精神文化としての人間のあり方を学ぶ道徳教育は戦後半世紀も空白期が続いた。原因は、敗戦によって国民各自はもとより教育者に至るまで信じていた道徳的価値が一遍に失効したため、人びとの心に道徳教育に対して懐疑や羞恥心が生じたことによる。そのため倫理の目標である「人間の幸

福」と「人格の完成」の教育は、戦後主権在民になったにもかかわらず、「自由」の歪んだ啓蒙つまり自由には義務と責任が伴うことをないがしろにしたので成就しなかった。自由とは「自己規律の自由」であるべきなのに、単なる開放の自由を求める風潮が広がり「自律と人格」の人間教育の自己研鑽が欠けていた。近年になって、ようやく道徳の退廃が反省されるようになったのである。

　大戦後のように精神文化が一変する経験は、明治維新で徳川幕府崩壊により道徳規範であった儒教の教えが、明治10年代末頃までの一時期、明治新政府によって廃棄して顧みられなかったことがあった。維新後に急速に文明開化が進み、欧米の近代科学技術をはじめ風習なども受け入れ、実利的合理主義を国策として推進したため社会の改革に乗じ不正・不安行為が横行した。このため1890（明治23）年、政府は国民の道徳教育の規範として儒学に沿った「教育勅語」を発布し、それが終戦まで続いた経緯がある。

2　福沢の道徳観

　維新当時の福沢は、西洋の道徳に関心を持っていた。社中の小幡篤次郎が散歩の途中偶然立ち寄った古書店でウェーランド（1796〜1865）著『エレメンツ・オブ・モラル・サイエンス』の原書を入手した。これを『道徳論』と訳し、直ちに義塾の教科に採用し「修身学」として教えた。福沢が、1868（慶応4）年春、上野彰義隊の砲声を聞きながら芝の新銭座の塾で同じ著者の経済書『エレメンツ・オブ・ポリティカル・エコノミー』を塾生に講述したことは有名である。

　さらに、1872（明治5）年3月に子弟用の道徳書として、ウィリアム（1800〜1883）とロバート（1802〜1871）のチェンバーズ兄弟著『ザ・モラル・クラスブック』を翻訳して、『童蒙教草』を出版している。その後、明治維新の社会混乱も治まり文明開化の槌音が高くなるにつれ、政府・文部省の小学校用道徳教育は、明治初期の自由から次第に反動の兆候が現われた。そこで福沢は、1882（明治15）年11月21日から25日まで「学校教育」と題して4回にわたり、同年3月創刊した「時事新報」社説の論説記事を同年単行本として書名を『徳育如何』と改め、小冊子にまとめて出版した。

その単行本に「今世の教育論者が古来の経典を、徳育の用に供せんとするを咎るには非ざれども、其経書の働を自然に任して、今の公議世論に適せしめ、其働の達す可き部分にのみ働を逞うせしめんと欲する者なり。即ち今日の徳教は世論に従って、自主独立の旨に変ず可き時節なれば、周公や孔子の教えも亦自主独立論の中に包羅して、これを利用せんと欲するのみ。今の世論果して不遜軽躁（思い上がって軽はずみに騒ぐ）に堪えざるか、自主独立の精神に乏しきが故なり。論者其人の徳義薄くして、其言論演説以て人を感動せしむるに足らざるか、夫子自から自主独立の旨を知らざるの罪なり。天下の風潮は夙に開進の一方向に向て、自主独立の世論はこれを動かす可らず。既に其動かす可らざるを知らば、これに従うこそ智者の策なれ」と記して、画一的な儒教による文部省の道徳教育について批判的立場にあることを表明し警告している。
　さらに、道徳教育の具体策として『徳育如何』発刊後、すぐに12月20日と21日付「時事新報」社説で「教育余論」と題して次のように提案した。教育の成果は4、5年の短期間で上がるものではない。徳育は世論によって次第に変遷するもので、文明開化の時代で徳政は自主独立を根本としてそれに従うことを推奨する。これは福沢独自の主張であり、それで徳義を実施することは難しいと思われている。教育論者が徳政の実効が上がらないことを憂い、学校での教育法を改革せんとする場合、徳育に限っては教師の智徳に大いに左右されるので師自ら行為の規範を作成して、自ら手本を示し適当でなければ改めることにやぶさかでなく、師が子弟を自然体で徳育することに実効があることを疑う余地はなく、一律の修身マニュアルで人を導くべきではないと説く。
　1884（明治17）年12月1日から6日にかけ「時事新報」社説で「通俗道徳論」を6節に分けて発表し、「今の世に徳は必要なり」では、人情を支配するは政治でも法律でも経済でもなく、唯一道徳であり道徳は無形にして無形を支配すると知るべしとする。「道徳の教は人情に従うものなり」では、人の徳義を養うことは、善悪を正しく判断することで人情に基づくものなりと言う。「道徳の教は人民の自由に任すべし」では、政府・学者らは人の信頼を得て、社会の指導者になったので、宗教に関係なく行為の正邪を評価する際、えこひいきが

あってはならぬとし、また上流社会の人びとは偏屈にならぬようにするという。「今の人の不徳は西洋の罪に非ず」では、道徳論者が不平を訴えて罪を西洋の影響のせいにするのは甚だ穏やかでない。徳を重んずるのは西洋も日本と同様であるという。「人気騒がしき如くなるも、自から其帰する所ある可し」では、道徳論者が頻りに不平を唱え、世を咎め不徳というべきではない。元来老人と青少年では考えが異なり、老人の目をもって見れば、青少年のなす業は危なく見えて不安に思うが、これはこの世の順繰りで今も昔も変わらず、今の老人が若いときには同じことを言われていたという。「道徳の教授法は似我の主義に存す」では、道徳の教授法は唯教授の人物如何に存するのみにして、書物などの選定は枝葉の細事にして、唯似我の一点にとどまり、道徳は教えるに非ずしてむしろ師を見習うものなりと、道徳について通俗的にはこのように考えればよいと論述している。

　1886（明治19）年3月4日付「時事新報」社説に、福沢が塾生にした道徳に関する講演を記者が筆記した記事を発表した。それは学生諸君に願うことは常に品行を慎み、正直を重んじて不義理を犯さないことであるという。望むことは徳行について人と議論するのでなく、徳行を行為する姿勢を人に示し、感心を呼び起こすことが大切であると説く。

　1888（明治21）年には「時事新報」社説で、「徳政の主義は各その独立に任す可し」（2月9日付）、「徳風の衰えたるは一時の変相たるに過ぎず」（2月10日）、「徳政の要は其実施に在り」（2月11日）、「徳風を正に帰せしむるの法は其実例を示すに在り」（2月13日）を続けて発表し、翌年にも同紙社説で「徳政は目より入りて耳より入らず」（1月30日）、「一国の徳風は一身より起る」（1月31日）と発表した。これらの他にも道徳教育について多くの記事を発表している。福沢の考える道徳教育とは、国家の指針で教えるのではなく、教師一人ひとりが自ら工夫して自らの道徳律を態度で示し、最終的には生徒自身が自らの徳育の成果を実行することである。

3　独立自尊

　福沢の代表作のひとつで明治初期に刊行した『学問のすゝめ』は、1871（明治4）年12月に『学問の進め　初編』が出版されてから、1876（明治9）年11月に『学問の進め　一七編』でシリーズが終了した。その書で一国の自由独立のためには、人民一人ひとりの独立が必要であるが、一方で階級や性の区別がなく基本的人権の権利平等を主張し、わが心で他人の身を制止せずの観念から人間尊重の考えが生じ、人としての尊厳は独立自由の享受にあると記している。自由とは我儘放縦を言うのではなく、道理に基づき情に従い他人を妨げず、わが一身の自由を達成することである。換言すれば、自由は自己規律のなかにある自由である。彼は『学問のすゝめ』を執筆中に「自由在不自由中」（自由は不自由のなかに在り）という箴言を生んでいる。基本理念である「独立自尊」は、個人の自由と独立、人としての尊厳、人間としてのあり方を示す道徳律の尊守の主張が一体となって成立した根本的自覚であり、生涯の集大成として晩年に生まれた至言である。

　福沢は1898（明治31）年に、「時事新報」に掲載した記事を編集し、逝去直後の4月に発刊した小冊子『福翁百余話』の「智徳の独立（八）」の項で、「独立自尊」についてこの精神こそが自分の言行の源泉であり、智徳の師は自分自身であって、「独立自尊の本心は百行の源泉にして、源泉滾々致らざる所なし。これぞ智徳の基礎の堅固なるものにして、君子の言行は他動に非ず。都て自発なると知るべし」と語り、要はただ「独立自尊」で人間としての本分を尽くすのみであると述べた。しかし、「独立自尊」は自分の言葉であるが、当時から世のなかの人でその真意を理解する者は少なく、誤解する者が多くいて、後世「独立自尊」の存在を知る人が少なくなるのは残念であると将来を予測した発言をしている。

　福沢が心配したように現在出版されているほとんどの辞書に「独立自尊」の言葉が掲載されているが、彼の唱えた言葉であると記した辞書は稀であり、その意味として「何事も自分の力で行い、独立して自己の尊厳又は威厳を保つこと」と大同小異の説明が付いている。この解釈では何でも自分ひとりで行う自

己中心的な人物を想像するか、または聖人・君子でないと実行が不可能であると誤解を招くように思われる。

福沢が永年の思索によって創建した「独立自尊」は、彼の最晩年である1900（明治33）年に、慶應義塾社中で人間としての修身処世の教えとして、塾生や青年に向かって示された「修身要領」29の条項は、人間としての行動規範であり、一貫して「独立自尊」の精神を根本としている。すなわちひとりの人間として独立した自己を確立すると同時に、自己同様に他人を尊重することを要求しており、「独立自尊」での自由は自己規律のなかにあって、倫理の基本理念である自律の概念と共通していることを知る。

4 自然科学への啓蒙

福沢の自然科学に関する著書で知られるのは、1868（明治元）年に出版した『訓蒙窮理図解』である。その書は明治元年刊行の他、1871（明治4）年再版さらに1873年改正再刻版がある。当時の社会・教育状況によく適合し、物理書の先駆け的存在で、既に文部省学制発布以前の明治初期から、地方の小学生に教科書として使われていた。1872（明治5）年9月には、下等小学第一〜第三級の理学輪講の教科書に指定され、全国的に広く読まれたので、明治元年以降本書にならった窮理啓蒙書が多く出版されるようになり、明治5、6年頃には、窮理熱が最高潮に達した。

他の福沢の著作と同じく、『啓蒙・窮理図解』は自然科学・技術を重視した彼が、幕末期の窮理書の翻訳が学術用語の出典を中国の書物に求め、文章も漢文調で漢学の素養の無い子女には読めないので、自著の窮理書は漢字平仮名まじり、総振り仮名付きで、一般人向けの啓蒙窮理書の必要を認識して生まれた冊子である。この書の出版の背景としては、欧米で生まれた自然科学・技術で日本人を子どものときから教育しなければ、西洋諸国に遅れをとり外交でも欧米列強に屈するのではないかという福沢の危機感があった。

彼はその解決には、国民に洋学の実利と実学を教え、西洋文明の真髄であるという窮理の考え方「物を知り、その理を究める」主義を体得させ、まず個人

一身の独立を図って国家の独立を確固とするという遠大な理想を持っていた。福沢の説く実学は、自ら勉学して得た智識・見聞を社会で実施して、自ら心身の独立を図り自らの人生の目的を達成し、社会に対する義務を果たすことである。

5　技師の徳義——技術者倫理の先駆的思想

　福沢が活躍した文明開化の時代には、新政府の殖産奨励による産業経済の発展に伴って技師（科学技術者）の不正行為が大きな社会問題になった。彼は1893（明治26）年からの2年間に、3度「時事新報」社説の見出しとして「技師の社会」（明治26年11月3日）、「技師の徳義」（明治28年11月27日）、「技師の信用」（11月28日）の論説によって勧告とその具体策を提唱している。文明開化により経済活動が盛んになると、各地に各種の会社が設立され、生産・販売には生産設備、資材、機器、器具などが必要であった。それらを外国から購入する際には、品物の価値は専門の技師しか鑑定できず、注文品の機能、信頼性、価格については技師の評価で決まり、直接売人と技師の間で背任行為が行われても、これを防止することは困難なのであった。

　そこで、福沢は「もし技師社会に技術上の信用を犠牲にして不正を図り、仲間が相互に黙認すれば見捨てることはできない。今や我が国は文明開化によって経済発展する時であり、多くの新産業が起る機運のこの時に、技師の信用が地に落ちて、起るべき事業も起らなくなり、我が国にとって容易ならざることである。例え百に一、二の技師の不正があれば、技師社会の信用を損ずるは申す迄もなく、実業の発展が阻害されるので、国家事業のために技師社会として技師相互に戒めて、不正なきよう」と警告している。さらに「近年は不正の所行にも拘わらず、法律の範囲外にて行わるるものなれば、道義の制裁に訴える外にこれを防ぐ手段ある可らず。技師に至りては学問技術を修めたる士人にして、名誉廉恥の何物たるを解し得る人々なれば、道義上に之を責めて其の所行を制裁する道なきに非ず。技師社会一般の義務として当に尽す可き所のものなり。従来、何々会など称する工学者の団体は主に各自の研究を目的とし、技術

上の新工夫もしくは設計図案を提出して質問討議するに止まり、技術家たるものの責任を論じて、互いに警しむる所なきは遺憾の次第なりと云う可し。此際更に工学社会の一団体を組織し、大いに責任論を論じて道義の制裁を厳にし、卑も不道徳の所行あるものは断然品席して、其社会に歯せしめざることと為し、以って相互に奨励警告するは、技術の神聖を保つに必要の手段なる可しとして、我輩の敢えて勧告するところなり」と新聞紙上で「技術者倫理」の必要性を提案している。

また技師の信用向上のため、「会社の重役など単に老練の故を以って、其任に在る者が多額の俸給を受くるに反し、最も必要な技師の報酬は割合少くして、不正増資には技師の報酬を厚うする説も一理あるが、技師の教育に其人格を高むるの気風を養成する手段も心用ならん。技師の評判今日の如くなるとき、社会一般の信用を落とすことは勿論、茲に技師口入所を組織し、技師の雇入を依頼するものあるときは、紹介する人物に就いて堅く保証して、責任を負うこととなしたらば、世間にては其社会の信用に安心し、給料の如き多少の高さを厭わずして、続々申込むこととなるべし。社会において技師自ら道義を重んじ信用を厚くするに至る可し。技師社会の道徳の先達が自ら率先して、是種の方法を実行せんことを我輩は敢えて希望する」と、既に110余年も前に、技術者の地位向上のための技術者周旋所の設立を提言している。

以上のように福沢は一貫して、科学技術者は自然の摂理を研究しその成果を技術として人類の要に供すべきで、その技術は神聖にして犯すべからずとしていたのであった。

第2節　三木清における行為の哲学としての技術哲学

三木清は1897（明治30）年兵庫県に生まれ、一高在学時に西田幾多郎の『善の研究』に感銘を受け、京都帝国大学で哲学を学ぶことを決心する。1922（大正11）年からドイツ留学、1927（昭和2）年に法政大学哲学科の教授に就任した。しかし1930（昭和5）年に日本共産党への資金援助の嫌疑で検挙され、職を退

くことを余儀なくされる。1945（昭和20）年6月12日、治安維持法の容疑者をかくまったという嫌疑により、検挙・拘留される。同年9月26日に豊多摩拘置所で疥癬の悪化により獄死した。三木のこの非業の死をきっかけに、GHQは治安維持法を撤廃したとされている。

　三木は、師西田幾多郎のようにアカデミズムのなかで哲学的思索に没頭する境遇に恵まれず、いわば在野の評論家として論壇時評や政治的社会的評論を数多く書いている。その間をぬって本格的な哲学論文や哲学的著作を次々と発表している。また評論や時評もその内容は不器用なまでに哲学的であり、彼はその生涯を通じ一貫して哲学的思索者であった。

　三木が評論や時評で「技術」をテーマにするのは、1934（昭和9）年頃からである。はじめは「技術と芸術」という問題を主として取り上げて論じている。芸術の本質を明らかにするために、技術と対比するという方法を取っているのは、芸術と技術を比較するのは両者が「制作」という点で共通するからである。

　三木は1941（昭和16年）10月、岩波講座の『倫理学』の一冊として「技術哲学」を発表し、翌年付録2編を加え同じ題名で単行本として出版した。三木の哲学は行為の哲学であり、その哲学を構成する基本概念のひとつは「技術」の概念である。道具を製作し、物を生産する行為から芸術の創造行為に至るまで、人間の行為はすべて技術的だと三木は考える。技術的でない行為はない。技術は人間存在の本質に根ざしたものである。

　三木の哲学的著作の多くは、講座ものの一巻として書かれた。『技術哲学』も倫理学講座の一冊であるため、一定の外的制約を受けている。すなわち、この著作は単に技術について一般的に論じ、技術の哲学的基礎づけをするのではなく、技術と道徳、倫理の関係を明らかにすることを目指す。したがって全体の構成も、まず技術の本質について考察し、次いで技術と社会、技術と道徳について論じる。これで、技術論の様々な主題がすべて論じ尽くされたとは言えない。しかし、技術の問題を倫理学講座のひとつのテーマとして取り上げ、道徳を技術と関連づけて考察するところに発想の新しさがあり、三木の問題意識が窺われる。技術論の対象が狭義の生産技術にとどまらず、社会技術、観念技

術、心の技術に及んでいくところに三木の技術論の特色があり、その背後に技術の概念を基礎にすえた行為の哲学としての彼自身の哲学がある。

　まず三木の『技術哲学』を中心に、彼が技術概念をどのよう捉えていたか、また技術の概念を基礎にして、彼自身の哲学をどのように構想していたか検討しよう。

1　環境適応と技術

　『技術哲学』冒頭で三木は、「技術というものを如何に考えるにしても、それが行為に関わることは明らかである。為すこと、為し能うことが技術においては決定的である」と述べ、技術の本質を行為から考えようとする。彼によれば、技術は普通には一定の目的を達成するための手段、あるいは手段の体系と考えられてきた。それが誤りというわけではない。しかし「技術を手段と考えることは、技術を主として道具の見地から考えることである」。道具はたしかに手段である。しかし、道具が技術ではない。「技術は行為であり、行為の形態である。道具は技術的行為の構成的部分としてその中に入ってくる一つの要素に過ぎない」。もちろん三木は、技術を手段、道具の見地から規定することを全面否定するわけではない。目的と手段、道具と機械という観点からも、技術について考察している。しかし彼の技術を捉える基本的観点は「行為」にある。ここに彼の哲学が示されている。

　しかし、行為をどう捉えるか。人によって立場によって多様な捉え方があるであろう。『技術哲学』の時期における三木は、当時の心理学の見地を取り入れ、行為を「刺激に対する反応」「作用に対する反作用」と規定し、行為を主体の環境に対する「適応」という観点から捉えていく。「主体が環境から作用され、逆に主体は環境に作用する。そこに適応という関係が認められる。主体は環境に適応することによって生きてゆくのである」。適応はさしあたり反射的、本能的に行われるが、環境が変化して新しい環境になった場合、それに適応し得る新しい行為の形が発明されねばならず、そこに技術が現われる。

　以上のように、三木はまず技術を主体の環境に対する適応という観点から捉

え、変化した環境に対して本能的に適応できなくなった場合、その新しい環境に適応する非本能的な行為のなかに技術の発生を見る。そして、ゲシュタルト心理学の創始者のひとりであるケーラー（1887〜1967）のチンパンジーを使った有名な実験を例として取り上げている。得ようとする餌にまっすぐな路がふさがれている場合、廻り道をして目的物を手に入れることによって新しい行動の形の発明があり、また棒を使用したり2本の茎をつないだりして餌を引き寄せることに道具の使用や製作があり、技術の発生的な原型がそこに示されているとする。そして、「技術は元来このように新しい環境に対する新しい複合的行動様式の発明による適応なのである」としている。

　そのことは、ケーラーの実験を実例として引いたすぐ後で、「技術が存在するというには主体と環境との対立がなければならぬ」「主体と環境とが対立し、その調和を媒介するものが技術である」と述べるときに顕わになる。「主体」と「環境」の「対立」と「調和」というのは、ケーラーの実験から直接に帰納的に導き出されたものではない。「主体」と「環境」、「対立」と「調和」は、三木があらかじめ持っている哲学的、思弁的概念である。「主体」と「環境」は、純粋意識としての「主観」とその対象としての「客観」の関係を基本にして哲学を構成しようとする認識論的立場を超え、存在論的見地に立って行為の哲学を構築するための基礎概念として捉えられたものもある。「主体」と「環境」の関係は、内在的でありかつ超越的なものとして捉えられる。「対立」と「調和」はこの「超越的・内在的」関係をより具体的に表現したものである。

　次に、技術のもうひとつの定義を見ておこう。

2　生産と技術

　上述のように、技術はまず「新しい環境に対する新しい複合的行動様式の発明による適応」と定義される。次いで技術的行為に含まれる道具について、特に最も原初的な道具である人間の「手」について一通り考察した後で、「技術にとって道具が構成的であるということは、技術の本質が生産にあることを意味している」と述べられ、技術は「物を作ること」と定義される。道具は必ず

しも生産のためだけにあるのではない。道具の考察から直ちに技術の本質が「生産」にあるとするところに、三木がマルクス主義へ接近した時期に得た思想の遺産を見ることができる。

しかし、三木の「生産」概念は拡大され、物を作ること一般、制作（ポイエシス）一般に拡げられる。「技術は物を作る行為である。それが如何なるものであろうと、道具の如きものであろうと機械の如きものであろうと、人間の心や身体の形の如きものであろうと社会の制度或いは観念形態の如きものであろうと、物を作るということが技術の共通の本質である」。これで見ると、三木の言う「物」とは広い概念で、すべてのものを包括しているようである。したがって、重点はむしろ何かを「作る」というところにあり、何であれ「作る」ということが技術の本質であるということである。

さて、以上のような技術の本質に関する二つの定義は、どうのように結びつくのであろうか。「新しい環境への適応」と「物を作る」ということとは矛盾しないであろうか。一方は受動的な行為であり、他方は能動的な行為である。一見矛盾しているかもしれない。しかし、まさにこの対立する二つの側面を同時に併せ持っているところに技術の本質がある。三木は「主体が積極的な仕方で環境に適応するために、これに働きかけてこれを変化し、新しい環境を作ってゆくところに技術は存在するのである」と述べる。つまり、適応とは変化した環境に単に受動的に順応することではなく、自ら環境を変え新しい環境を作っていくことであり、そのなかでも自らも変わっていくことである。「物」という概念が広いように、「環境」という概念も広い。三木は「自然環境」だけでなく「社会環境」や「文化環境」、さらに「外的環境」に対する「内的環境」について述べている。

3　主体と環境

このように「物」の概念を拡大し、「環境」の概念を拡大すれば、「主体」が「環境」に適応することと、「物を作る」こととは結びつけられ、「技術」の本質を定義するものとされてもおかしくない。三木は、人間の文化形成過程の全

体を技術的と規定しているのである。「物を作るということを広く解するならば、我々の行為はすべて物を作るという意味をもっている、すなわち形成的である。我々は物を作ることによって自己を作ってゆく、我々の行為は環境形成的であると共に自己形成的である。人間は環境から作られたものでありながら独立なものとして逆に環境を作ってゆく」。

このような人間の文化形成的・歴史形成的行為が、なぜ技術的かと言えば、主体としての人間とその環境との間に「対立」があるからである。「人間の生活はつねに環境における生活であるが、人間は主体として環境に対立し、この主体と環境との対立を媒介するものが技術である」。つまり、主体と環境が対立していないとき、本能的な適応行動がなされるが、主体と環境が対立するとき、それと媒介する技術的行為が発生するというわけである。人間の文化は、このような主体と環境との対立を前提としており、それを媒介する技術的行為の堆積として形成されたことになる。

三木が技術の本質を捉える際の基本的視座は、以上のようである。しかしこれは彼が当時の実証諸科学の成果に基づいて設定した理論的仮説ではない。彼の著作には広範な読書から得られた知見が散りばめられているが、背後には思弁的な哲学の骨組みがあらかじめ構成されている。「主体」と「環境」の対立も、「人間の存在の本質は超越である」という根本命題から演繹されている。「人間は環境に対して内在的であると同時に超越的であり、超越的であると同時に内在的である」という命題がまずあり、「超越」を「対立」と読みかえ、「内在」を「媒介」「調和」と読みかえて技術の本質が定義されている。

4 『哲学入門』の技術論

1940（昭和15）年3月に出版された『哲学入門』では、技術について『技術哲学』と同様の見解が述べられている。哲学の出発点は「現実」とされ、「現実」が人間と環境との関係として分析される。まず人間と環境との関係は、「人間は環境から働きかけられ逆に環境に働きかけるという関係」として、すなわち「人間は環境から作られる」契機と「人間が環境を作る」契機の両方を持っ

たものと捉えられている。このような人間と環境との関係は、知識の立場において主観と客観の関係として捉えられるのでは不十分で、行為の立場において主体と環境、または世界の関係として捉えられなければならない。

　主体と環境との関係は「適応」とされ、「対立するものの間における均衡の関係」を意味するとされている。そして本能的な適応と知性による適応とが区別され、こうした適応の関係において「技術」が捉えられている。適応は同時に生産である。「技術は与えられたものの上に新しいものを作る、技術は生産的であり、世界を革新しまた豊富にする。人間は技術によって新しい環境を作りつつ自己を新たにするのである。環境を変化することによって環境に適応するという人間の能動性は知性によって発揮される」。

　『哲学入門』という本書の性格のためか、「超越」ということは「常識」と「科学」について述べた後で「哲学」について述べたところで取り上げられる。「人間の主体性はその存在の超越性を離れては考えられない。超越は人間存在の根拠であり、超越があることによって人間は人間であるのである」。これは、『技術哲学』と同じ見解に達している。

　以上のように三木の思索の変遷を辿ることによって、晩年に書かれた『技術哲学』が技術に関わる諸事実の実証的分析から抽出、帰納されたものでなく、それまでに確立されていた彼の哲学の技術への適用であることを知ることができる。技術の概念は彼の哲学にとっても主要概念であるから、『技術哲学』はそのまま三木哲学であり、三木哲学の中核を示したものと言える。そこで再び『技術哲学』に戻って考察を先に進めよう。

5　主体的かつ客観的なものとしての技術

　技術は、通例「手段と考えられ、或は進んで手段の総体乃至体系と規定されている」。このような通常の技術の定義に対し、三木の定義は行為の観点からなされたものであった。彼は、技術と手段の体系とする規定を全面的に否定するわけではないが、自己の哲学の立場からそれを批判的に捉え直している。三木の哲学の課題は、形式的に言えば認識論的な主観─客観図式を超えることに

あった。デカルト以来の近代哲学の基本的構造をなしていた主観─客観図式を超えることは、ヨーロッパの現代哲学の共通の課題であった。

　三木にとっても、直接には新カント派的立場の克服の問題として、若いときから一貫して追求されてきた根本的問題であった。彼の行為の哲学は、観照の立場を超えたものとして構想されていた。行為は単に主観的でも客観的でもないもの、あるいは主観的でありかつ客観的でもあるものである。行為の立場に立つ三木の技術哲学からすれば、技術を手段と考える者は技術を主として道具の見地から考える者で、客観主義に偏している。「道具の使用、道具の支配が技術」であって、道具そのものが技術ではない。したがって、道具という技術の客観的な面とともに、「知能或いは技能」という技術の主観的な面が注目されねばならない。

　しかし「技能もなお客観的なもの」である。なぜなら「技能は知識に基づき、このものは客観的に制約されている。技能は客観的な認識を基礎としなければならぬ」からである。そこで、「人間の意欲或いは意志」が技術における主観的なものと考えられるが、意欲や意志も、道具を手段として目的を実現しようとする技術の客観的過程のなかに客観化されて初めて有効なのであり、恣意的では自然の法則によって否定される。つまり意欲や意志もその意味では客観的なものでなければならない。

　しかし、手段として客観的なものと見られる道具も、一定の目的のために作られたものという点からは主観的なものである。すなわち道具は主観的かつ客観的なものである。このように考えれば、技術を主観的な目的を実現する道具の体系とする通常の定義は客観主義に偏っており、技術は本来、主観的かつ客観的なものとして定義されねばならない。

　目的と手段の関係は、ひとつの技術の他の技術に対する関係と見ることができる。「一つの技術は他の技術に対して手段であり、このものは更に他の技術に対して手段であると考えてゆくと、諸技術の間に目的・手段の関係における連関を認めることができるであろう」。たとえば、自然技術は軍事技術の手段であり、軍事技術は政治技術の手段であると考えられる。三木は社会も社会技

術により、道徳も心の技術により形成されるものと考え、自然技術より始まる諸々の技術の全体の総企画的統御を考えた。三木の行為の哲学が技術的知識の哲学、「全人的テクノクラート」の思想と言われるゆえんである。

第3節　戸坂潤における科学的道徳と技術的精神

　戸坂潤は、1900（明治33）年に東京に生まれ、幼児期を母の郷里石川で過ごした後に帰京し、第一高等学校理科を経て京都帝国大学の哲学科に進んだ。当時の哲学科は、西田幾多郎、田辺元、和辻哲郎など錚々たる人材を揃えた「アカデミー哲学」の牙城であった。戸坂は、西田や田辺らの薫陶を受けつつ空間論の研究に従事したが、空間をカント的な「直観形式」から「物理的空間」として究明する方向に向かった。

　戸坂にとって大きな思想的な岐路となったのは、大学卒業の翌年1925（大正14）年に先輩三木清がヨーロッパからルカーチ（1885～1971）などのマルクス主義を受容して帰国し、マルクス主義の論陣を張ったことであった。三木のマルクス主義への接近は、1927（昭和2）年の金融恐慌や第一次山東出兵など日本の資本主義の危機とその帝国主義的アジア侵略や地方における大正末期から昭和初頭にかけての労働運動や社会主義運動の発展を背景にしたものであった。戸坂はこうした社会運動のなかで、三木の思想的影響を受けつつあくまで独自に唯物論への道を歩んだ。1931（昭和6）年辞職した三木の後をうけて法政大学講師となり上京するが、1935（昭和10）年思想不穏のかどで検挙され免職となる。1945（昭和20）年7月、戸坂は栄養失調と疥癬のために急性腎臓炎を発病し獄死した。

1　科学的道徳の提唱

　この間戸坂は、1932（昭和7）年に岡邦雄（1890～1971）や三枝博音（1892～1963）らと「唯物論研究会」を創設した。とりわけ1934年から1937年にかけて道徳論に精力的に取り組んだ。戸坂の提唱する「科学的道徳」とは、「マテ

リアリスティックな道徳」であり、同時に「合理的でかつ実際的な道徳」である。そして「この新しい道徳を探索し開拓することこそ、今後のプロレタリア文学一般の何よりの仕事とならねばならぬ」と述べ、新しい道徳の探究を「文学」と結びつけて論じる。

戸坂は1936（昭和11）年5月に『唯物論全書』の一冊として刊行した岡邦雄との共著『道徳論』第一部の「道徳の観念」において、新しい道徳を探究するためには道徳の常識的な理解だけでは不十分なので、道徳を科学的に検討することが必要であると説く。戸坂は「新しい道徳についての観念を建設するだけでなく、道徳についての新しい観念を必要とするだろう。そしてこうした道徳の新観念を理論的に仕上げるには、新しいものの考え方、方法の考察も必要となるだろう」と述べ、この考えに基づいて一般に人びとに受け入れられている道徳に関しての常識的な理解の仕方、すなわち「道徳に関する通俗常識的観念」の分析から始め「道徳科学性」そして「科学的な道徳の観念」へと分析を進める。

戸坂によれば、道徳についての通俗常識的な観念には三つの特色がある。第一に、道徳を経済・政治・社会関係・芸術・宗教と同じように、社会構造のある領域ないし文化領域のひとつだと仮定する見方であり、戸坂はこれを「領域道徳主義」と呼ぶ。この見方は道徳の領域はある部分でしかなく、しかもその領域が判然としていると見なす考えである。

第二に、道徳を善価値と片づけ、それを人間のある特別な独立の属性である善性に基づけようとする「善悪道徳主義」という常識による道徳についての考え方である。この考え方は、道徳とは結局人間性の一性質に過ぎず、人でなしはこの人間性を欠くがゆえに人非人ということになり、人格という属性を持った人間とこれを欠いた人間がいるかのように容易に人格者と非人格者とを区別する考えでもあり、人間生活の諸事象についてこれは善でありあれは悪であるとふるい分け、道徳を善悪の対立に尽きると見なす考え方である。

第三に、道徳を人間の善性と決め、その善性を数え上げた徳目を覚え活用することが道徳と考える「徳目主義ないし道徳律主義」、あるいは「徳目道徳主義」という考え方である。道徳は修身となり、道徳内容は固定化する。そして

この徳目を社会に及ぼしたものが国民道徳であり、各々の社会的道徳規範や道徳律が道徳の実質とされる。

さて、この常識的な道徳についての考え方の二つの特色には、大きな欠陥がある。その理由は道徳に不変性や神秘性を想定することによる、と戸坂は述べて通俗常識的な道徳観念を批判しつつ、「道徳の科学性」を主張する。

戸坂が「科学的道徳」として展開した道徳論の論点は、以下のようにまとめられる。

第一に、科学的真理や客観的価値を一身上の問題に高めることで、真に科学的な道徳が形成されるということである。ここで科学的というのは、科学が不断に事物の真理を探究し、それ自身歴史的に発展するようになることに基づいている。

第二に、科学的認識に基づいてそれを一身上の問題とすることで道徳、規範が生じるとする見解である。これは科学的認識（事実認識）と客観的価値（価値評価）との関係の問題であり、「必然性」から「道徳」が導かれ得るかという問題である。

第三に、文学は科学と道徳を架橋すると戸坂が考えている点である。「道徳の文学的観念」という場合でも、そしてそのことに対する唯物論者からの批判があるとしても、社会科学的な分析の成果を軽視してはいない。逆に、社会科学的な認識と社会規範とをいかに関連づけるかを重視して、文学の意義をそうした科学的認識や客観的価値を社会的に一般化するための運動的な役割において見出していたと考えることができる。

第四に、戸坂は社会的科学認識や客観的価値の常識化、道徳化と同時に、常識の科学化を理論的に展開することを意図しているという点である。

第五に、文学にモラルの探究者としての役割が期待されていたとしても、科学的道徳の基礎には科学的認識や客観的価値が据えられていたのであり、とりわけマルクス主義的社会理論や唯物論哲学の深化と社会全体への普及が、自然諸科学や社会諸科学の常識化においても要をなすという見解である。

次に、彼の「科学的道徳」を支えている科学的精神と技術的精神について考

察しよう。

2　科学的精神・技術的精神に関する著作

　戸坂が「技術的精神とは何か」を書いたのは、1937（昭和12）年のことであった。既に技術に関しては1933（昭和8）年『技術の哲学』を公にしており、それよりも前に刊行された『科学方法論』は、彼がまだ29歳のときの労作である。これをうけて論集『科学論』刊行は1937年のことである。その頃の論文を挙げると、たとえば「最近日本の科学論」、「再び科学的精神について」、「現代科学教育論」があり、1941（昭和16）年には「科学と科学の観念」があり、さらに科学と技術の両方にまたがるエッセイとして1941年に「技術と科学の概念」、同年「生産を目標とする科学」、同年「技術へ行く問題」がある。

3　戸坂の科学論

　戸坂の科学論は、自然科学、社会科学を通貫する一元の原理を唯物論に求めることから始まる。周知のように、新カント派において自然科学の科学性は、自然の斉一性に準拠して成立する因果の機械的連鎖のなかに求められる。そうであれば、社会、歴史、文化の諸科学においてはどうであろうか。歴史の領域において出来事は一回限りであり、個性的である。自然の世界のように、普遍的に法則定立的とはいかないであろう。そのようにして、個別的、個性的な出来事の記述、歴史科学の特徴が語られる。

　新カント派とともに、戸坂はヘーゲルのように「自然」哲学の上に「精神」哲学を置くことをしない。イデアリスムスは、「自然」と「精神」を超越論的に支配するイデーの論理的展開について理性の思弁で追跡する。当然、その哲学は形而上学として経験的諸科学には背を向ける。19世紀後半のポジティヴィズムは、その動向を忌避する。その点では、新カント派も、さらにその後に出てくる論理実証主義も成立の基盤を有している。新カント派の多くは、哲学の営みを認識論的に遂行する。

　戸坂もこの点では実証主義者である。彼において哲学の営みは、認識論的で

あり科学論的である。しかし、彼は「自然」と「精神」を区別しない。自然諸科学と精神諸科学・歴史諸科学とを一元性の元に包摂しようとする。それは、どのようにしてなのであろうか。

　自然は物質的存在であるというテーゼは、昔から自然主義思想のもとにおいては一般的であった。素朴に、ソクラテス以前の自然哲学がそうであるし、近代では18世紀フランス啓蒙家の哲学が総じてそうであった。科学とは、「もの」の世界を映す精神において成立すると戸坂は考える。「もの」は、時間的・歴史的に経過法則を持っている。そうであれば「もの」を対象とする科学の精神は、歴史的であると言ってよい。科学は、もともと実証精神を不可欠とするが、その実証精神も要するに歴史精神である。これが戸坂の所論である。

　加えて彼は、「自然」を「精神」、もしくは「歴史」を、一元的に通貫し得る範疇組織と言えば唯物論という範疇組織をおいて他にないと考える。唯物論哲学の単一性と唯一性とが、全範疇組織を通貫して自然科学と歴史・社会科学とをカヴァーする学問性の単一性・唯一性を保証すると見るのである。

4　戸坂の技術論

　戸坂において、科学論と技術論とは別のものではない。科学は技術を予想し、技術は科学を予想する。それを彼は、共軸の関係と表現する。科学における実証を保証する実験は、その時代の技術水準に応ずるし、技術はその時代の科学に対応する。

　彼によれば、およそ「知る」営みと「作る」営みとは、「造る」ということにおいてひとつになるという。たとえばキュリー夫妻の発見は、いうまでもなく科学の知見の拡大でありながら、同時に技術の進展を促して産業化されるものであった。科学の自己目的性を語っても、それは純粋知を意味しない。操作的、実学的なものとして、直ちに産業と結びつく。その限りにおいて、科学の知は技術知と共軸性を持つ。今日ならば、遺伝子工学技術は遺伝子解読の生物学理論と直ちに共軸的である。

　ところで1930年代の日本では、二つの時代的要請から技術論が盛んであっ

た。ひとつは①「満州事変」から「日中戦争」に至る時局・軍事体制からすれば、生産技術の向上が促されねばならなかったからである。今ひとつは、②マルクス陣営からの要求であった。つまり、進歩した生産力は資本主義生産関係と桎梏の関係に入るし、必然的に資本主義の危機を将来するからである。同時に、社会主義的生産関係において、それまで窒息していた生産力は開放されて飛躍的に進歩するというオプティミスティックな議論である。

　後者の時代的要求に応えてであろう。岡邦雄、三枝博音、三木清といったマルクス派の人びとの間に技術論が盛んであった。当然ながら、戸坂もそれに参加したひとりである。そして戸坂の特徴は、技術を「労働手段の体系」と規定する主流の人たちに与していないことである。「手段体系説」は、技術を「もの」と化している。三枝は、それに加えて「過程としての手段」と規定し、技術の作用面に注目するが、なお手段の合目的性を見る限りは、目的論的世界観に逆戻りしていると戸坂は批判する。

　戸坂は、技術を「もの」とも領域とも見ないで力として見ることに加担する。つまり「物的生産力水準」と規定する。ということは、生産手段としての機械技術、生産力の重要なモメントをなす労働者の力能、設計技術者の力能等がその規定のうちに含み込まれている。しかし、ここでは規定の問題が大事なのではない。

　戸坂にとって、技術もイデオロギー批判の対象となることが大事である。したがって、論はおのずから①の方向に向かって、軍事体制下の技術論へのイデオロギー批判へと進む。いうまでもなく、現代のテクノロジーは、「一定の生産関係の内に、一定の社会組織の内に、一定の客観的な存在様式を持っている」。これが技術の物質的契機であると戸坂は言う。ここで物質的とは、社会的・客観的ということでもある。それを強調するのは、当時大きな影響力を持った技術哲学者デッサウァー（1881〜1963）である。彼にとって技術の世界は、カントが三批判書を通じてその成立地平を明らかにした三つの世界とは異なる。つまりデッサウァーは、科学と道徳と美の世界に対して、第四の世界すなわち何らかのイデーのもとに何か新しいものを創出する営為に関わる世界があると

言う。その世界を、彼は技術と呼ぶのである。

　デッサウァーの技術成立の世界は、なるほどひとつの客観性を持つものかもしれない。しかしそれは、形而下の尋常の世界、すなわち現実の世界ではない。ただ、あれこれの観念の適用領域を規定しているだけのことである。そうだとすれば、技術が生産の過程において、生産の労働過程において客観性と現実性を持つものであることを、改めて認識しなければならない。戸坂は、この意味でも唯物論が有効性を持つと言う。

　技術を現実の客観的過程に定位づけると、そこから批判はイデオロギー的となる。純粋に物的過程としての技術はないからである。労働過程での技術として、常にそこには労働者や設計者が関与しての「技術系」なのである。資本主義の危機的状況を露呈しながら、戦時体制へと急速に動く風潮のなかで、お上が「技術精神の作興」を掲げるということになれば、明らかにイデオロギー的に虚偽意識に転化する。「物」よりは「こころ」というわけで、東洋の精神や日本の伝統精神に回帰するところに、危機克服の方途を見出そうとする。このような上からの科学・技術振興の精神運動こそは、戸坂の批判主義からすれば、「虚偽意識」として、イデオロギー的に批判の俎板に乗せられねばならないものと見えたのである。

　ここまでくると、戸坂において「科学・技術精神」と「科学的・技術的精神」とは区別されていたことが了得できよう。「もの」を対象としてその真実を映し出す営み・科学精神と、「もの」を造り出す技術精神とは別々のものではない。科学精神の真髄をなす実証的な精神とは、何も狭いラボラトリーのなかに閉じ込められるものではない。広く社会的生産機構の枠組みのなかにあると戸坂は言う。だからこそ、本来技術精神とひとつなのである。

　その精神が、さらに虚偽意識としてのイデオロギー批判にまで拡大されると、科学的、技術的となる。そして、上から推進される科学・技術精神作興の持つ虚偽性は、戸坂によれば三つに定式化される。第一は文学主義である。ここでは、先輩三木清が頭に置かれてのことであろう。文化主義的形而上学の文体からある思想を指す。西田幾多郎さえそこには含意されていたのかもしれない。

文化的形而上学、ローマン的観念論は、現実の秩序を天上の願望に置き換えているだけである、というのである。

　第二は、文献学主義である。学術の名の下に、文献注釈をもってよしとする態度である。戸坂によれば、文献学者の実証は解釈でしかない。そして解釈を現実に置き換えるだけである。論の展開のなかには、アカデミック・フールという言葉さえ見える。ついでに付記すれば、当時からかなり流布している解釈学は、実証の手続きをあきらめて意味連関の解釈に終始する。その限りでは無政府的な形而上学に陥る。独創と珍奇とが交錯する意味解釈の世界は、戸坂からはまさに客観性と科学性を欠くものと見える。このときの戸坂は、特に和辻哲郎を頭に置いていたのであろう。

　第三は、教学主義である。文化を倫理主義的に制限し、教典をもって教化に資することを学問と心得る非学的態度である。それは、東洋的僧侶主義や先生的文化観念に特有であると辛辣である。おそらくは、文部省教学局の旗振りに応じて、日本精神主義のイデオロギーを説論していた伝統回帰派の学者・評論家たちを指しているのであろう。

　以上の三つは、いずれも科学・技術精神作興の名のもとに、かえって反科学的・非科学的精神を説くものに他ならない。その虚偽性を暴くことこそ、戸坂のラディカル・クリティシズムであり、その装置系が彼の哲学における唯物論であった。そこに戸坂の言う真の科学的・技術的精神はある。かつて、学問性とは批判の機能にあると説いた戸坂である。言い換えると、真の科学的・技術的精神の発現のかたちであった。

第4節　下村寅太郎における精神史としての科学論

　「碩学」という呼称が学問の広さと深さを兼ね備えた学者を表わすならば、近代日本の哲学者のなかで、下村寅太郎が最もふさわしい。ライプニッツ論や数理哲学・科学哲学研究に始まり、レオナルド・ダ・ヴィンチ論を頂点とするルネサンス研究を経て、ブルクハルト論に結実する学問の偉容は、数々の支流

を併合しながらゆるやかに海へ注ぐ一筋の大河を思わせる。しかも大河が注ぎ込んだ海は、そのまま世界へと繋がっている。

下村は1902（明治35）年に京都市に生まれ、第三高等学校を経て1923（大正12）年に京都帝国大学文学部に入学した。専攻はもちろん哲学であり、西田幾多郎および田辺元の最盛期の思索の現場に立ち会い、師事したことがその後の下村の歩みに決定的な影響を及ぼした。哲学を専攻した理由は、三高に在学中の読書会で講師として来た田辺元からカントの『道徳形而上学原論』を読むことを勧められ、それに強い感銘を受けたからである。

こういう経歴から、下村は「京都学派」の中心メンバーであっても不思議でない。しかし、彼が「京都学派」に属していたという印象は希薄である。その理由は、1945（昭和20）年に東京文理科大学教授、1949（昭和24）年に東京教育大学教授、1966（昭和41）年に学習院大学教授、1995（平成7）年に92歳で亡くなるまで東京で活躍したからであろう。もうひとつの理由は、下村が最初に選んだ専門領域が数理哲学という当時の哲学から外れた分野であったからである。広い意味の京都学派で、数理哲学を専攻したのは田辺元を別とすれば、下村の他に三宅剛一のみであった。

数理哲学に足を踏み入れた動機を、下村はカントから受けた影響と関連させて次のように語る。「はじめて読んだカントのこの『原論』が私のいわば哲学の受洗になりました。非常に強い感動を受けました。この書物で『イデアリスムス』、理想主義のエッセンスを感じました。（中略）カントの書物はいま申しましたように倫理学の書物ですが、そこで言われている『純粋なもの』（Die Reine）としての『純粋数学』の哲学にいく動機になったのです。倫理学から数理哲学というのは妙な飛躍のように見えるかもしれませんが、私にはそれが内面的な過程でした」。

下村が述懐しているように、カントに触発された「純粋なもの」への希求はやがて「純粋数学」がなぜ古代ギリシアにおいて成立したのかという問いとなって結実し、さらには「純粋の探究」のなかにヨーロッパの学問の根本性格を見定めることに繋がっていく。その帰結が、ヨーロッパの学問理念を「数学

と自然学と形而上学の三位一体性」において捉えようとする下村のテーゼに他ならない。『科学史の哲学』は、このテーゼを該博な知識のもとに説得的に論証した文字通りの労作であり、その方法論を下村は「精神史」と呼ぶ。

1 方法としての精神史

『科学史の哲学』は表題からも明らかなように、単なる科学史の叙述を企図して書かれた著作ではない。むしろ、既存の科学史に対する大胆な挑戦の書である。それは、「科学史の第一の問題は科学を形成する精神の自覚である」としながら、科学史は「『科学の歴史』ではなく『科学への歴史』でなければならぬ」とする主張にも明らかである。

下村はまず、それまでの日本の科学論が科学を知識論あるいは認識論の観点から取り扱う観念論的立場と、科学を社会科学的方法に基づいて考察する唯物論的立場とに二極分解してきたことを指摘する。もちろん、これらの二つの立場はそれぞれ独自の意義と権利を持つものであるが、下村によれば「科学は単なる知識として主観性において、また単に社会的所産として単に客観的機械性において理解さるべきでなく、また理解され得ない」という点で限界を持つ。そこから彼は、この両者の方法の統合を試みる。それこそが「精神史」の立場に他ならない。

「『精神史』としての科学論は、認識論的方法にも社会科学的方法にもいずれも科学を具体的に把捉し得ないとの自覚から、これら両者すなわち内在的立場と超越的立場との綜合を索め、科学の歴史性社会性の把捉を意図するものである。問題はまず根本的に科学を自己の表現として形成するその『精神』であり、其の精神を自己の精神として自覚する社会—『客観的精神』の把捉にある。（中略）科学を存在したものとして前提するのでなく、科学をそれの生成において、それの形成において捉え、それにおいて精神を把握することである」。

ここで「内在的立場と超越的立場」と呼ばれているものは、現代風に言い直せば、科学史における「インターナル・アプローチ」（内的科学史）と「エクスターナル・アプローチ」（外的科学史）の違いということになるであろう。インターナ

ル・アプローチとは科学を自立した知識体系と見なし、その歴史的発展を個別科学の理論に内在した学説史の形で記述・分析しようとする立場である。

他方のエクスターナル・アプローチとは、科学と社会の相互交渉に重点を置き、科学の発展を社会的経済的条件との連関において考察しようとする立場である。これら二つのアプローチが「科学史の黄金時代」と呼ばれる 1930 年代に形成されたことを想起すべきである。なぜなら下村が「精神史」の構想を確立するのも、30 年代後半だからである。しかも彼が目指したのは、両者とも一面的として退け、それらを総合することであった。

2 数学の精神史

先に下村が「純粋なもの」に突き動かされて倫理学から数理哲学への道を辿ったことに触れたが、彼が精神史の事例研究として最初に取り組んだのは、古代ギリシアにおける「純粋数学」の生成という問題であった。これは『科学史の哲学』の中心部分の考察である。同時にそれは、明治人としての下村にとって文明開化の源泉であるヨーロッパ文化を理解し、「ヨーロッパとは何か」という問いに対する彼なりの解答を求める作業でもあった。「学問としての数学」の成立こそヨーロッパ文化を特徴づけるものであり、「ヨーロッパはまさに『学問』の形成によって自己の精神と文化の性格を形成した」からである。

精神史の観点からは、「数学は形成されたものであってあらかじめ存在したものではない」、それゆえ下村は考察の出発点を「我々の問題は数学の歴史ではなく、数学への歴史である」と規定する。つまり、結果として存在する数学理論の歴史的発展を辿り直すのでなく、数学そのものの生成過程を問題にしようというのである。その際彼は、ギリシアにおいては数学と哲学の生成が相互依存的であり、等根源的であったという事実に注目する。これこそが東洋に見られなかった「西洋に独自な学問的事件」である。

もとより、数学が計算や測量の術として発生したことは疑い得ない。これはバビロニア、エジプト、中国などにも見られる事実である。しかし、数学が単なる技術知であることを脱し、「数学の対象は特殊な存在でなく存在全体であ

り、『世界』である」という普遍性の自覚に達したのは、ギリシアにおいてのみであった。その背景に、下村は数学と形而上学と自然学との三位一体を見て取る。

ただし、数学が形而上学や自然学から純化され「学問」として成立するためには、「証明」という自覚的な論証手続きが形成されねばならなかった。それゆえ下村は『科学史の哲学』のクライマックスである「証明の精神史的成立」の解明へと向かう。彼は、ギリシア人の思考が書斎における内面的思惟ではなく、アゴラにおける公開的討論を前提とした共同的な対話的思惟であったことを明らかにし、そこに数学的証明法の成立基盤を求める。

3　近代科学の精神史

『科学史の哲学』で、純粋数学の成立過程を「数学への歴史」として描出した下村が次に向かったのは、「科学への歴史」すなわち近代科学の成立過程の探究である。彼にとって科学の「存在」でなく「生成」が問題であるから、既存の科学にはあまり関心がない。ニュートン研究に集大成される近代科学の精神史が、本格的に展開されるのは戦後になってからであるが、基本的な問題意識は『科学史の哲学』のなかにも見ることができる。

下村が注目するのは、ギリシア数学における「演繹的論証性」と近代科学における「帰納的実証性」という方法のコントラストである。これは、学問の目標が「公共性」から「客観性」へ転換したことを意味する。「近世の学問―『自然科学』において客観的と解せられるものは、本来実は、客観における実証性である。近代科学においてはいかなる理論も経験的事実による検証によって初めてその真理性が認められるからである。実験による客観性は論証による公共性とは明らかに別である。それは概念の分析や演繹による公共的承認ではなく、あくまで客観的な検証、あるいは、客観における、客観による実証である」。

ここから、ギリシア数学における「公理」や「証明」の意味も、近代科学においては大きく変化せざるを得ない。証明も、演繹的証明よりは「実験による証明」に比重が移っている。下村はこの「実験的方法」の確立のなかに近代科

学の成立基盤、すなわち従来の自然学とは異なる「新しい合理性概念の形成の根源をなすもの」を見定める。それゆえ、実験的方法は精密科学の単なる手段にとどまるものではなく、「この実験的方法がいかなる思想を背景とし、いかなる過程において成立したかは近代科学の精神史の根本問題」となる。

近代科学の成立をルネサンスや宗教改革をも凌駕するヨーロッパ史上の一大事件として「科学革命」と呼んだのは科学史家のバターフィールド（1900～1979）であった。下村がこの「科学革命論」に批判的態度をとるのも、実験的方法を重視するがゆえである。下村は、「彼においても科学革命は単に『考え方』の革命としてしか理解されていない」として、それが「心理学の問題」にとどまり、精神史の問題とされていないことを批判する。精神史的問題とは、近代において新たな自然の概念が形成されたこと、すなわち「言語や概念によってではなく、直接に眼と手による係わり方、工作的性格をもつ別個のアプローチ」が実験的方法として確立されたことを意味する。そこから下村は、実験的方法の起源を求めて、自然操作としての魔術と技術の密接な関わり方について思索を深めていく。

実験的方法と魔術との連関について、下村は既に『科学史の哲学』において、「今日近代科学の方法とされている『実験』は実際に魔術家の方法をその起源にしている」と述べていた。一般に魔術と科学的思考とは相反するものと考えられているが、下村はそのような常識に抗しつつ、自らの魔術観を要約している。「魔術が実験的方法になったということは単に前者から後者に進化・進歩・推移したというのではない。実験的方法は本来魔術の方法であり、魔術の方法から生まれたものであり、実験的方法そのものの中に魔術的精神が現存することを認め、魔術の性格の転換として実験的方法が成立したと言おうとする。すなわち魔の力をかりて遂行しようとする魔術が、人間が行わんとする魔術に転換したものがやがて近代の実験的方法となる。（中略）それ故魔術が実験に転化するには、単に『知識の進歩』や単なる『啓蒙』にあるのではなく、より根本的により本質的に人間観の、あるいは世界観の転換が予想されている」。

ここでもまた、下村は啓蒙主義的進歩主義に対するアンチテーゼの提出を試

みている。実験は魔術を否定して生まれたのではなく、魔術と根を同じくしつつ実験へと変貌を遂げたのである。その変貌の背景にある人間観あるいは世界観の転換を解明することこそ、彼の精神史の面目に他ならない。

4　下村の現代性

　下村が『科学史の哲学』を執筆していた当時は、太平洋戦争開戦を目前に控え、欧米の合理主義や科学技術を排撃し、「日本精神」の高揚や果ては「日本的科学」の形成までもが声高に叫ばれていた時代であった。そういう時代にあって、下村はヨーロッパにおける純粋数学と近代科学の成立という世界史的事件に焦点を合わせ、その背後にある「精神」を解明することを通じ、論壇のみならず学界をも支配していた安易な欧米批判、科学批判の風潮に歯止めをかけようとした。その点で、本書は科学論を主題とした書物でありながら、声低く語られた抵抗の書という意味を持っていたと言える。

　こうした下村の姿勢が明瞭に現われているのは、『科学史の方法』の「科学論の方法」である。彼はまず「今日においては、科学は単なる教養や教育の問題としてでなく、政策の、国策の根本問題として提唱されるようになった」という世界史的動向を指摘し、それに対して「科学そのものは、かかる政治的経済的その他一切の実践的な要求にもかかわらず、それ自身としてはすべてこれから独立な、純粋な客観的な知識である」という立場を対置する。この普遍主義的な立場は、「日本的科学」といったエスノセントリズムと真っ向から対立する。それゆえ下村は、「当今のいわゆる日本的科学と言われるものも単に日本人によってあるいは日本人において営まれた科学というにすぎない。しかもそれがおよそ科学であるためには、単に日本人によってではなく、単に日本においてではなく、何人によっても、どこにおいても実証され得るものでなければならない」と強調する。

　下村は、欧米の物質文明に対して東洋や日本の「精神」が虚しく呼号される時代にあって、数学や科学を生み出した「精神」が如何なるものであったかを丹念な学問的考察を通して明示しようとした。彼の当時におけるこの「反時代

性」は、半世紀後の今日むしろまぎれもない「現代性」を帯びて甦りつつある。「今日では科学は、十七世紀の科学者たちが意図した如く『神の栄光のために』ではなく、『国家の反映のために』である」という 60 年前の指摘は、科学技術立国の掛け声のもとに、産学官共同の国家プロジェクトとして科学技術の振興を推進している現代にこそあてはまる。

　その意味で、『科学史の哲学』は少しも古びていない。生命科学や情報科学の産業化を通じて「手から口への科学」への傾向をますます強めている現代科学のあり方を考える際、何よりも求められるのは未来への構想力を鍛えんがための歴史的省察に他ならない。それゆえ、精神史を機軸として「今日の科学論はもはやもとより単に認識論もしくは技術論の問題たるに止まるべきものでなく、今日の歴史哲学の根本的な課題でなければならぬ」と主張する下村の科学論は、今真摯に読み返されるべきであると言えよう。　　　　　［笠井　哲］

参考文献
『福沢諭吉選集』（全 14 巻）岩波書店、1980 〜 1981 年。
『三木清全集』（全 20 巻）岩波書店、1984 〜 1986 年。
『戸坂潤全集』（全 5 巻別巻 1）勁草書房、1966 〜 1967 年。
『下村寅太郎著作集』（全 13 巻）みすず書房、1988 〜 1999 年。
藤江邦男『実学の理念と起業のすすめ―福澤諭吉と科学技術』慶應義塾大学出版会、2004 年。
赤松常弘『三木清―哲学的思索の軌跡』ミネルヴァ書房、1994 年。
藤田正勝『京都学派の哲学』昭和堂、2001 年。
上田浩『価値と倫理』文理閣、2006 年。
下村寅太郎『精神史としての科学史』京都哲学撰書第 27 巻、燈影舎、2003 年。

第5章　近現代の禅文化

はじめに

　はじめに、禅文化について一応の理解するところを示しておきたい。いうところの禅文化とはまさしくは"禅と日本文化"を指す。
　仏教はもともと、今からおよそ2500年前、インドの地において、ひとりの出家者となったシャカ族のシッダールタ太子が6年の難行苦行の末、尼連禅河の菩提樹下で"悟り"を開き、覚れる者を意味するブッダになったことに由来する。以来仏教は保守的な上座部仏教と進歩的な大乗仏教という二大潮流となる。その伝播の地理的状況から前者を南伝仏教と言い、後者を北伝仏教と言う。禅宗はこの北伝仏教にあって、多数に分かれた一派に属し、これらの諸宗は、順序としてはその起源はインドの開祖としての釈尊まで辿ることができる。また、事実インド、中国、日本の三国伝来の仏教として、それぞれの伝法者によって伝えられ、長い歴史の間に繁栄と衰退を繰り返しながらも歩みを進ませてきたわけである。事実上、とりわけ、中国および日本における高徳僧や彼等を支えた名もなき人びとの苦労と努力がなかったならば、今日見られるような姿の仏教にはならなかったであろう。この意味からして、今日なお発展しつづけるひとつの生きる力としての、極東における中国および日本の仏教を見直していかなければならない。
　ところで、仏教の教えとは何かと問えば、誰もが経・律・論の三蔵を挙げる。釈尊の教説としての経典、僧院の生活規範としての戒律、仏弟子たちの教義解釈としての論考の三蔵である。仏教による各宗各派は概ね、この三蔵のいずれかによってその宗旨を立てるのが普通である。ところが、この三蔵によらない

唯一無二の一派がある。これが禅宗である。その教えによれば、禅は仏教の精神を、そして仏陀釈尊自らの自覚体験そのものを自得することを第一とするのである。そしてそれは一切の文字言句による経典等に依存しないのである。この宗の名を「禅宗」といい、また「仏心宗」とも呼ばれている理由もそこにあると言ってよい。

それでは、禅が一宗を標榜するのに何によるかというに、仏陀の教えは、文字言句にあるのではなくして、心にあると説いたのである。即ち仏陀の心を依所にして自らの心としたのである。この「仏心」とは何を言うのか。

仏教の教義を伝えるのに、経典の教授や言語・文字の手段によらないで、心から心に直接に伝えることを以心伝心という。これは仏陀が言葉をもって教えを授けたのを教内の法というのに対し、教外の法は仏陀の心を直ちに他の心に印したのをいう。禅宗では、他宗がすべて教内の法であるのに対して自宗だけは教外の法であるとして、禅宗の最も顕著な特色をなすものとする。一般的には、教外別伝、不立文字、直接人心、見性成仏の四句でもって知られている事柄である。

「心印」がいかなるもので、どのようにして伝えられたかというに、『大梵天王問仏決疑経』の伝えるところによれば、次の如く言う。

それは仏陀がはじめ霊鷲山の会上において一枝の金波羅華の花を会衆に示されたときに始まるとされている。今、学者の私訳で次にそれを示すと、

　「大梵天王が或る時霊鷲山の仏弟子の集合している所へやって来て、仏に金波羅華の花を捧げて、地に伏して恭しく、仏に有情のために法を説きたまはれんことを乞うた。仏は座より降って諸仏人天の会衆の面前にこの花を拈じて示された。然し誰れ一人としてこの仏の行為の意味をよく会する者はなかった。ただ一人大迦葉尊者のみあってよく破顔微笑にっこりとした。そこで世尊曰く、「我に、正法眼藏涅槃妙心、実相無相微妙の法門有り、不立文字教外別伝、今や摩訶迦葉にこれを付属す」と。」

このようにして正法の眼の「心印」が大迦葉から後継者の阿難陀に伝法され

たと伝える。

　禅宗では仏陀に始まり、第28祖の菩提達摩まで、この「仏心印」が相承されたことが伝えられているが、次に達摩が恵可に「安心」を伝えたと言われる話が伝えられている。『伝灯録』によれば、達摩が嵩山の少林寺に住して、一日中面壁すること9年に及んだという。それで人びとは彼のことを壁観の婆羅門と呼んだ。ある日、儒者であった神光(487～593)なる者が、自分の学問にあきたらず、決心して達摩の所へ教えを乞うためにやってきた。しかし達摩は一向にこの哀れな求法者を顧みなかった。全く神光を無視したかのようであった。神光はこの達摩の面前で、7日7夜身動きもせず雪中に立ち尽くした。そして遂に持っていた刀で自らの右の臂を切り落とし、微動だにしない達摩にこれを差し出して言った。「これは何としても老大師の御教を仰ぎたい私の切なる願心の徴でございます。私は永年の間安心を求めてまいりました。だが未だ私の心は安らかでございませぬ。どうか師よ、私を安心させてください。」そこで達摩は答えた。「その心をここへ持って来い。お前のために安心させてやろう。」神光曰く、「私の苦悩の理由こそは、その心を得ることができないことでございます」。そこですかさず、「そこだ、さあお前のために安心させ終った」と達摩は叫んだ。そこで神光は忽然として悟りに至ったのである。この神光こそが後の中国における禅宗の第二祖の恵可禅師のことである。

　恵可は「仏心印」を三祖僧璨(606没)に伝え、僧璨は四祖道信(651没)に、道信は五祖弘忍(675没)に伝え、弘忍に至って二派に分かれた。即ち南宗と北宗である。しばらくして北宗はすたれ、南宗の六祖に恵能(638～713)が選ばれる。恵能が六祖に選ばれるに及び「仏心印」をめぐる興味ある話が伝えられている。

　六祖恵能の説法集『六祖壇経』を引用して、学者は六祖仏心印の伝法を次のように伝える。

　如何にして六祖が弘忍のような大禅師の法を継ぐに至ったか。五祖弘忍は多くの彼の弟子のなかから、法を継ぐ者を選ぶことになった。そこで或る日、次のような告示をした。誰でもよい、ほんとうに宗旨に徹した自己の境涯を証し

得る者があれば、その者に嗣法の袈裟を付与して、五祖の後継者としてこれを布告するであろう、と。この告示によって、五祖の弟子のひとり——甚だ学殖深く禅の教理に通暁していたから、同僚仲間では、師の後を継ぐ者はこの者にちがいないと暗に信じられていたのである——彼の名を神秀という、この神秀上座が自己の見解を披瀝して一連の偈を作った。そしてこれを禅堂の外の壁上高く貼りつけた。曰く、

  この身は菩提樹、   身是菩提樹
  心は澄める鏡の如し、 心如_レ明鏡臺_レ
  常に心して拭き清め、 時時勤拂拭
  塵埃を生ぜぬようにせよ。 莫_レ使_レ染_レ塵埃_レ

　これを読んだ者は誰ひとり感心せぬ者はなく、この作者こそ正しく金的を射とめるにちがいないとひそかに思っていた。然し次の朝、彼等が目を覚ましたとき、その偈の次にこんなのが書かれているではないか。

  菩提は元来樹などぢやない、 菩提本無樹
  心は明鏡などではない、   明鏡亦非臺
  はじめから何もないのだ、   本来無_レ一物_レ
  埃のかかるところなど何処にある。 何処有_レ塵埃_レ

　この一連の偈の作者はひとりの卑しい行者(あんじゃ)であった。彼は同僚のためにいつも米倉で米を搗いていた。したがって誰ひとり彼の存在など勘定に入れている者はないという状況に置かれていたから、衆の認める大家にこの挑戦をしかけたことで、僧堂全体は大変なさわぎとなってしまった。然し、五祖は、この一見取るに足らぬような風貌のこの行者に、来るべき人類の指導者たることを深く認めたのである。そして彼の衣鉢をこの者に伝える決心をした。
　神秀が当代一流の学者であり、それに反してもう一方の恵能が無学文盲とまでは言えないにしても学識においては神秀の相手ではなかった彼恵能に心印を伝えた禅のあり方をわれわれははっきりと記憶しておかなければならない。

今ここに二、三の例文を示して禅とは何か、禅の中心課題は「心」であること。この心は「仏心印」とも言い、言詮不及であることを説いた。しかしながら、もしも仏陀の悟りに至った心の内景を垣間見ることができたとしたならばどうであろうか。ある学者の次の文章は、悟りの光景をよく伝えており、感動的ですらある。

　「その光景を心に描いてみれば、そこにはもはや釈迦牟尼という問う者もなく、自我を意識する自己もなく、かれの知性に相対してかれの存在をおびやかす問いもなく、さらにまた、頭上を覆う天もなく、足下を支える地もなかった。もしわれわれが、そのとき仏陀のかたわらに立ち、かれの存在をのぞき込むことができたとしたら、そこに見出し得たものは、全宇宙を覆う一箇の大いなる疑問符のみであったろう。もしかれがそのとき何か心をもっていたと言い得るならば、かくのごときがかれの心の状態であった。かれはしばしの間、このような状態の中にあった。そしてふと空を見上げると、明けの明星が見えた。またたく星の光がかれのまなこを射た。このことが、かれの全意識を平常の状態に引き戻した。」

ここに言う一大疑問符の内景がいかなるものであろうとも、真にそれを知りたいと思うならば、知的作用や仏教哲学によらないで身をもって自らが体験すべきである。

以上の「心」についての諸例からも分かるように、禅における「心」のあり方は「教外別伝」なるがゆえに、あらゆるかたちを取り得ると言わねばならない。

第1節　禅文化の七つの特色

禅の実質的な起こりは中国においてである。その禅が宋・元の時代を経て、日本へ入ってきたのは鎌倉時代であり、それから徳川の初期頃までに完成されたとされる、非常に特色ある文化の一群を禅文化と言っている。この文化が如何なる点で特色を持っているか、その特色ある性格とは何を言うのであるか。

この文化について、久松真一（1889〜1980）はおおよそ七つの特色を挙げている。その特色とは、「不均性」・「簡素」・「枯高」・「自然」・「幽玄」・「脱俗」・「静寂」の七つである。しかしながら、ここで注意をしておかなければならぬことがある。それは氏が言うに、これら七つの特色は不可分の関係にあり、決してばらばらに独立しているものではなく、渾然としてそこに備わっているというのである。七つでひとつ、ひとつで七つ、とでも言うべき性格を持つ。このような考え方、分析の仕方は普通しないが、これを禅的と言えばそうであろう。物事を演繹的帰納的に見ても、やはりそこに論理の残滓が見える。ここで取り上げようとする七つのものもそういうものであってはならないのである。そこに、「渾然として不可分」の意味を見出しておきたいのである。

　この文化の七つの特色に、ここでは氏の「論考」（『禅と美術』）を通して、考察を加えてみようと思う。

　第一に「不均斉」ということであるが、これは釣合がとれておらない、そして形が崩れておるということである。日本語の「いびつ」や「ひずみ」にあたる。生花や書に言う「真」・「行」・「草」では、真が崩れて順次草になる。また、数では奇数は不均斉で、偶数は均斉がとれていると考える。仏画に例をとると、浄土教の仏画の特色を示す薬師寺の薬師如来、黒谷金戒光明寺の『山越の弥陀図』、知恩院の『阿弥陀二十五菩薩来迎図』は均斉がとれて見る者に安全・円満・聖的な感じを与える。それに対して、梁楷の『出山仏』、禅月の『羅漢』、収豁の『達摩』、白隠の『達摩』等は形が崩れて不均斉である。前述した浄土の仏画に見られるような、安全・円満・聖的な感じはどこにもない。むしろそれらを否定したかの如く感じられる。「不均斉」の持つ特色は、いわゆる不完全や、俗ではなく、完全をもまた聖をも超越した不完全であり俗である。禅は聖的な宗教ではなく無聖の宗教である。禅における仏は、それゆえ聖の否定・止揚としての無聖である。もっと踏み込んで言えば、「無聖」をも否定してしまうところの、そこにいずれにも関わらない本当の自由を感得しようとするものである。

　第二に「簡素」ということであるが、くどくどしくないということ、あるい

はさっぱりしているということである。それは茶室建築を見ると明らかである。日本の家屋は元来皆そうであったが土と木と紙で作られている。人間が人為的に作り出した釘などというものはそこには一切使われていない。茶室の構造を見てもある面から言えば、天上を真行草に分けたり、躙り口や明かり窓を付けたりして複雑そうであるが、茶室へ入ることそれが一向にそう思えない。いかにもさっぱりして簡素である。この簡素ということは色彩の影響も考えられる。茶色の色彩は概して単純である。それは絵画としての墨絵にも通じるものである。墨絵はたった一色の濃淡によって彩色を表現する。禅の絵画では、中国では牧谿、玉澗、梁楷などが有名で、日本においては、可翁、黙庵、相阿弥や、時代が下り、白隠や宮本武蔵などの墨絵がよく知られている。この簡素を最も徹底させると、禅で言う「無一物」というものになるというが、それは単に、「なにもない」のではなく「無一物中無尽蔵」でそこに無限の可能性があり、無限の大活躍性が感じられる。

　第三に「枯高」ということであるが、これは感覚的なものや皮や肉が脱落して、非常に長けている、あるいは老けているとか枯れておるとかの感じを言う。これは禅的な美の重要な性格で、東洋的な美の特色をなすものである。禅の美での「枯れる」とは、初心者や未熟な若い者の到底達し得られない老巧な芸の極地・真髄を意味する。極則とか骨とかも同意である。それは生死なき永遠の生命であり、無尽の源泉である。枯れるということは、幼稚さ未熟さや若さが徐々になくなっていき、そこに初めて到達するエッセンスばかりになることで、いわば枯れた気高さとでも言うべきものであり、前述の「簡素」という性格とも結びつくことのできる気高さである。どちらかと言えば、非常に男性的であり、雄々しさとか勇ましさが感ぜられ、力強さがある。そういう例をあげると、中国の懐素の書、楊凝式の書、虚堂の書、あるいは石恪の絵画、梁楷の絵画等が挙げられる。日本では大燈の書、慈雲の書、白隠の書、二天の絵画等が挙げられる。また、禅月の『羅漢』、石恪の『二祖』、白隠の『達磨』等の人物を描いたもののなかにも枯高の性格がはっきりと見られる。龍安寺の石庭、割高台の茶碗、利休の茶杓等も挙げられてよいが、枯高の典型的なものは、何といっ

ても牧谿の『老松叭叭鳥図』、馬遠の『寒江独釣図』である。

　第四に「自然」ということであるが、故意とらしくないということである。そこには創造的意志とか作意とかが十分にあって、しかも、故意とらしさがなく、無理がないことである。自然現象的に、生まれたままに、即ち本能的に自然であるという意味では全くないのである。氏はここで抹茶茶碗の例を出して言及しているが、わざとらしく不均斉を装う茶碗の何と多いことか。わざとらしい不均斉ほど嫌味なものはない。しかしそれを見分けるには見る側に「自然」の眼がなければならぬ。純粋にそのものになり切って、そのものとの間に矛盾や隔りがないということ。これを禅では「無心」や「無念」というのであるが、つまるところは、こちら側にすべての責任があるのである。

　第五に「幽玄」ということであるが、これは奥床しさということである。つまり、全体を丸裸で外へ表わさないで内に含蓄すること、全体が外へ現われ切らないで寧ろ隠されているということである。すべてのものが外へ現われないで、内に様々な内容が想念された無限の余韻を感ぜしめるもの。描かれたものよりも、寧ろ描かれない無限性というようなものが内に表現される。それが奥床しさである。そしてこの奥床しさには必ずといってもよく深さというものがある。それは表面的なものではなく、汲めども尽きぬ深さである。それを暗さと言ってもよい。暗さには、密教芸術の典型とも言える高野山明王院の『赤不動』や醍醐寺の『五大明王像』などから受ける暗さがある。それは地獄の暗さ、どん底の暗さ、あるいは呪力的・悪魔的な暗さと言うことができる。それに比して幽玄で言う暗さは梁楷の『出山仏』や牧谿や玉潤の絵画に現われる一種の暗さで、われわれの心を落ち着かせる暗さである。禅芸術の持つ暗さとはわれわれの心をある方向へ統一させ安心感を与えるものである。茶席の建築設計を見るがよい。茶席は壁が多い、明かりは数個の小窓の明かり障子から採る。それでも明るい場合には、葦簾を掛けて光を調節する。心を落ち着かせ、内面的に統一させるためである。これら採光の方面のみならず、間取り、出入口、用材、色彩等の一切が心の安らかさに向けられているのである。禅芸術における暗さ、深さは密教的なものとは、ほとんど質を異にすると言ってよいのである。

第六に「脱俗」ということであるが、規矩準縄を脱し、物事に関わらないということである。そこには洒脱という言葉で言い表わされるようなものも含まれる。物に関わらないという特色は、禅の文化のなかでは大事な要素である。脱俗ということは法則性というものに関わらないという意味を持つ。法則通りに、法則で律することができないものを持つ。そこでは前述の「不均斉」にも通じるものがある。絵画では白隠の『猿猴図』、雪舟の『秋冬山水図』や、書では良寛の『心月輪』、寧一山の『雪夜作』、白隠の「無」などにこの脱俗の性格がよく現われている。

　第七に「静寂」ということは静かさである。また内に向けられた向内的精神である。能楽を例に見ると、あの謡曲はわれわれの心を落ち着け、静かにしてゆく。これもまた禅の文化の特色である。絵画では梁楷の『出山仏』、牧谿の『柿』や、書でも、良寛の書、慈雲尊者の書などに静けさが感じられる。現われることにより却って騒がしさを否定し、静かさにまでわれわれを持ってゆくような性格をこれらのものは持っている。この落ち着いた静かさ、即ち寂静は普通、「動中の静」と言い表わされている。絵画では牧谿の『老松叭叭鳥図』、雪舟の『秋冬山水図』、書では白隠の「無」に明確にそうした特色を見出すことができる。

　以上の如く禅文化の七つの性格につき一応要点をおさえてきたのであるが、再度注意したい事柄は、これら七つの特色が個々別々に独立してあるのではなくして、皆渾然としてひとつになっているということである。不均斉ひとつのなかに他の六つの特色すべてが入っているような不均斉でなければならない。そういう意味で、七つのうちのどれひとつをとってみても非常に複雑な内容がそこに含まれていると言えるのである。

　久松は禅文化の特色を述べる論考を終えるにあたり次のように言っている。

　　「東洋に於きましては、この一群の文化がそういう特色を備えたものでありまして、而もそれが極く稀に点々とあるといったようなものではなくして、非常に大量な文化として体系的にあるのであります。あらゆる面に於いて、或いは人間の在り方の面に、或いは絵画の面に、彫刻の面に、又陶芸の面に、人間生

活のあらゆる面にそういうものがあるということは、東洋には少なくとも他とは違った特別な文化体系がある。」

　日本文化における禅文化の位置づけは、近現代史の上からは既に忘れ去られたか、忘れされつつあるかのようである。第二次世界大戦後、日本は政治的、経済的、その他あらゆる方面において西欧化の道を辿った。すべては、あれか、これかの二極化の世界で事を運んできたのかのごとくである。あれでもなければこれでもない世界は忘れさられた。しかしそうではなかった。その事に気付いた人びとがいた。それはあれか、これかの世界の人びとであった。そのうちのひとり、アメリカの前衛作家のイサム・ノグチが龍安寺の石庭に釘付けになった。日本人は考え始めた。私たちの家中にその世界があったのかと。

　以下において、禅が日本文化の形成に如何に関係してきたかについて、近現代を中心に考察してみようと思う。

第2節　禅の美

　日本人のある方面——ことに精神的方面に関し、古来から仏教が、就中禅の影響が日本人の性格を築きあげる上に重要な役割りを果たしたことが知られている。古くは『東洋美術史考』の著者、アーネスト・フェノロサ（1853～1908）やドイツの建築家のブルーノ・タウト（1880～1938）も『日本美の再発見』のなかでこのことを指摘している。禅が他の宗と違って、ひとり日本人の文化生活のあらゆる方面にいかに浸透していき、日本文化の形成に如何なる貢献を果たしたかを見たいのである。

　まず禅の審美的方面に関して考えてみよう。民芸研究家の柳宗悦氏は『禅の論攷』で「絶対の美」を説く。

　禅と美の交渉を説くにあたり氏は極端に、禅風な作風、息味、酒脱さを嫌う。そこにはほとんど本物を見出し得ないからであろう。それよりももっと平々淡々たるもののなかに、美そのものを見出すべきであると主張する。そして美

しさとは何かを尋ね、もしそれを絶対の相に求めるなら、「絶対の美は半面に醜を持たぬ美といふが如き性質のものでなければならぬ。醜がなくともあり得る美、否、それ等の差別を有たぬ美、更に進んでは差別にすら煩はされない美」そんな性質があって、初めて絶対の美と言い得るのだという。氏はこの美の謎を解く鍵を禅の言葉のなかから7個数える。7個の言葉とは、「不」「未」「即」「一」「黙」「円」「如」である。今この7個の言葉につき、その主旨を見ておこう。

1　「不」とは何を意味するのであろうか。それは否定への要求である。美しいものは、先づ美醜相対を否定したものでなければならぬ。この否定なくして美醜の二を超えることは出来ぬ。それゆえ真の美は「非美非醜」でなければならぬ。二相を共に否定するゆえ「倶絶」と「雙泯」とかいう言葉が用いられた。この否定の道を論じ切ったのが「三論」である。説いて止まぬ「八不義」は、無限の「不」を語ろうとするにある。かかる否定道は東洋においては「空観」と呼ばれた。ここにすべての仏学の出発がある。基督教もまた所謂"Via Negative"を忘れてはいない。荘子も「是非の彰はるるや道の虧くる所以なり」と述べた。「不」「非」「無」「空」「寂」の如き否定の言い現わしが、どうあっても必要である。これなくして究竟の哲理を説くことはできぬ。「無名」とか「無住」とか「不可得」とかに思索の帰趨があるのは当然である。これ以上に絶対の境はない。併しかかる否定は、もはや肯定への反律ではなくして、言わば大否定である。「非非」である。絶対的なものはわずかにかかる言い現わしによって示唆し得るに過ぎぬ。美の意味にもこの否定がなければならぬ。美は美ですらない。斯く斯くと名づけ得る美は、至り得た美とは言えぬ。スーフィーであった聖女ラビアは言う、「神に就いては只斯く斯くでないと言ひ得るのみ」と。聖アウグスティヌスも『懺悔録』においてほとんど同じ言葉を述べた。真に美しいものには「寂」の相がなければならぬ。「無」の深さがなければならぬ。

2　「未」とは何であろうか。美醜の分別を脱するとは、美醜のいまだ分かれ

ざる以前に帰るとの意味があろう。神は「前と呼ばるべき凡てのものの更に前に在る」と聖アウグスティヌスは言う。この場合以前というのは、何も時間的意味ではない。若しそうなら前後の二に陥るであろう。それゆえこれを「未生」の２字で示すことができよう。美も醜もいまだ現われない境地である。そこに美があらずば、美はただ醜に対するものに堕してしまう。美醜未生よりさらに美なるものを求めることはできぬ。子思は「中庸」とは何であるかを問われたとき、「未発」の状だと答えた。仏教における中観論も、左右の中間を説くようなものとは甚だしく違う。「中」はいつも「不」「未」などと同義である。禅問答はこの「未」の言葉を借りて、真理の中核に迫った。「父母未生」の公案はもとより、「古鏡未だ磨かざる時」とか「蓮華未だ開かざる時」とか、具体的な姿で「未」の秘義を暗示した。真に美しいものは、この「未」の含みを持つものだと言える。この含みが少ないとき、美は浅い美に終わる。美しさは、美醜の二以後のものであってはならない。もっと溯った奥の泉から流れ出ねばならない。たかだか醜に対する美の如きものに、どうして満足し得るであろう。禅はそう訓すと私には思われる。

3 「即」とは何を指すのであろうか。これはさらに重要な東洋の理念だと言えよう。私たちは二を超えようとするのである。而も二を避けようとするなら却って二に囚われているとも言える。二であってしかも一でなければならぬ。二者二にしてしかも不二なるこの境を、「即」の一字で示唆しようとするのである。「善悪不二」とか「持犯不二」とか「生死不二」とか言うが、この「不二」の意をさらに「即」の一字によって深めた。「色即是空」とか「煩悩即菩提」とか、ここに禅意を込めた。「極小同⌒大、極大同⌒小」などと言うが、この「同」も「即」に近い心であろう。論理から見るならば、明らかに逆理とも見られようが、矛盾のままに調和である性質がなくば、究竟のものとは言えぬであろう。「易」に見える「疾からずして速に、行かずして而して至る」などと言う句も、ここで活々してくる。禅は美と醜とを「即」の一字に結んで一相に観ずるのである。ここに至らずして美はないと言える。その美はもとより美醜の美とは次

元を異にする。しかし教えは用心深く言う。「即」に滞れば「即」を離れるゆえに、さらに「不即不離」を説く。「相即」の真意がここに宿ろう。

4　「一」の一字は例を告げようとするのであろうか。「一」はそれ自らの義である。醜に対する美ではなく、美自らにてあり得る美を、この一字で示唆しようとするのである。それは左右の二ではなくして、左なくしてあり得る右でなければならぬ。言葉を変えれば右自身にてあるもの、即ち自律したものでなければならない。そこには因果の律(おきて)は許されておらぬ。かかる境を示すのに、「一」または「一如」などの言葉が用いられた。または「全」"The Whole"とも呼ばれた。荘子が「独を見て能く古今無し」と言ったとき、その「独」も、かかる思索を示すものであろう。白隠禅師はいつも「隻手の声」を公案として提撕(ていせい)したと言うが、ここで誰も「一」の問題を解かねばならぬ。禅ではしばしば「没絃琴」を語り「無孔笛」を説いた。プロティノスは彼の著書の最後を「一者より一者への飛躍」と結んだ。絶対な境地の忘れがたい描写である。「神が神自身を語る」とも、「天上天下唯我独尊」とも言うが、人間はこれ以上に述べることはできぬ。美もまたそれ自身の美、一如としての美であって始めて禅の美と言い得るであろう。

5　「円」は何を示そうとするのであろうか。美醜の二は直線上に向かい合う両極である。もしその繋縛を断ち切ろうとするなら、その二を「円」の幻像に溶け去らねばならぬ。「信心銘」にも「円如=太虚=」と歌われているが、「円」は多くの宗教家たちの描いた究竟の姿であった。彼等は「円理」を説いた。エックハルトは「神より出づる門が神に入る門である」と述べたが、彼は円輪の上にこの言葉を描いているのである。天台宗はその教学の中心を「円融」の二字に置いた。潙仰宗は円相を示して禅意の一切をこれに託した。ここでも円に囚われるなら、「方」に対したものとなって、再び円に叛くことになろう。聖ボナヴェントゥラであったか、「神は至る所に中心を持つが、何処にも周円を持たぬ」と言った。周円なき中心、さらにここまで円の密意を溯らすべきであろ

う。禅僧は地上に一円相を描いて、「入るも亦打ち入らざるも亦打たん」と迫ったと言うが、ここに円思想の結語を感じる。美もまたこの問いに答えねばならぬ。

6　「黙」で何を語ろうとするのであろうか。美と言い醜と言う。既に分別の言葉に落ちたものに過ぎぬ。或いは分別に沈むがゆえに美を取り醜を捨てるのだとも言えよう。だが分別の言葉はどうであっても超えてしまわねばならぬ。その言葉が絶えるとき、「黙」が呼ばれる。仏教は三学のひとつに「定」を数える。曹洞門の「黙照」は禅定である。「只管打坐」を讃えるのは、黙の神秘を識るからである。禅は「不立文字」を標榜して止まない。語に滞れば禅機を失う。『金剛経』は「一法の説くなきを説法と言ふ」と言う。釈迦如来がまさに涅槃に入ろうとするとき、「吾れ四十五年、一字をも説かず」と訓した。言は不言の言でなければならぬ。名は無名の名でなければならぬ。維摩の一黙は無語ではない。一語を発するなき所、そこに千万の禅語があろう。クエーカー派も沈黙を宗旨とするが、宗教は多かれ少なかれこの秘義にひたる。美しさにも多量の沈黙があってよい。饒舌なる説明は、美を生まない。黙があってこそ美はますます動く。

7　「如」では仏者は何を伝えようとするのであろうか。「如」は自然なるままを指して言うのである。そのままの姿、素直なるもの、与えられたるままの形である。分別はものを二つに裂いてしまう。ここでは美と醜との二つである。だがそれは一条の糸を強いて縺れさすにも等しい。分別は作為である。そこに罪が起こるなら、すべてをあるがままに帰せばよい。本然のままに置けばよい。そこをわれわれの心の古里と呼んでよい。仏教で言う「如」の一字は、そのままなる姿を意味するのである。「真如」とか「如語」とか、また強めて「如如」などと言う。来る所もなく去る所もなき法身を「如来」とも呼ぶ。「自然法爾」と言う言葉も、「如」の姿を指すのである。こうなれば任運無碍である。柳緑花紅である。流れるままに流されず、醜きままで美しさがあろう。そこは素直

なるままの、平かなるままの境地とも言えよう。「臨済」は「無事は是れ貴人」と言い、語を承いて「慎んで造作すること莫れ」と言い添えた。「如」とはこの無事なることを言うのである。無事は尋常なるままにあることである。そこに住む心を南泉は「平常心」とも呼んだ。それは天与の本然なる相とも言えよう。盤珪の言う「生れついた仏心」であろう。多くの宗教家が嬰児の心を讃えるのも、素直なるもの、無心なるものの深さを見つめているからである。素朴なるものが人の愛を受けるのは必然である。美にもこの「如」の様がなければならぬ。そこに深められて、美は初めて美となろう。美も無事でなければならぬ。

　ここに挙げた7種の言葉は禅籍中の至るところで見出し得るものばかりである。禅と美とを語るとき禅の悟りの表現性と美の本質を指すものが妙に合致するのである。たった一度切りの人生において、悟ったり、悟らなかったりするのは、人間の側の責任である。窮極の美の発見もまた同様である。禅の言葉に「三世心不可得」なるものがあるが、これという実体はどこにもないのである。人智の作為をすることなく、あるがまま、そのままに直視すること、何の媒介をも入れないで見る美の眼をわれわれは持たねばならないのである。

第3節　禅と芸道

1　禅と武士道

　武士道と禅との関係を論ずる場合、一般的にそれぞれの間の歴史的交渉であったり、禅の修行の戒律的な傾向と武士道のそれとの同一性を言ってみたり、また、道徳的哲学的見地から比較し、その関係の根本的真理を導こうとする向きもあるが、それらはいずれも表層的であると言わねばならない。

　武士と禅のあり方で最も大切なことは、その精神的方面である。一般的に武士道を理解する場合、その中心思想は忠孝仁義の精神と言ってよいであろう。そしてその精神に則り実行するとき、何が最大事であるかと言えば、「常に死

を覚悟する」ことである。禅は「生死事大、無常迅速」(『六祖壇経』)を説くが、この点で武士道と禅が合致するのである。

　死の問題は武士のみならずわれわれにとっても大問題である。しかし、常に戦にあけくれる武士たちにとっては、即今の問題として常に自己の足下にあったのである。戦闘の内実はいずれか一方の死を意味する。今度は自分かも知れぬと。それで武士は常住不断に死に対する用意を怠らなかった。17世紀の武人である大道寺友山（1639〜1730）は『武道初心集』に死について次の如く言っている。

　　「武士にとって最も肝要な考えは、元旦の暁より大晦日の終りの一刻まで日夜念頭に持たなければならぬ死という観念である。この念を固く身に体した時、汝は十二分に汝の義務を果し得るであろう。主には忠、親には孝にして、当然一切の災難を避けることが出来る。これにより汝は長命を得るのみならず、威徳も具はるであろう。人の命の常なきを、取りわけて、武士の命の常なきを考えよ。かくして、汝は日々是れ汝の最期と考え、汝の義務を充さんがために、日々を捧げるに至るであろう。命長しと思うこと勿れ、その思いをなせば汝は一切の浪費に耽り易く、汚名の間に汝の生を閉じ易いからである。正成の其子正行に絶えず死を覚悟させたのも此故なりと云う。」

　「死という観念」は、人をして自己の生命を超克せしめ、また、平々凡々とその生のままに流されようとする意識をふと立ち止まらせ、人生の厳粛さを真面目に考えさせる。それで真面目な武士たちは皆禅匠を尋ねたのである。禅はこの問題に如何に答えたか。禅は学問的、道徳的にそれらを取り扱うことはしなかった。禅の主張するところは常に直接的であり、実践的であった。この事が武士の心構えとある種の一致を、それも絶対的なる一致を見出したのである。

　武士道研究の重要史料とされている『葉隠』は正しくは『葉隠聞書』と言い、「文字の陰に隠れる」意味で、社会同胞のために、わが身を誇しないで、角笛を吹いて廻らず、世間の眼からかくれて誠を尽くすという武士の徳を説いたものである。その『葉隠』の著者も、死の問題を次のように言っている。

第3節　禅と芸道

　「武士道というは、死ぬ事を見附けたり。二つ二つの場にて、早く死ぬ方に片附くばかりなり。別に仔細なし。胸すわって進むなり。図に当らぬは、犬死などという事は、上方風の打上りたる武士道なるべし。二つ二つの場にて、図に当るようにするは及ばぬことなり。我人、生くる方好きなり。多分好きな方に理が附くべし。若し図にはずれて生きたらば腰抜けなり。この境危うきなり。図にはずれて死にたらば、犬死気違いなり。恥にはならず。これが武道には丈夫なり。毎朝毎夕、改めて死に死に、常住死身になりて居る時は、武道に自由を得、一生落度なく、家職を仕果すべきなり。」

さらに、『葉隠』は言う。

　「生死を離るべき事、武士たるものは、生死を離れねば何事も役に立たず、万能一心というも、有心のようにゆれども、実は生死を離れたることなり。その上にて、如何様の手柄もさるるものなり。」

　本当を言うと禅は死を説く宗教ではない。もし言うならば、それは生死一如の教えであろう。そしてまた、「生死を離れた」教えでもあろう。沢庵禅師(1573～1645)の書翰に「無心」の心に達すれば一切が成就すると説いている。心の問題が生死の二元論を超越するとき、即ち、心の奥深く分け入ることによってのみ得られる心、即ち、沢庵はそれを「無心」と言っているが、ここでは生死の問題が無心の問題になったのである。生死と無心のこの二つは精神、もしくは内的体験(悟り)に関する限り親密につながっていると言わねばならない。

　『無心』について、沢庵和尚が柳生但馬守(1571～1646)に送った『不動智神妙録』は次のように伝える。

　「無心の心と申すは、右の本心と同時にて、固り定りたる事なく、分別も思案も何も無き時の心、総身にのびひろごりて、全体に行き渡る心を無心と申す也。どっこにも置かぬ心なり。石か木かのやうにてはなし。留る所なきを無心と申す也。留れば心に物があり、留る所なければ心に何もなし。心に何もなきを無心の心と申し、又は無心無念とも申し候。此無心の心に能くなりぬれば、一年に止まらず、一事に欠かず、常に水の湛へたるやうにして、此身に在りて、用

の向ふ時出て叶ふなり。一所に定り留りたる心は、自由に働かぬなり。車の輪も堅からぬにより廻るなり。一所につまりそれば廻るまじきなり。心も一時に定れば働かぬものなり。心中に何ぞ思ふ事あれば、人の云ふ事をも聞きながら聞かざるなり。思ふ事に心が止るゆゑなり。心が其思ふ事に在りて、一方へかたより、一方へかたよれば、物を聞けども聞えず、見れども見えざるなり。是れ心に物ある故なり。あるとは、思ふ事があるなり。此有る物を去りぬれば、心無心にして、唯用の時ばかり働きて、其用に當る。此心にある物を去らんとする心が、又、心中に有る物になる。思はざれば、獨り去りて自ら無心となるなり。」

沢庵の書翰は、いくぶん専門的になるかも知れない。そこで次に「無心」と言うことが如何なる様子のものであるかを伝えている文章があるので次にその文意をとっておこう。

ひとりの樵夫が奥山で樹を切っていた。そこへさとりという動物が現われた。珍しい生きものゆえ、樵夫は生捕りにしようと思った。動物は彼の心を読んだ。「お前は己を生捕りにしようと思っているね」。びっくりして樵夫は言葉も出なかった。動物が言った。「そら、お前は己の読心力にびっくりしている」。ますますおどろいて、樵夫は斧の一撃に依って彼を打倒してくれんという考えを抱いた。すると、さとりは叫んだ。「やあ、お前は己を殺そうと思っているな」。樵夫は、遂にこの不思議な動物を片附けることの不可能を覚ったので、自分の仕事の方を続けようと思った。さとりは尚も追求していった。「そら、到頭、お前は己をあきらめてしまったな」。樵夫は、自分をどうしてよいか分からなかった、同じく、この動物をどう扱っていいか判らなかった。到頭、この事態に全く諦めをつけて、斧を取り上げた。さとりの居ることなぞ気に掛けないで、一心に、再び樹を切り始めた。そうやっているうちに、偶然に斧の頭が柄から飛んでその動物を打ち殺した。いくら読心の智恵を持っていたこの動物でも「無心」の心まで読むわけにはゆかなかったのである。

禅は、特別な哲学や概念はない。唯それは人をしてその生死の束縛から解き放とうとするのである。そしてこのことを実行にうつすのに禅はそれ自体、直観的な特別の方法に訴えるのである。その直観が阻止されない限り、どんな哲

学とも、宗教ともまた教育とも応用自在に交わっていくことができるのである。それで禅は行動することを第一とする。その行動とは、一度決心したなら決して振り返らないということである。この点において、武士道は完全に禅と一致する。日本人が最も好むべき心理のひとつに、「潔く死ぬ」ということがある。また思い切りわるくぐずぐずして死を迎えるというのを嫌ふ。その昔、主人から切腹を命ぜられ、周囲の嘆願を退けて従容として死にいった茶人がおった。日本人はまた桜花を好む、その散り逝く姿を好む。その姿に自分の生命を合わせめぐらしていった有名無名の多くの日本人がいた。いずれも彼等は武人であった。そして、また死の哲学を持っていた。日本人のこの死に対する態度は、禅のある部分を大いに言いあてていると言ってよいであろう。

　ここにひとりの武人の生き様を見ておこう。宮本武蔵は美作国吉野宮本村で新免無二斎の子として生まれた。その生涯はあまりはっきりとしない。60歳の頃、自分の余名いくばくもないことを悟り、今の熊本市の西郊、金峯山のふところにある雲巌寺の洞窟にこもり、『五輪書』と言われる兵法の指南書を書いた。これは武蔵のおよそ50年にわたる命がけの修行の総決算ともいうべき極意書であった。

　『五輪書』は兵法の書として書かれたが、所々に彼の人生観を見ることができる。特に重要なのは「万事において我に師匠なし」と言っていることである。兵法は実戦第一主義、人の生命もたった一度切りである。誰にもまかせることはできない。他との一切の闘い、自己との闘いを通して、孤絶の生涯を生きた武蔵にとって、自らの体験だけが自らを救ってきたのである。禅の言葉に「百尺竿頭に一歩を進め、十方刹土に全身を現ず」というのがあるが、生死の関頭に立ったならば、振り返らない。振り返ることは死を意味する。武蔵には別に21ヶ条からなる「独行道」なるものがある。死の7日前に書かれたものである。これは武蔵にとっては自戒の書であり、また遺言書ともいうべきもので彼の生き方を現わすものであった。その条のひとつに「我、事において後悔せず」というのがある。たった一度切りの人生であることは、誰もが知ることであるが、その本当の意味するところは、わが身にひきつけて、知り得る人のみが知

る、と言わねばならない。武蔵は「仏法・儒道の古語をもからず、軍記・軍法の古きことをももちひず」と言っているように、その書くところに、禅の言葉を親しく見つけることはできない。しかしながら、上述したところからも窺えるように、人生における処し方は至って禅的であると言わねばならない。

2 禅と茶道

　日本における事実上の茶の始まりは、臨済宗をわが国に伝えた栄西禅師（1141～1215）がその当時の中国の宋国に渡り、茶の種子を持ち帰り、茶の効果を『喫茶養生記』にまとめ、茶の葉と共に時の三代将軍源実朝（1192～1219）に献上した。その後、一休禅師（1394～1481）が弟子の珠光（1422～1502）に教え、後に紹鷗（1504～1555）と利休（1522～1571）に伝わり、利休が改良して、現在行われているわび・さびの茶道へと発展していった。

　以上の事柄によっても知られるように、茶はその最初から禅に関係していた。それに加えて今挙げた茶匠たちはいずれも深く禅に参じていた。

　茶道の精神と禅の精神が最も密接なる関係を持つのはその実行面においてである。この場合精神は心と言ってもよく、この心を理論的もしくは哲学的に表現するならば、茶道にあっては「和・敬・清・寂」の4要素に分かたれる。禅の教義が、形を超越して精神を把握することにあるならば、われわれは精神即ち心は形を媒介としてしか表現されないという事実を忘れてはならない。しかしここで剣呑なのは、逆が必ずしも真であるとは限らないことである。茶道における点前のいちいちの行為もかかる意味において理解されねばならない。

　「和・敬・清・寂」の4要素のなかで、和または「和らぎ」の持つ意味は重要である。何となればこの和こそは茶道の心の全体を支配する全行程の中心的要素であるからである。茶の湯が行じられるすべてにこの「和らぎ」が要求される。普通茶室と称せられる室の佇いはいうまでもなく、それを取り巻く自然環境までがことごとく和らぎを帯びており、人間の五管を通して感じられるそれぞれの和がひとつに和するとき、そこに初めて精神の和が成立する。茶道の点前はかかる環境の下において、ある方法によって行じられるとき、初めて

禅の精神性と一致する。

　精神の和を説く茶の湯のあり方を沢庵禅師 (1573〜1645) は「茶亭之記」に次のように伝える。

　　「茶の湯は天地中和の気を本として、治世安穏の風俗となれり。今の人は、偏に朋友を招きて会談の媒とし、飲食を快とし、口腹の助とす。且茶室に美を尽し、珍器の品を揃へ、手の巧みなるを誇り、他人のつたなきを嘲る。みな茶の湯の本意にあらず。されば竹蔭樹下に小室をかまへ、水石を貯へ、草木を植ゑ、炭を置き、釜を掛、花を生け、茶具を飾る。皆是山川自然の水石を、一室の中に移して、四序雪月花の風景を翫(もてあそ)び、草木栄茂の時を感じ、客をむかえて礼敬をなす。松風の颯颯たるを釜の中に聞て、世上の念慮をわすれ、瓶水の涓涓たるを一勺より流して、心中の塵埃(じんあい)を洗ふ。真に人間の仙境なるべし。礼の本は敬にして、其用は和を貴とす。是孔子の礼の体用をいへる詞にして、則茶の湯の心法也などとは、貴人公子の来坐にても、其交淡泊にして、しかも諂ふ事もなく、又我より下輩の会席にも、敬をいたして、しかも不〻慢。是空中に物ありて和らひて、猶敬す。迦葉の微笑。曾子の一唯。眞如玄妙の意味。不可説の理なりとは、茶處をかまへるより、茶具の備へ、手前会席衣類等に至るまで、陋(いや)しからず。美麗を好まず。道具を以て、心を新にして、四時の風景を忘れず、不〻破、不〻貪、不〻奢(おご)、謹て不〻疎、直にして真実なるを、茶の湯といふなるべし。是則天地自然の和気を翫び、山川木石を炉辺に移して、五行備る。天地の流れを汲て、風味を口に味ふ、大なる哉。天地中和の気をたのしむは、茶の湯の道なるべし。」

　日本の封建制度の時代にあっては、身分階層の異なる人びとが一所に会するなどということは考えられぬことであるが、四畳半の茶室の空間のみがそれを実現させた。社会のあらゆる階層のなかに自由に出入りした禅僧たちの存在が世俗的な観念を払拭させたのである。

　他の「敬・清・寂」の3要素も大切であるに違いないが、人間は元来矛盾に満ちた存在である。人が自分の存在の一番奥所にひとり閉じこもるとき、我をして他を尊敬せしめる念がわいてくる。これはほとんど宗教的と言ってもよい。人間のみが持つ心の誠実さと言えるものである。茶道における「敬」の意味も

これを指すものである。

「清」は清潔を意味し、茶道に関するあらゆる事柄に窺うことができるが、その目的とするところは、五管の汚れから心を清くすることにある。『葉隠』は次のように言う。

　　「茶の湯の本意は、六根を清くする為なり。眼に掛物、生花を見、鼻に香をかぎ、耳に湯音を聴き、口に茶を味い、手足格を正し、五根清浄なる時、意自ら清浄なり。畢竟、意を清くする所なり。」

　茶道の精神の第四の構成要素は「寂」である。一般的には、これをわびあるいはさびといって日本文化のある方面の特徴を示している。この言葉の意味するところは、本来的に「貧しさ」を示し、そこに美的な貧しさを感じとるものである。もしもこのなかに美がなかったならば、貧は単なる貧乏を意味すると言わねばならない。そしてこの貧の観念が究極の意味において現われるときに、心の安らぎを得ることができる。この安らぎは平和を意味するのである。真実の貧しさにおいてしか平和はこないと言ってよいのである。このわびの観念が真の意味で発機されるのは、利休の孫の宗旦においてである。宗旦（1578〜1658）は『禅茶録』に次のように言う。

　　「侘の一字は茶道に於て重じ用ゐて持戒となせり。然るを俗輩陽の容態は侘を假りて、陰には更に侘る意なし。故に形は侘びたる一茶齋に許多の黄金を費耗し、珍奇の磁器に田園を換へて賓客に衒ひ、此を風流なりと唱ふるは抑何の謂ぞや。それ侘とは物不足して一切我意に任せず蹉跎する意なり。
　　……其不自由なるも不自由なりと思ふ念を不ㇾ生、不足も不足の念を起さず。不調も不調の念を抱かぬを侘なりと心得べきなり。其不自由を不自由と思ひ、不足を不足と愁ひ、調はざるも調はざると訴訟へなば、是侘に非ずして實の貧人と云ふべし。」

　その昔、永平道元も『正法眼蔵随聞記』の至るところにおいて「学道の人は最も貧なるべし」、「学道は先すべからく貧を学すべし」と言っている。かくして禅は直接に茶道と関係するのである。

第3節　禅と芸道

　茶と禅とがその精神性において一致することを「茶禅一味」と言っているが、このことを重んじた人に、井伊直弼宗観（1815～1860）がいる。彼は石州流に学び、禅にも参じた。宗観は茶道について有名な二つの理念を世に贈った。ひとつは「一期一会」の精神である。彼の「茶湯一会集」に言う。

> 「今日の会にふたたびかへらざる事を思へば、実に我一世一度の会也。去るにより、主人は、万事に心を配り、聊（いささか）も麁末（そまつ）なきやう、深切実意を尽し、客にも、此会に又逢ひがたき事を辨（わきま）へ、亭主の趣向、何壱つもおろそかならぬを感心し、実意を以て交るべき也。是を一期一会といふ。」

　仏教は諸行無常を説く。これは東洋の思想の基調をなすものである。すべての事柄は一度切りであるが、われわれはそのことをいつの頃からか忘れ去っている。リセットすれば元へもどると思っている。目に見えることでも、たとえたった一瞬間心をよぎることであっても二度と再び返りはしない。この厳粛性は言葉では伝達できない。行為することを重んずる禅も茶道も、禅は「不立文字」と言い、またある茶匠は稽古を通して「茶の道は、心に伝へ、目に伝へ、耳に伝へて一筆もなし」と言っている。

　次の一文も宗観の考えをよく伝えている。彼の「独座観念」の一文に言う。

> 「主客とも餘情残心を催し、退出の挨拶終れば、客も露地を出るに高声に咄（はな）さず、静にあと見かへり出行ば、亭主は猶更のこと、客の見へざるまでも見送る也。……今日、一期一会済てふたたびかへらざる事を観念し、或は独服をもいたす事、是、一会極意の習なり。此時、寂莫として、打語ふものとては、釜一口のみにして、外に物なし。誠に自得せざればいたりがたき境界なり。」

　見えなくなるまで客を送るということがごときは、禅堂生活における放参の徒を見送る禅僧たちの澄んだ眼を思わしめる。そこには、体験し、至り得た者でない限り伝え得ない、幽玄なる言外の余情がたなびいている。いずれにしても、これらの感念が禅と茶道の関係性において共通するものと言える。

第4節　禅と詩歌

　聖徳太子が建国に際し、十七条の憲法を制定し、その第1条に「和をもって貴しとなす、忤らうことなきを宗とせよ」と言ったのは全く正しいと言える。この精神上の和の教えは、本来の目的よりも、国家建設上の理念により多く傾いたと言わなければならないが、その当時の日本文化の源泉は概ね、貴族支配階級の手にあったので、一般民衆にまでは至り得なかったのである。日本文化が開化するには、民衆と仏教との接触をまたねばならなかった。

　日本文化の諸形態を考えるとき、その形成に最も著しい影響を与えたのは、仏教の一派の禅宗であるとされている。それには理由がある。禅宗は禅の真理や悟りの内容を伝えるのに、文字や概念に頼らないことに由来する。他宗のように戒律的・行動的・哲学的媒介物を挟まないで、仏陀が悟った自内省そのものを体験することに力を注いだのである。したがって、直接に、すべての人の精神的真理に直入し得たのである。貴族であろうと、一般民衆であろうと、禅は悟りに人を選ばなかったのである。

　かかる意味からして、日本文化を形成する上において、禅が大きく影響を与えたことが知られるのである。鈴木大拙（1870〜1966）はその影響について、外国の2人の日本研究家の言葉を伝えている。

　チャールズ・エリオット（1801〜1875）は、その著『日本仏教』のなかに、

　　「禅は東洋の芸術的、知識的及び政治的生活に於てさえ、偉大な力であった。或程度まで、それは日本的性格を造ったが、禅も亦日本的性格の表現である。他のいかなる仏教もこれほど日本的なものはない。」

と言っている。

　今ひとりのジョージ・サンワム（1883〜1965）もまた、『日本文化略史』のなかで、

「禅宗の日本に及ぼした影響は甚だ微妙にして広汎であったから、それは日本の最高文化の精髄となっている。その思想・情操に、美術・文学慣習に、深く入りこんでゐるものを追求することは、日本精神史の最も難しい、最も魅力のある章を書くために、刻苦するということになろう。」

と以上のような観察をしている。いずれも日本人の性格について、妥当な見解を示していると言える。仏教諸宗のなかにあって、禅が最も日本文化にその影響を及ぼしたことを知るために、われわれは禅仏教の精神と関連せしめて、日本人そのものの自然観について一瞥しておきたい。

　日本人の心の秘密とでもいうべき、その在処を知るには、茶室と呼ばれている空間所で、精神的なものを含め、茶人その人とその佇まいを観察するのが最もよく理解できるように思われる。鈴木大拙は次のように伝えて言うには、

　「一通りの不規則に配された飛石が終るところに、極度に低く、飾り気のない、目立たぬ形の藁葺きの小屋が立っている。入口は扇によらずして、一種の孔（躙口のこと）になっていて、そこから入る為に、客は邪魔になるものをすっかり脱らねばならぬ。封建時代の武士なら、始終携へてゐる大小をも取外さねばならぬ。茶室の内部は約十呎四方の薄明るい小屋で、天井は低くて、その高さも構造も平かではない。柱は鉋をかけず、多く自然木のままである。然し、暫くして、眼がこの新しい状況に馴れてくると、室の中が次第に明するなる。まづ注目されるのは、床の間の書か墨絵の古風な掛物である。香爐から立ち昇る煙りは芳香を放って、特に、人の神経を和らげる力がある。花生には一茎の、それも少しも派手でも見栄ばってもゐない花しか容れられてない。薄暗い松に囲まれた岩蔭に咲く、小さい白百合の如き、その謙虚な花は、この雰囲気の中でひときは美に溢れて、身に襲ひかかる世俗の憂ひを忘れるため、一碗の啜らうと、招かれて集へる四、五人の客たちの總ての眼をひきつけるのである。」

　さて、われわれは床を仕切った爐中の火の上、五徳にかけられた釜に沸ぎる湯の音に耳をすます。その音は実際の湯の音ではなくて、重い鐵釜から起こるのである。鑑賞家がそれを松林に通う微風になぞらえているのは、極めて適切なことだ。それは室の寂けさを著しく増す。白雲と松籟のみが、心を慰める伴侶である山家に、唯ひとり坐っているような思いがするからである。

こういう環境のなかに、友達と一緒に茶を啜り、床の間の墨絵や室内の茶器に関わる芸術的な話題を語るのは、奇妙に人生の煩わしさを超越させるものである。武人は日々の争闘のことから、実業家はいつも頭にある金儲けのことから遁れる。この闘争と虚栄の世界に、粗末ながら、相対の有限性を超え、永遠なるものをも一瞥し得るに足る一隅を見出すのも、誠におもしろいではないか。
　このような環境のなかで、一定の法則に従って、茶の湯が行われるが、この法則は点前と呼ばれる無形の芸術的鍛練によって得られた精神によって育てられたものなのである。そして茶道について、その精神的背景および、それからなるところの道徳的風光等のすべてが理解されるとき、日本人の心層心理にある、あるものを発見するであろう。
　次に、禅と日本人の自然観との関係を見る上に、一般論として四つの側面から考察して見よう。まず第一に宗教的側面であるが、禅は観念的ではなく、この世の具体的な事柄の世界を離れはしない。それで禅は季節の移り変わる出来事に深く関心を示す。禅の直観が俳句という詩的文学形式に表現されるとき、そこに文学史上、たった17文字たらずのなかに大宇宙を表現しようとしたのである。このような意味から、日本人を知ることは俳句を理解することを意味する。俳句を理解することは禅における「悟り」体験に一歩近づき得ると言ってよい。
　江戸初期に活躍した松尾芭蕉 (1644～1694) の句に、有名な次の句がある。

　「古池や蛙とび込む水の音」

　多くの人はこの句を静寂の境地に解するようである。ところがこの見方は誤っているとして、大拙はこの句に詠まれた真理を次のように述べる。

　　「吾々の心が意識の表面で動いている限り、推理から離れられぬ。古池は孤独と閑寂を表象するものと解せられ、それに飛びこむ蛙とそれから起るものは、周囲を取巻く一般的な永久性、静寂感を引立たせ且つこれを増大する道具立だと考えられる。が、それでは詩人たる芭蕉は今自分等が生きてゐるように其處に生きてゐはしない。彼は意識の外殻を通り抜けて、最深の奥處に、不思議の

領域に、科学者の考へる所謂る無意識を超えた「無意識」の中に入ってゐたのである。芭蕉の古池は、「時間なき時間」を有する永久の彼岸に横はってゐる。」と言っている。芭蕉はこの「無意識」を直観し、その経験をそのままに、この句のように表現したまでである。このように絶対的境地から経験されるものは言葉を語らない。たとえ語り得ても多くの言葉を語らない。俳句もこの点禅に近いものがあると言えよう。

同じく芭蕉の句に、

「やがて死ぬけしきはみえず蟬の声」

というのがある。この句は一般的には「人生は無常であるのに、それを悟らぬ人々は、あたかも夏の日の蟬が、いつまでも生きつづけるかのようになき続けているようだ」と解するが、禅の悟りから見るならば、「無意識」に対する芭蕉の直観は、蟬が自分を表わす唯一の方法は声を限りにただ啼くだけである。そこにいらぬ感情を持ち込まない。蟬は人間の悩みなど知らない。生きている間はただ啼き続けるのみである。それが永遠の命なのである。宗教的直観も、俳人の詩的直観も同様に至って簡潔な語句で表現されると言ってよいのである。

芭蕉の少し後に出た蕪村（1716～1783）の句に、

「釣鐘にとまりて眠る胡蝶哉」

というのがある。釣鐘と蝶、存在のあり方としてこれは非常におもしろいコントラストを示している。大と小、黒と白、静と動のように視覚的聴覚的にもよきバランスを示している、もしかしたらアンバランスかも知れないが、いずれにせよ蝶と鐘の対比せるものから、蕪村は自身の「無意識」への直観が、蝶の内的生命というよりもむしろ生命そのもののなかにその真実の意味を見出したに違いない。ここで蝶と言えば、夢のなかで蝶になった者の話を想起する。『荘子』の一節に次の一文が見える。しばしの間、蝶を飛ばして、宗教的生命を語らしめよう。

「或時、自分（荘子）は夢に蝶となった。ひらひらと此処彼処に飛んで、実際蝶

となってゐた。蝶としての好みを追ふことを意識するのみで、人間としての自分の個性を意識しなかった。不意に自分は目醒めた。そして、そこに、自分は再び自分として横はってゐた。自分は今、蝶となった夢をみてゐる其時の人間だったのだろうか、人間になってゐる夢を見てゐる蝶なのかどうか、今の自分には判らない。」

加賀の千代女 (1703〜1775) に朝顔の句として知られているのがある。

「朝顔やつるべとられて貰い水」

夏の早朝、ふと気が付くと (ここではたった一輪の方がふさわしいが) そこに朝顔の花の咲いているのを見る。千代女ならずとも、心中に感嘆の念が生じるではないか。ただ彼女は歌人であった。千代女は思いがけなくも目に映ったこの世ならぬ朝顔の美しさに、美しさを越えて、それ以上の何物かを感じとったのである。「無意識」への直接的把握が言葉を絶句せしめ、彼女をして、宗教的世界に解け込ませたのである。

第二に禅の精神的側面である。禅の修行僧を彼等の「行雲流水」的生活傾向から、「雲水」と言われているように、詩人もまた、実際的にも、精神的心理的にも、自然と共に生きる漂白の詩人でなければならない。芭蕉もまたそんな詩人のひとりであった。われわれのようなつまらない人間にあっても、生まれてから死に至るまでを旅になぞらえるのを常とする。そしていつも心の隅のどこかで旅に対してある種のあこがれを持っている。旅をすることによって生ずるある種のこの孤独感は、人生の意味を考えさせるのに充分である。この旅に対する思いを芭蕉は『おくのほそ道』で次の如く言う。

「月日は百代の過客にして、行き交ふ年も又旅人なり。舟の上に生涯を浮べ、馬の口に捉へて老を迎ふる者は、日日旅にして旅を栖とす。古人も多く旅に死せるあり。予も何れの年よりか、片雲の風に誘はれて、漂白の思ひ止まず。海浜に流離へ、去年の秋、江上の破屋に蜘の古巣を拂ひて、やや年も暮れ、春立てる霞の空に、白川の関越えんと、そぞろ神の物に憑きて心を狂はせ、道祖神の招きに逢ひて取る物手に附かず、股引の破れを綴り、笠の緒附け換へて、三

里に灸据うるより、松島の月先づ心に掛りて、住める方は人に譲り、松風が別墅に移るに、
　草の戸も住み替る代ぞ雛の家」と。

漂白の孤独は終わりなき孤独である。絶対の孤独である。人は経験的相対の世界におりながら絶対を願う。そこには永遠の何物かに対する願いがある。人がその感情の最高潮に達したとき、ただ沈黙するのみである。いかなる言葉もその思いを伝えることはできない。思えば禅の精神の何と神秘的なことよ。

　第三に禅の審美的側面であるが、禅の美意識を説明するために、イギリスの詩人、テニスン（1809～1892）の詩を次に引用しよう。

「壁の割れ目に花咲けり
　割れ目より　汝を引き抜きて
　我はここに、汝の根ぐるみすべてを
　我が手のうちにぞ持つ
　おお、小さなる花よ
　もし我れ、汝の何たるかを
　根ぐるみ何もかも、一切すべてを
　知り得し時こそ
　我れ神と人との何たるかを知らん」

　西洋の詩人は、まず花をその生えてある場所より抜き取る。そして知性に訴え、死した花の分析をする。その思いは物事の外面、対象的側面に向けられる。したがってどこまでも知的なのである。彼は黙ることができないのである。自分が経験したことを抽象化し概念化せねば承知しないのである。

　これに比して今ひとつ芭蕉の詩を引用してみよう。彼の俳句のひとつに次がある。

「よく見れば　なずな花咲く　垣根かな」

　芭蕉はひとり小道を歩いていたと想像される。時にふとそんな小道の端の垣根の片隅に何やら見えかくれするものに気付いた。近付いてよく見れば小さな

野草の花であった。ただそれだけのことであるが、彼は花を引き抜こうとはしなかった。じっとただよく見つめているだけである。指一本花に触れようとはしない。花は全く無心に咲いている。そのことに東洋の詩人は、この世ならぬ神秘的な美しさを感じたに違いない。詩の最後の「かな」の詠嘆のひびきが禅の美的意味を遺憾なく発揮している。ここに禅の美的表現を見出しておきたい。

最後に、禅の認識論的側面に関して述べておこう。禅における認識論は観念の媒介を入れないと言ってよい。それで禅の特色は、物事を直接的に把握するという主義であり、禅の見地に立てば、どのようないかなる二元論をも認めないことである。もし、禅に主義主張があるとするならば、それは、あるがままを、なすがままに受け入れていくということがすべてである。ここでは、完全なる受動的見地から、19世紀、日本が生んだ良寛（1758～1831）の貧の精神について考えてみよう。

良寛は曹洞宗の禅僧であった。彼は漢詩に優れていた。偉大な書家でもあった。良寛の名を聞けば、われわれは子どもたちと一緒になって手毬やお手玉を興ずる彼の姿を思い浮かべる。良寛には多くの逸話がある。そのひとつに次の話がある。山中にある庵で、一夜、夜盗にあった。この夜盗は良寛であることも何も知らずに押し入った。持っていく物がひとつもなく落胆する夜盗に見かねて、自分の着ている物をやった。盗人はそれを持って立ち去ったが、忘れ物をしていった。ふと見ると明るい月光が射し込んでいた。次の句はそのときに詠んだとされるものである。

「盗人にとり残されし窓の月」

良寛の眼は全くちがった方向に向けられていたのである。

良寛が一般の人と少しかわっていたことは違いないようである。彼の貧の精神の背景を知る上に、今少しく彼の詩によってその周辺を窺ってみよう。

良寛は師の国仙和尚から、33歳のときに既に「印可状」を受けている。そしておよそ40年後に「辞世の詩」を示して、去っていくのである。良寛の「印可状」は次の如くである。

第4節　禅と詩歌　195

　　「良也、愚の如く、道転た寛し
　　　騰々任軍、誰を得てか看せしめん。
　　　為めに附す、山形の爛藤杖、
　　　到る処の壁間、午睡閑かなれ。」

また、「辞世の詩」として、自ら「草庵雪夜の作」と題する次の詩がある。

　　「首を回らせば七十有余年、
　　　人間の是非、看破に飽く。
　　　往来の跡は幽なり、深夜の雪、
　　　一炷の線香、古匆の下。」

これら二つの詩の間にあって良寛は如何なる生き方をしたかというに、円通寺の修行時代を詠んだ「生涯」と題する有名な詩に見ることができる。それによれば、

　　「生涯、身を立つるに懶し、
　　　騰々、天真に任す。
　　　嚢中三升の米、
　　　炉辺一束の薪。
　　　誰か問わん、迷悟の跡、
　　　何ぞ知らん、名利の塵。
　　　夜雨、艸庵の裡、
　　　双脚、等閑に伸ばす。」と。

この詩中に、「夜雨、艸庵の裡」とあるが、この夜雨は、道元の「閑居の時」を想起せしめる。道元いわく、

　　「生死憐む可し、休して又起る、
　　　迷途と覚路と、夢中に行く。
　　　然りと雖も尚忘れ難き事有り、
　　　深草の閑居、夜雨の声。」

思えば、良寛は曹洞の徒であった。道元を想い、遠く寒山を思うのはあたりまえのことである。そんな良寛の若き時代の修行振りは、次の詩によって知ることができる。

「円通寺に来（き）ってより、
幾回（いくかい）か冬春（とうしゅん）を経（へ）たる。
門前、千家の邑（むら）、
更し一人を識らず。
衣垢（えあか）づけば、手自（てず）から濯（あら）い
食尽くれば、城闉（じょういん）に出ず。
曾（かつ）て高僧の伝を読むに、
僧は可々に清貧なり。」

これらの詩から窺えるように、良寛の生涯はそのはじめより貧によって貫かれていると言ってよいであろう。清貧とは貧の極まり、極貧を言うのである。したがって清貧は良寛の悟境とでもいうべき意味を持つのである。良寛はまた、寒山の熱烈なる信奉者であった。そんな寒山の生き方を彷彿させるような、良寛の貧困を詠んだ詩がある。

「襤褸（らんる）又襤褸、
襤褸是れ生涯。
食はわづかに路辺に取り、
家は実に蒿莱（こうらい）に委（い）す
月を看（み）て終夜嘯（うそぶ）き、
花に迷いてここに帰らず。
一たび保社（ほうしゃ）を出でしより、
錯（あやま）って箇の駑駘（どたい）となる。」

以上のように、良寛の詩を通して、絶対の受動性として、「あるがまま」、「そのまま」の生に徹した良寛の真骨頂は、真の平和は貧においてしか存在しないことを示している。この事一事を廻って展開されたものであった。良寛の草庵はすこぶる粗末で、やっと身を容れるに足るだけのものであった。「少欲知足」

という、現代社会ではほとんど忘れ去られてしまった人間のあり方が、真実の人としてのあり方を示しているのだということであろう。大人の成人ひとりが、1日に生命を繋ぐ米の量は5合と言われる。おわりに、「五合庵」と呼ばれる良寛の詩をここに掲げておこう。

「索々たり五合庵、
　実に懸磬の然るが如し。
　戸外杉千株、
　壁上偈数篇。
　釜中時に塵あり、
　甑裏更に烟なし。
　唯東村の叟あり、
　頻に叩く月下の門。」（この節、漢詩の原文および訳は『参考文献』参照）

[和田真二]

参考文献
叢書　禅と日本文化１『禅と芸術Ⅰ』ぺりかん社、1996年。
叢書　禅と日本文化２『禅と芸術Ⅱ』ぺりかん社、1997年。
鈴木大拙『禅と日本文化』岩波新書、2001年。
鈴木大拙『神秘主義』岩波書店、2004年。
柳田聖山『禅と日本文化』講談社学術文庫、1985年。
柳田聖山『良寛道人遺稿』中公クラシックス、2002年。
宮本武蔵『五輪書』岩波文庫、2003年。

第6章　近現代の教育

プロローグ

「明けまして、おめでとうございます。平成21年の幕開けを寿ぐかのように、今朝は、元旦にふさわしい上天気となりました。先輩と酌み交わす酒の味も格別で、これだけの料理と、気持ちのよい天候に恵まれると、2人して単純に胃を楽しませているだけでは、そもそもの新年に申し訳が立たないな、という気にならなくもありません」

「いつになく殊勝な心がけを耳にして、さすがは新年の功徳、とまずは褒めておこう。ところで、新年への申し訳を立てようとすれば、われわれ2人で、さらに何をすればよいのかな。あえて胸の内を忖度すると、胃に加えて、頭にも楽しむ資格を与えるべきだ、というところだろうか」

「さすがは先輩です。わが意を的確に汲んでいただきました。ならば、かわいい後輩からのお願いです。汲んでいただいたわが意を存分に満足させて下さい。これに勝るお年玉はないのですから」

「わが家の新年は、どうやらプラトンの『饗宴』に近くなりそうだ。というのも、世の人たちは、元旦のお天道様にかしわ手を打つのに対して、われわれは、具体的なかしわ手に代わって、知的なダイアローグ（対話）をお供えしようというのだから。これもしかし一興にはちがいない」

「この新年の宴は、日本版のシュンポシオンというわけですね。ならば、その名にふさわしく、取り上げられるべきトピックも厳選されなくてはならないでしょう。プラトンの場合は、「愛」ないし「恋」でしたが、われわれの場合は‥‥」

「そう難しく考えるには及ぶまい。今日の"シンポジウム"は、お堅い学術討論会のイメージを色濃くまとっているけれども、その語源である"シュンポシオン"はしかし、必ずしもそうあったわけではないからだ。そもそものシュンポシオンは、シュンとポシス（あるいはポトス）から合成され、前のシュンは英語の with、後のポシスは英語の drinking に相当するから、その意味も"宴席で交わされる自由で肩肘の張らない問答"と解されて何ら問題はないのだから」

「そうでした」

「それでもしかし、互いに教育人間学を専攻する学徒の列に名を連ねるかぎり、しかるべき制約は免れない。世のコンパのように、ゴシップOK、バラエティOK、スポーツOKといった、まさに"何でもあり"ではあまりに芸がないからだ。ここではだから、宴会型のコンパと学術型のシンポジウムの間を取って、扱うべきトピックも、日常世界の体験的事象の数々としてはどうだろうか」

「具体的にはどのような‥‥」

「そうさな、われわれに馴染みの「老」「省」「狂」「苛」「鍛」「荒」「悟」「愛」「死」などはどうだろう」

「何とも儒教的で、これらが果たして"日常世界の体験的事象の数々"にふさわしいのかどうか、今ひとつ自信がもてません」

「いささか気取って申し訳がなかった。ここに挙げた9つは、日常的には「老いる」「省みる」「狂う」「苛める」「鍛える」「荒む」「悟る」「愛する」「死ぬ」となって、ごく普通の人間的事象に他ならないけれども、そこにはしかし、あまたの要素が複雑に織り込まれていて、あえて深く覗き入るなら、人間そのもののリアルな姿がくっきりと浮かび上がってくるからだ。できれば目にしたくない面も、惚れぼれと見直す面も、ともに分け隔てなく把握してこそ、本当に骨太の人間像は形造られる。あくまでも教育が"人間の教育"である以上、そもそもの人間に対するリアルな理解を欠いて、真に力をもった教育論など展開できようはずもあるまい」

「仰せの通りです」
「ここに取り上げたトピックは、いうならば、それを透かして人間のリアルな顔の細部を垣間見る何よりの"窓"と考えてもらいたい」
「分かりました」
「ならば始めるとして、さて、何から手をつけようか。意外性のインパクトを買って、「死ぬ」から始めるのも一興では‥‥」
「異存はありません」

「死」を語る

(1)
「とはいえ「死」は、かなり扱い辛い代物でもある。およそ人間の身で、そもそもの死を体験した者などいないのだから。しかるに世の人びとは、ひたすら死を恐れ、激しく忌み嫌っているけれども、これらはすべて、死の中身を知ってのことではなく、分からない中身を推測し、この推測に基づいてそうしているに過ぎない」
「それはそうです」
「"死"を論じるとは、それゆえ、死の中身がどう推測されているか、つまりは"死の解釈"を論じるに等しいだろう」
「なるほど」
「では、世にいう「死」について、どうした解釈が可能性として許され、この解釈に呼応して「生」が、これまでに変わるどうした姿をまとうのかを、ごく簡単に眺めてみるとしよう」
「お願いします」
「ならば出発するとして、いわゆる「死」は今日、一般にはどうイメージされているだろうね」
「申すまでもありません。心臓が止まり、呼吸も止まり、瞳孔反射も見られず、脳波もフラットになるなど、要するに"肉体機能の永久停止"としてではない

でしょうか」

「なるほど医学的には、これをもって死と断定されているけれども、一般にはしかし、さらに今ひとつの停止も加え入れられているのではないかね」

「と言いますと」

「他でもない"意識作用の永久停止"のことだ」

「そうでした」

「およそ死は、古えより「肉体機能の永久停止＋意識作用の永久停止」という形でイメージされているのだけれども、このイメージはしかし、それほど無理のない、妥当かつ適切なものなのだろうか」

「えっ」

「というのも、ここにいう「肉体機能の永久停止」は、直接に確かめられてまず問題はないとしても、他方、「意識作用の永久停止」については、果たして、それほど直接に確かめられるのかどうか、いまだに自信がもてないでいるからだ」

「それはまたどうして」

「ここで「意識作用の永久停止」と称されているのは、より具体的には、いわゆる臨終を境に、呼べど叫べど故人の応答はまるで望めない、といったお馴染みの事態を指しているのだろうが、この事態はしかし、こう称されて本当に構わないのだろうか。そもそもの意識作用が、「死」を境に、肉体器官という媒体を介して"外部に現われ出なくなる"のは事実としても、こうした現出の不在から、直ちに、意識作用の"永久停止"ないし"消失"を結論づけてよいかどうかは、かなり疑問でもあるからだ」

「なるほど、「現われ出ない」と「永久停止」は必ずしも常に直結できるわけではない、というわけですね」

「その通りだ。現出の道具あるいは媒体として働く肉体器官の永久停止により、意識作用の現出は、事実の上で不可能になるとはいえ、これをもって当の意識作用が、それ自体として永久停止あるいは消失したと結論づけるには、さらに埋めかつ補わなくてはならない諸点があまりに多く介在する以上は‥‥」

「ええ」

(2)

「こうした問題を吟味するべく、まずは、ひとつのアナロジーに訴えて、われわれのもつ肉体機能——わけてもその大脳機能——と意識作用の関係をともあれ描き出してみよう」

「両者の関係‥‥ですか」

「これをどうイメージするかに応じて、両者間の相互作用も様相を一変するからだ。ところで、大脳機能と意識作用の関係は、一般に、プラトンが『パイドン』に紹介した２つのモデルのうち、当時においても圧倒的優勢を誇っていた、あの「旋律モデル」に依拠してイメージされるのが通例ではないかね」

「ご説明ください」

「プラトンは、魂の不死如何を論じた『パイドン』で、この問題の答えが、肉体と魂の関係をどうイメージするかに最終的に依拠している事実を明らかにして、ここでのイメージの代表に「旋律モデル」と「衣服モデル」を掲げたのだった」

「それで」

「まずは「旋律モデル」に触れると、これは、肉体と魂の関係を、リュラ（竪琴）やフルートなどの楽器類と、それによって奏でられるメロディないし旋律の関係に移してモデル化したもので、ここでは「肉体機能：意識作用＝楽器：旋律」という比例式が成立するだろう」

「なるほど」

「その場合、旋律としての意識作用は、楽器としての肉体機能に自らの存否を全面的に委ねざるを得ず、肉体機能の不調なり、故障なり、崩壊とともに、意識作用も乱れ、休止し、消失するのは避けがたい。「旋律モデル」に立つ限り、意識作用は、肉体機能の副次的所産として、これと運命を共にしないわけにはいかないのである」

「それはそうです」

「かくして、「死」において直接に確かめられる肉体機能の停止は、このモデルを奉じる限り、意識作用の停止と結びつけられて何の不都合もない。こうした直結はしかし、あくまでも「このモデルを奉じる限り」において成り立つとしても」

「ええ」

「けれども、肉体機能と意識作用の関係は、こうした「旋律モデル」のみに頼ってイメージされる必要はなく、正反対の「衣服モデル」に訴えられても当然によいのだが、このモデルはしかし、いささか古臭くて時代的にもそぐわないので、今日的にアレンジして「テレビ・モデル」に改変しよう。というのも、衣服モデルにおける「肉体機能：意識作用＝衣服：着用者」の比例式は、たとえ「衣服→テレビ装置」「着用者→テレビ電波」と置き換えても、アナロジーの本質からみて、基本的に問題はないからだ」

「話をお進めください」

「それでは、肉体機能と意識作用の関係を、手近な日用品にモデルを求めて、いずれの家庭にもお馴染みのテレビ装置と、放送局から発信されるテレビ電波の関係に当てはめてみよう。この場合、装置自体が新しく、チャンネルを介した電波のキャッチも的確である限り、テレビの画面は、送られてくる電波を鮮明に画像化することができる。大脳機能に異常のない限り、意識作用は、この大脳を介して肉体的に外部に表出され観察可能になるのと同じわけだ」

「なるほど」

「そうはいっても、テレビ装置は道具であり、道具である以上は必然的に、故障し、摩滅し、老朽化して、壊れ去る運命を免れることはできない。大脳も同じく、脳内血管の閉塞や脳細胞の老化によって、機能が著しく低下し、あるいは（一時的に）停止するという、また脳組織を直撃する事故によって、機能そのものを回復不能なまでに失うという事例が、かなり頻繁に目撃されているにちがいない」

「ええ」

「こうした目撃に際して、ほぼ例外なく下される一般解釈の底に認められる

のは、"大脳機能の停止とともに意識作用も停止した"という、あの等式の暗黙の共有ではないだろうか」

「ええ」

「けれども、再びテレビ装置と電波の関係に置き直すなら、こうした等式を共有する滑稽と浅はかさは、一目にして瞭然と考えなくてはならない」

「それはまたどうして」

「テレビ装置が老朽化し、電波をキャッチする力や画像化機能に衰えが出て、結果的に、画面の上での結像が困難になった場合にも、われわれは、「ついにこの装置も駄目になったか」――その意味はむろん「電波を映像化する力をついに失ったか」である――と嘆息はしても、間違っても、「送られてくる電波がついに途絶えたか」などと結論しないからね」

「なるほど」

「映像の不在に接してまず考えられるのは、電波の不在よりはむしろ、変わらずに在るこの電波をキャッチする、道具の側での機能上の不在――つまりは故障――なのだから、これを投影して、大脳機能の停止と連動した意識作用の表出停止という事態についても、同じく、当の意識作用はそのまま存続するのだが、それを表わし出す工具的媒体としての大脳と肉体が自らの機能を停止させているため、残念ながら、これの表出が阻害されているにすぎない、と解釈しては果たして乱暴だろうか」

「いいえ」

「観察される現象を虚心に眺めるかぎり、この方が、はるかにノーマルでナチュラルな解釈であろうと思われる。先に見た「旋律モデル」は、ノーマルかつナチュラルなこの解釈が、論理的かつ実験的に否定されてのち、初めて次に検討されてよい第2の解釈として、同じく厳密な論理的かつ実験的な吟味を施されるべき、いまだ"待機"の身に留まる「仮説」のひとつとして位置づけられるのが、むしろふさわしいのである」

「了解しました」

(3)
「いうところの「死」については、このように、直接に観察される事実をめぐる解釈の点で、大きく2つのモデル思考ないしアナロジー思考が可能であり、どのモデルないしアナロジーを奉じるかに応じて、当の「死」のイメージも大きく異なって来ざるを得ない。われわれはだから、頑なにモデルを固定することなく、「死」に関して報告される各種の情報をできるだけ集めるなかで、これと対比させつつ、モデルの適・不適を公平かつ誠実に吟味しなくてはならない」
「それが基本です」
「ところで、「死」に関して報告された、とりわけ死の内部に立ち入った情報はほぼすべて、これまで、宗教に関わる世界から漏れてくるのが常ではなかったか」
「ええ」
「そうした事情も手伝って、この種の情報が伝える中身は、宗教以外の世界ではさほど馴染みのない、どちらかと言えばマユツバの、例外ないし錯覚あるいは異常に属する事柄として、まっとうな研究対象に数え入れられることは、これまで皆無に近い状態であった。最近ではしかし、患者の死と直かに対峙するホスピスの分野で、キュブラー・ロスなどの医師の手で、いわゆる「臨死体験」に関わる情報が数多く記録され、臨床的事実として報告されるに至っている‥‥」
「わたしも興味を持っています」
「ところで、「臨死体験」の伝える中身なのだが、これ自体は、体験する当人の性別・年齢・人種・性格・状況等を超えて、著しい共通点を具えていると報告されている。その共通点は、いささか長いけれども、次のようにまとめられるだろうか‥‥

> まず、耳障りな音が聞え、暗いトンネルを猛烈な速度で通り抜けたように感じ、自分の物理的肉体を抜け出て、ある距離を保った場所から、傍観者のように自身の物理的肉体を見つめている。自分にも「体」が具わっているが、この

体は物理的肉体とは本質的に異質であり、特異な能力をもっていることがわかる。すでに死亡している友人や知己の霊がそばに居ることも、なんとなく分かる。今まで一度も経験したことのない愛と暖かさに満ちた霊——光の霊——が現われ、自分の一生を総括させる質問を投げかける。生涯の主な出来事を連続的に、しかも一瞬のうちに再生して、総括の手助けをしてくれる。そのうち、一種の障壁とも境界ともいえるものに少しずつ近づいているのが分かる。激しい歓喜、愛、やすらぎに圧倒されそうになるが、意に反して、どうしたわけか再び自分の物理的肉体と結合し、蘇生する。こうした体験は、のちに他人に話そうとしても、適切に表現できることばが見つからず、苦労する。そうした体験ののち、自分の人生は大きな影響を受け、人生そのものの幅と奥行きが深くなったように感じる

とね」

「世にいう「幽体離脱」でしょうか」

「こうした中身の臨死体験を、今かりに、まっとうな死の情報に数え入れるなら、果たして、どちらのモデルがこれを説明できるだろうか。モデルの優劣は、つまるところ、どれだけ広い関連現象の数々をカバーできるかで決定されてよいのだから」

「その場合には、世の「旋律モデル」の劣勢は動かないようです。というのも、楽器としての肉体がその機能を停止しているのに、意識作用という旋律のみが自在に振舞うなど、およそ考えがたいからです」

「なるほど、臨死体験を無理なく説明するのは、「テレビ・モデル」以外にないというわけか」

「ええ、このモデルだと、たとえ肉体というテレビ装置が作動しなくとも、これに関わりなく、テレビ電波という意識作用が独自に活動して、そこに違和感はないはずです」

「それはそうだ。この点では、どう見ても「テレビ・モデル」に軍配を上げる他はなさそうだ」

「もちろんです」

「とはいえ、問題がない訳ではない。ここにみた臨死体験そのものは、果た

して、「臨死」という特異な状況下で、極度に興奮した心から生み出された根も葉もない主観的妄想の類いなのか、それとも逆に、まぎれもない客観的事実であるのか。つまりは、臨死体験の"体験としての正当性"が問われなくてはならないだろう」

「面倒な問題ですね」

「この場合、あまり気軽に「主観的妄想」とか「客観的事実」などと口にしない方がよいかもしれない。ここにいう中身が無視できない頻度で臨床的に報告されている事実は、哲学の世界では、単なる"主観的事実"とも、あるいは"客観的事実"とも呼ばれないで、まさに「相互主観的事実」と呼ばれているからだ」

「ええ」

「ならば、「主観」と「相互主観」と「客観」の差はどこに求められるのだろうか。こちらが一方的に話すばかりも芸がないので、バトンを譲って、そちらのお説を拝聴するとしよう」

「急に話を振られて、内心の戸惑いは隠せませんが、あえてバトンを拒まないでおきます。ここで怯むと"男が廃る"でしょうから」

「さすがは後輩だ。"その意気やよし"と褒めておこう」

「では始めるとして、「主観の世界」とは、いうならば"私以外の連中はともかく、私自身はこう考える"というアイ (I) の世界であり、その中身は、各人各様・千差万別であって一応は構わないのですが、「相互主観の世界」はしかし、"私一人でなく、私たち——つまりは複数の私——がこう考える"というウイ (WE) の世界であって、その中身は、当の私たちに共有されていなくてはなりません。しかるに「客観の世界」は、先の主観・相互主観の世界と問題の地平を異にして、あくまでも力点は、「そう考えたのが私一人か、それとも複数の私たちなのか」といった主体の単数性や複数性にでなく、むしろ、「それが、単数の考えであれ複数の考えであれ、要は、事実に合致しているか否か」を問題にする、"考え自体の事実合致性"にあるといえるのではないでしょうか」

「大したものだ。褒めるべきは"意気"だけでなく"中身"もであったとは」

「お褒めに与かって恐縮です。では、さらなるお褒めを期待して、こうした3者の「離の相」と「接の相」も、"殺人事件の真犯人の割り出し"を例にざっとスケッチしてみましょうか」

「かなり燃えてきたな。結構々々」

(4)

「たとえば殺人事件が発生して、その容疑者にA、B、Cの3人物が浮かび上がったとします。情況証拠、犯行動機などを詳さに検討した結果、担当刑事の一人が、「わたしはAが真犯人だと思う」と推理したなら、これは、単なる"主観"の域に留まるでしょう。けれども、担当刑事の全員が一致して、「われわれ一同はBが真犯人だと思う」と推理したなら、これは、単なる主観でなく"相互主観"の域に属するといえます。一般にはむろん、後者の推理の方が、前者のそれ以上に推理としての的中率は高く、それゆえ、妥当な場合も当然に多いわけですが、これはしかし、あくまでも確率の上の話で、的中率がいくら高いからといって、担当刑事一人の推理にすぎないA犯人説よりも、担当刑事全員の一致した推理であるB犯人説の方が、あくまでも正しく、それゆえ真犯人はAよりもBだとまで断定されるなら、この断定自体、途方もない「勇み足」と謗られるほかはないでしょう。それというのも、「確率的に真犯人の線が限りなく濃い」という相互主観のレベルと、「かれが真犯人である」という客観のレベルは、文字通りの非連続として、架橋しがたい断絶で隔てられているからなのです」

「大いに結構。中身の冴えを改めて褒めておこう」

「もっとも、こうした「確率的に真犯人の線が限りなく濃い」という相互主観的推理が、たまたま、「かれが真犯人である」という客観的事実にピタリと合致する幸運も、現実にはそう少ないわけではありません。むしろ現実には、「幸運」という言葉が適さない割合で、こうした合致が、かなり頻繁に目にされることでしょう。およそこのように、主観と客観の両世界は、たとえ地平を異にしても、そもそもの中身に着目する限り、重なり合う可能性を大きく残し

ているわけです」
　「まことに結構。いささかも補足の余地はなく、わが後輩には、文句のない満点を与えたい」
　「何よりの喜びです」
　「以上の説明を踏まえて本題に戻ると、いうところの「臨死体験」をめぐる問題の厄介さが、いっそう鮮明に浮き彫り化されるにちがいない。というのも、問題にされた体験が"相互主観の世界に属する"点は明らかにされても、これのみではしかし、いわゆる主観に数え入れてあからさまな無視が許されるのか、それとも、客観に数え入れてモデルの優劣を吟味する正当な事例に加えるのか、いまだ不明と考えるほかはないからだ」
　「これまでの考察は、つまりは振り出しに戻ったわけですか」
　「いや、単にそうとも限るまい。少なくとも相互主観的事実である点はきっちりと明かされたのだから」
　「けれども、その価値たるや‥‥」
　「なるほど「臨死体験」の相互主観性は、こうした体験を、死に関わる正当な事例に加え入れるのを躊躇わせ、それゆえ、2つのモデルの優劣を確かめる当初の課題に"直接には"応えなかったけれども、しかしながら、"間接には"応えていたのではないだろうか」
　「と言いますと」
　「いわゆる「臨死体験」の事例としての妥当性は"つまるところ確定できない"と確定されたのだから、これ自体も、れっきとした回答にはちがいない。要するに、2つのモデルの優劣問題には決着がつかない、という決着がついたわけだ」
　「これも"決着"と言えるのでしょうか」
　「たとえネガティブであっても、やはり"立派な決着"と考えて差し支えはあるまい。というのも「未決着」という決着からは、自らの責任で、「旋律モデル」を選び取るのも、はたまた「テレビ・モデル」を選び取るのも、ともに等しく許されているからだ。およそこのように、いまだ決着のつかない事柄は、

文字通りの「未決着」として、いたずらかつ性急に決着を急ぐよりはむしろ、こうした未決着を保持しつつ、あせらずに日々を生きるのが、人間としての健全な姿勢にはちがいない」

「なるほど」

「ところで「死」についての未決着を、文字通りの「未決着」として敢えて保持するという誠実をひたすら貫く場合に、数々の神話的ミュートスに登場する「他界」に触れたエピソードは、この世の彼方を窺い知る間接的な手掛かりとして、新たな脚光を浴びてくるのではないだろうか。この世の彼方の有無は、つまりは"未定"に留まっているのだから」

「それはそうです」

「ならば、この種のミュートスとして、そもそも何が挙げられるだろうか。プラトンの『国家』に登場する「エルの告げる不思議な物語」なども、そうした代表例にちがいない」

「どのような」

「戦場において最期をとげ、12日をへて生き返った戦士エルの語るあの世で目撃された各種の光景は、まことに気味悪いリアリティを湛えて、われわれの魂に深く訴えかけることをやめない。すなわち——死後にそれぞれの魂に下される、この世での所業の全体を勘案した誤りのない裁定。この裁定に基づいた償いあるいは報いとしてのあの世の生。償いあるいは報いを経由し終った時点で開始される再生の道のり。この世への誕生を前にした生の選択。「責は選ぶ者にある、神にはいかなる責もない」と告げる神官の奇妙な言葉。選び取られた生を携えて飲む「忘却の水」。すべてを忘れ去って向かうこの世への旅立ち‥‥およそこうした荒筋を彩る細目については、ギリシアに固有の神、人物、場所、名称などが随所に顔を覗かせているけれども、当の荒筋はしかし、各国の「他界」神話に語られた処とも強く共振し合っていて、この点は、見逃そうとしても見逃すことはできないだろう」

「確かに、気味悪いリアリティを漂わせていますね」

「こうしたミュートスを介して、われわれは、この世の生に頭まで浸りなが

らこの世の生を意味づけるという、従来の姿勢を一歩ばかり抜け出して、この世の彼方も含み込んだより大きな全体を想定し、そうした全体から改めて、この世の生を眺め直すという視点の可能性を示唆されるのである」

「なるほど」

「ここにいう視点の可能性は、本気で検討されてよい問題のひとつにちがいない。というのも、「死」とともにすべてが無に帰すのであれば、この世の営みは、つまるところ何によって根拠づけられたらよいのだろうか。その場合には、あまねく意味づけも、要するに、ニヒリズムの中での主観的意味づけに終らざるを得ないのでは‥‥」

「この世の生を意味づけるには、この世のみでは不充分で、さらに、この世の彼方も導き入れる必要がある、というわけですね」

(5)

「ここでひとつ、「死」を経て登場する「この世の彼方」をむしろポジティブに仮定して、そうした彼方も含み込んだ"大いなる全体"を想定した上で、さらに改めて"この世の生"を眺め直してみよう。これも、あながち荒唐無稽とは言えないだろうからね。そのとき、この世の生はいうならば、数幕物の「舞台」の何幕目かとして位置づけられるのではないだろうか」

「えっ、何幕かの舞台、ですか」

「そう驚くにはあたるまい。戯曲の天才シェイクスピアは、多少の皮肉を込めて、「人生は舞台、われわれは役者」といったセリフを登場人物に呟かせているのだが、このセリフをある程度は自由に、今の場合に引き寄せて解釈するなら、われわれを取り巻く状況要素としてのこの時代、この居住区、この家族構成、この社会的地位、この交友関係などはすべて、その上で各自が固有の役柄を演じるように用意された「舞台」を彩る個々の細目として、また、われわれに具わるこの名前、この性格、この容貌、この性別、この国籍などはすべて、演じられるべき「役柄」を彩る個々の細目として、やはり同じくイメージできるだろうからだ」

「なるほど、穿った解釈ですね」
「およそこうなぞらえるなら、この世に生を受けた時点で、今のこの芝居あるいは舞台の幕は上げられたのであり、上げられた限り、役者としての各人は、少なくとも次に幕が下りるまで、自らの引き受けた役柄をできるだけ見事に演じ切らなくてはならない。たとえそれが、みじめな境遇に嘆く病人でも、栄枯盛衰の風雲に生きる英雄でも、黙々と生計を営む市井の一般人でも、あるいは、あこぎで鼻摘みのヤクザであっても‥‥」
「なるほど」
「要するに、今のこの生をもっぱら即自的にひたすら同一化して生きるのでなく、あくまでもひとつの舞台として、まさしく対自化し脱同一化しつつ、しかしながら丁寧かつ配慮を尽くして存分に生き切るべきだ、というわけで、こうした姿勢をわれわれは、先にみた「人生は舞台、各人は役者」というセリフに潜むポジティブな含意として、それとなく判読できるにちがいない」
「納得です」
「ここにいう姿勢はさらに、ごく一般には、プレイないしゲームの精神に準えてもよいのではあるまいか」
「ゲームの精神に、ですか」
「アメリカのG・レナードというスポーツ研究家は、われわれの人生を一種のスポーツ・ゲームになぞらえて、これに、「ゲームの中のゲーム」ないし「いっそう大きなゲーム」という名を与えているのだが、かれに倣ってわれわれも、しばし、この人生を"大きなゲーム"として捉え直してみるとしよう」
「一理ありますね」
「そうした場合、人生には、いわゆるゲームと共有されてよいルールが少なくとも3つあるといえるだろう。分かるかね‥‥」
「焦らさないで教えてください」
「まず第1に、定められたルールを固く守り合うことだ。サッカーのゲームにラグビーのルールを混入したのでは、サッカーがサッカーでなくなるし、たとえサッカーのルールに統一されても、互いに反則をくり返したのでは、もは

やゲームは成り立たない。取締りの対象に数えられたギャンブルまがいのゲームですら、イカサマをやり合ったのでは、ゲームとしての成立はおぼつかないだろう」

「ええ」

「第2には、気を抜かず真剣に取り組むことだ。ゲームに挑む熱意が薄いと、緊迫感も失せて、味気を欠いたゲームがあとに残されるのみとなり、これを防ぐ名目で、たいていのゲームには、通例として、いくばくかの金銭が賭けられている。わずかでも損得がからむと、途端に真剣になるのが世の人情であるのだから」

「よく分かります」

「さらに第3に、間違っても深刻にならないことだ。ゲームである以上、勝敗を避けて通ることはできず、いくら額に汗しても負ける場合はむろんある。けれども、負けた結果を悔やんで深刻になり、その都度に思い詰めていたのではとうてい身がもたない。目下の悔しい結果は次への反省の糧にする——すでに終了したゲームの価値は、これ以上でも以下でもないわけだ」

「心すべきポイントです」

「ここに挙げた基本ルールのどれかに抵触する時、そもそものゲームは、いわゆるゲームであることを辞め、直ちに、われわれにとっての負担ないしは重荷と化すにちがいない。人生もまた"然り"なのだ」

「とうてい否定はできません」

(6)
「人生をゲームとみることは、この人生に先の基本ルールを適用し、わが身を賭けて実践していくことでもある。ゲームとしてのこうした実践を支える基底には、むろん、この世に加えて、この世の彼方も含み込んだ大いなる全体が、すでに前もって想定されていなくてはならない。当の全体に位置づけられて初めて、今のこの人生は、数ある舞台の「ひとつ」として、つまりは「オンリー・ワン」でなく「ワン・ノブ・ゼム」として、いうところのゲームの姿勢で生き

られる得がたい余裕も導き出されてくるからだ」

「"この世の彼方"の想定と"ゲームの姿勢"の連動性ですね」

「プラトンの『国家』に登場する「およそこの世の事柄のうち、真に大真面目に取り組むに足るものは見当たらない」という言葉は、私のお気に入りのひとつなのだが、これ自体は元々、この世の彼方も視野に収めた大いなる眼には、「この世の事柄」はすべて、大いなる全体と関わらせて相対的に位置づけられるべきであり、間違っても単独で絶対的に評価されてはならず、その意味では、文字通りの「契機」として定位されるのが最も妥当であると映るそもそもの事情を、こうした言い回しで暗に仄めかしたものであった」

「よく覚えています」

「「この世の事柄」には必要以上に拘泥せず、その拘泥はあくまでも「契機」としての分量に留めるべきなのだ、というゲームの精神とも呼応し合うこの余裕、あるいは深刻の不在が導き出される所以について、われわれは、改めて思いを巡らせてもよいのではないだろうか」

「まさに同感です」

「苛（いじめ）」を語る

(1)

「およそ「死」については、これで話を閉じるとして、さて、次には何を取り上げたものだろうか」

「話題をまるで転換して、たとえば「苛（いじめ）」などはいかがでしょうか。これなど、切り込む側の角度いかんで、興味ある人間像や学校像がたっぷりと浮かび上がるにちがいありません」

「ならば、ご期待に沿うべく、つたない腕をひたすら振るうとして、まず、こう問うとしよう。昨今、「いじめ」を苦にした若い中学生の自殺というショッキングな報道を介して、これは、学校——主として中学校——に関わるわけても今日的なトピックのひとつとなっているけれども、いじめ自体はしかし、

元々は、学校でのごく一般的な現象として、いつの時代にも変わらずに報告されていた。それがなぜ、あえて今、これほど極端にわれわれの耳目を惹くまでになったのだろうか、とね」

「お答えするのは、そう難しくもないようです。おそらくは、今日のいじめの陰湿さ、凄惨さ、残虐さ、非情さ、執拗さが、最たる理由のひとつと考えられてよいからです。いじめである以上、こうした要素はむろん避けがたいのですが、その程度が、この年齢の若者なら「当然ここまではやらないだろう」と大人が想像する域を、大幅に——それも驚くほど大幅に——越え出ているのですから。なされた行為の大人も顔負けの冷血性、それをなした当人の年端もゆかない顔の幼なさ——この不気味なアンバランスに、われわれ大人は、一様に肌寒さを覚えるのではないでしょうか」

「なるほど、同じ残虐行為を犯しても、そもそもの犯人が、大方の予想に違わず、そうした行為もさぞやと思わせる風体であれば、いうところの"意外性"は回避され、トピックとしての価値も当然に低くならざるを得ないからね」

「ええ、なされた行為となした当人の不気味なアンバランスというのは、今日のいじめを特徴づける上で"なかなかの中心ポイントだな"と密かに自慢しています」

「それは結構。ところで、ここにいう「不気味なアンバランス」は、読者への受けを狙った新聞や週刊誌のアピール特集、視聴者の涙におもねる魂胆がありありと窺える民放テレビの突撃インタビューなどを通して、さらには、ホットな時事問題を器用にドラマ化して視聴率を稼ぐテレビ番組——たとえば「人間・失格」など——を通して、われわれの耳と目に、生の現実よりかなり増幅して伝えられている可能性は否定できないから、われわれとしては、この点を勘案しつつ、「不気味さ」として実感されるそもそものフィーリングが、果たして、どの程度までリアルな現実を反映しているのか、と真面目に問わないわけにはいかない。ともすれば勝手にエスカレートして、滑稽な空想の独り相撲も演じかねないフィーリングの習性を知るからこそ、なおのこと、この種のフィーリングが生の現実といかに対応しているかの実際を、できるだけ見定め

てみたいなと考えるわけだ。そうではないかね」
「もちろんです」
「そこで、こうした点を意識しつつ、ともあれ『教育学大事典』等に記されるところを簡単に紹介してみると、まず、教育上問題とされる「いじめ」は、

> 学校（わけても中学校）生活を中心としたもので、児童生徒が、自分あるいは自分たちより明らかに弱い相手に対して、継続的に身体的・精神的な攻撃を加え、当の相手に深刻な心理的苦痛をあたえる行為

とまとめられていて、その特徴は‥‥」
「わたしにも花を譲ってください。その特徴は、大きく3点に絞られています。すなわち第1に、通常のけんかと異なって、いじめる側が間違いなく優位にあって負けることがなく、しかも第2に、そうした優位を背景としたいじめが、あまりに度を越えていて、それゆえ第3に、いじめられる者をして学校生活に意欲を失わせるような深いダメージを与える、ではなかったでしょうか」
「さすがに勉強しているな。ここからも分かるように、これまで「いじめ」が語られる時、そうしたいじめの大部分は、あくまでも中学生を主体としたもので、だから、いじめの動機、その形態、その社会的背景、その対策をめぐる論議も、当の中学生に的を絞ってひたすら展開されてきたのは否めない。こうした臨床的対応の必要性は、もちろん認められてよいのだが、いじめはしかし、本当のところ、われわれ人間の比較的若い一時期にのみ座を占める、いうならばハシカ（麻疹）に近いマイナス現象にすぎないのだろうか」
「そうではない、とおっしゃりたいのですか」
「ともあれ吟味してみよう。われわれの視野を少しばかり広げると、周囲の日常に、限りなく「いじめ」に類似した現象が、おびただしいバラエティで目にされるにちがいない。家庭における嫁・姑の「いびり」しかり、大学の体育系クラブにおける先輩・後輩の「しごき」しかり、会社における上司・下司の「いやがらせ（ハラスメント）」しかり、だ」
「ええ」

「こうした大人の世界での「いびり」「しごき」「いやがらせ」等々も、度を越した場合、「いじめ」の特徴として先に指摘された諸点を、驚くほど共有しているのに改めて驚かされるのではないか。いびりにせよ、しごきにせよ、いやがらせにせよ、およそ問題視される限りのものなら、一般に、「加害者の側が間違いなく優位にあって負けることがなく」「そうした優位を背景として加えられる行為が度を越えたものであり」「そのゆえに被害者をして社会生活に意欲を失わせるような深いダメージを与える」といった点が、ほぼ変わりなく確認されるだろうからね」

「加害の形態についても、手口はなるほど巧妙化し頭脳化するものの、いじめと同じく、大筋において「仲間はずれ」「たかり」「いやがらせ」「言葉での脅かし」「暴力行為」「ウォッチング（具体的にはストーカー行為）」を踏襲しているのですから‥‥」

「貴重な援護に感謝するとして、われわれは、以上の諸点からどうした帰結を導き出したものだろうか。つらつら考えるに、当のいじめを、まずもって「大文字のいじめ」と「小文字のいじめ」に区分した方がよいかもしれない」

「何とも聞き慣れない区分ですね」

「あくまでも便宜上の命名と心得てもらいたい。ここにいう「大文字のいじめ」は、具体的には、われわれ人間に拭いがたく潜在する「攻撃衝動」や「加害衝動」に導かれた攻撃一般・加害一般を意味し、これ自体は、幼児、児童、少年、青年、成人、老人の各時代を問わず、常に存在して、われわれの周囲に深刻な問題を惹き起こしてやまない。大人の世界の「いびり」「しごき」「いやがらせ」などは、こうした「大文字のいじめ」のバリエーションに他ならず、これらは実に、異なった年齢と状況に応じた当の本体の別称として、まさに「小文字のいじめ」の諸例に数え入れられてよいだろう。学校での「いじめ」も、中学時代に登場したこの種のいじめのひとつに位置づけてよいわけだ」

「なるほど、あまねく人間に内在する負の本能としての攻撃衝動・加害衝動一般を「大文字のいじめ」と命名し、これの具体的発現である大人世界の「いびり」「しごき」「いやがらせ」と子ども世界の「いじめ」を、まとめて「小文

字のいじめ」と命名するわけですね」

「さらに整理を図るなら、ここにいう「小文字のいじめ」は「大きないじめ」と「小さないじめ」に分けられてよいだろう。前者には、大人世界の「いびり」「しごき」「いやがらせ」を、後者には、子ども世界の「いじめ」を当てはめるわけなのだ。こうすると、世間的な命名に惑わされない"いじめの全体図"がざっと浮かび上がってくるにちがいない」

「これから"いじめの世界"の調査・探求に出向く身には、何よりのプレゼントだと感謝しなくてはなりません」

「ここで少し"あまねく人間に内在する負の本能＝大文字のいじめ"の妥当性をざっと裏書きしておこう。まず、大文字のいじめが"あまねく人間に内在する負の本能"であるとするなら、それは、人間の全生涯を通して常に意地悪い顔を覗かせるだけでなく、その対象はさらに、広く人間を越えて物（器物一般）や動物にまで及んでいなくてはならないのだが、この点は、果たしてどうなのだろうか」

「"人間の全生涯を通して常に意地悪い顔を覗かせる"という前半部なら、すでに、「大きないじめ」と「小さないじめ」の紹介を経てそれなりに証拠づけられましたが、"その対象は広く人間を越えて物や動物にまで及んでいる"という後半部は、しかし、どう証拠立てたものでしょうか」

「案ずるには及ぶまい。たとえばわれわれは、日常、ごく無造作に、その良心にいささかの呵責も覚えないで、安い雨傘を簡単に置き忘れ、所有の自転車を雨の中に平然と放置する。あるいは、いまだ使える衣服・靴・食器の類いを、単に「飽きた」の一言で没にして憚らない。こうした物（器物一般）に対する酷薄と無慈悲は、溢れる生活物資に囲まれた豊かな消費社会を背景にするとはいえ、一昔前の連中が目にしたなら、おそらく、「口のきけない物（器物一般）に対する、あからさまな"いじめ"ではないか」と強く非難するにちがいない」

「幼い頃に耳にした訓話の「おもちゃの兵隊」を思い出させてくれますね」

「ここにいういじめは、むろん、動物にも及ぶだろう。われわれは、飼い猫や飼い犬を、あるいは野良猫や野良犬を、その時々の感情に任せて、取るに足

りない理由でしつこく虐待する場合が少なくない。ある場合には憂さを晴らすために、ある場合には不満のはけ口を求めて、抗議も抵抗もできない猫や犬に、これまで、どれほどのいじめが理不尽に加えられたことだろう。「こうした行為に、わたしは、いまだ手を染めたことがない」と自信をもって言い切れる人間など、きわめて稀にちがいない」

「いささか耳に痛い話です」

「およそこのように、人間同士のあまたのいじめ現象――つまりは「小文字のいじめ」の数々――をわれわれの周囲に広く目にするにつけ、さらにはまた、われわれの内に潜む器物や動物に対する密かないじめ衝動を直視するにつけ、われわれは、いじめ自体を、人間本性の奥にその根をもった、まことにしぶとい負の本能の発現として位置づけざるを得ないのである」

「日々の経験に照らして、どうやら否定は難しいようです」

(2)

「ところで、不可解だとは思わないかね。そもそものいじめ現象を拡大して、学校でのいじめを、「大文字のいじめ」という本体のバリエーションに他ならない「小文字のいじめ」の一例として位置づける、というここでの発想の線がまっとうか否かはともかく、これに近い立場からのアプローチは、奇妙なことに、これまでほとんど目にされた試しがなかったからだ」

「なるほど、言われてみれば妙ですよね。今日のいじめの陰湿さ、凄惨さ、残虐さ、非情さ、執拗さを虚心に考え合わせるなら、とうてい、この手のアプローチを避けて通るわけにはいかないのですから。それにしても、われわれはどうして、教育に関わる論議ではこうも、必要以上にオプティミストになり、理屈抜きの性善説に傾くのでしょうか」

「"教育論議のオプティミズム"とは、良い処に目をつけた。というのも、いじめ自体を「人間本性の奥にその根をもった、まことにしぶとい負の本能の発現」として位置づけるここでの姿勢が、まっとうな市民権を獲得できなかった大きな背景のひとつに、こうした姿勢と、そうしたオプティミズムないし性善

説的な発想との埋めがたい溝を想定するのは、そう不自然でもないからだ。そこで次に、そもそもの溝に吟味のメスを入れて、これが何に由来するかをごく簡単に浮かび上がらせてみよう」

「お願いします」

「まずは、現実そのものをリアルに直視するとして、教育の場としての学校は、いわゆる「無菌の学習場」というよりは、逆に、実社会の縮図という意味での「小さな社会」により近いのではないだろうか。そこには、あまねく正邪、美醜、清濁をたっぷりと併せ持った大人社会に劣らず、もっと小ぶりの正邪、美醜、清濁が負けることなく目にされたからだ」

「自らの生徒体験をふり返っても、そうした点は、残念ながら否定できないでしょう」

「これに加えて、学校に集う生徒たちも、同じく現実を直視するなら、幼なさ、拙なさ、初々しさ、脆さに濃く彩られた「無垢な天使」というよりは、逆に、したたかさ、巧みさ、ふてぶてしさ、タフさなど、世の成人一般の持ちゴマのすべてを小ぶりな形で併せ持った、要するに「小さな大人」にいっそう近いのかもしれない。こうした点も、われわれの生徒体験に訴えるなら、基本的に否定はできないだろう」

「なるほど「小さな大人」ですか、"云い得て妙"という気もします。実のところ、大人と子どもの境界など、双方の中身に着目するなら、簡単に弾き出せそうもないからです。われわれが、大人として示すプラスあるいはマイナスの属性はほぼすべて、いまだ子どもであった時代に、うっすらと萌芽の形ですでに視認されていたのですから」

「まことに結構。"大人はあくまでも大人、子どもはあくまでも子ども"というよりは、"大人の中には「子ども」がいて、子どもの中には「大人」がいる"というわけで、この基本事実から目を逸らさない限り、生徒間のいじめが、たとえ陰湿・凄惨・残虐・非情・執拗を極めても、当の子どもが「小さな大人」である以上、覚えられる戦慄と驚愕も、おのずと一定限度に収まらないわけにはいかない。事実、成人という「大きな大人」の場合には、同じ行為が目にさ

れても、そうした戦慄と驚愕は、格段に低く留められているからだ。なのに世の大人たちは、子ども世界のいじめに、なぜこうも予想外の恐れと慄きを示すのだろうか。それは実に、彼らが、生徒自身を「小さな大人」とあえて見ず、「子ども」という名の別存在と捉えているところから導き出されてきたと考えたい。あまねく大人の世界では、この種のいじめなど、さほど珍しくもないのだから」

「生徒同士のいじめに世間一般が過剰に反応するのは、つまるところ、大人たちの"子ども観"が歪んでいるから、というわけですか」

「「歪んでいる」というよりは「いささかリアルに欠ける」と言い換えた方がよさそうだ。というのも、現実の子どもには「大人とは別存在」という面に劣らず、「小さな大人」の面もはっきりと具わっているのに、普段はしかし、ひたすら前者にスポットが当てられ、後者は、かすんで背景に退いていたからだ」

「なるほど、「現実をリアルに直視せよ」とは、要するに、世の子どもには2つの顔があるから、"子どもは子ども"の面に加えて"小さな大人"の面も忘れずに視野に収めなくてはならない、とのアドバイスであったわけですね」

「わが意を汲んでもらえて有り難い。もっとも、いじめへの過剰反応には、子ども観の一面性は言うに及ばず、先にも見た通り、学校観の一面性も大きく関与していたのは否めない。というのは現実の学校も、大人社会の小型である面と、天使たちのパラダイスに近い面をやはり共有しているのだが、普段はしかし、あくまでも「無菌の学習場」の顔にスポットが当てられて、「小さな社会」という別の顔はシオシオと背後に退いていたから、こうした学園天国に、悪魔的ないじめ行為など馴染むはずもなかったからである」

「今日の学校観と生徒観（あるいは子ども観）の片寄りに支えられて、今日のいじめ観は成り立っている、というわけですね」

「まさしくその通り。あえて繰り返すまでもなく、大人とは別存在の「生徒」が主役を占める、実社会とは別存在の「学校」という教育の場に、「いじめ」という非人道的行為が目にされること自体、明らかに異常であり、不自然であり、問題であるから、そうした非人道は、いささかの存在も許されない、根絶されてしかるべきコレラ菌に近いものとなるのである。けれども、わずかのい

じめも許さないとか、いじめを完全に欠いた学校を目指そうといった声高の訴えは、なるほど、スローガンとしての意味は認めるにしても、これを真剣な努力目標に掲げるとき、そうした姿勢の無理な行き過ぎは大きく問われなくてはならないだろう」

「ええ、ここでの潔癖症的な姿勢を支える「いじめ」の基本理解に、致命的なズレがあるのは明らかですから」

「ならばここで、従来の発想を一転させ、いじめ行為はごく普通の学校現象であって、度を越えたものか否かは当然に問われるとしても、それ自体、何ら異常でも不自然でもない、とあえて想定してみよう。そうした想定は、一見乱暴に映るかもしれないが、「大人（＝理非曲直のすべてを混在させ、およそ持たないものの無い存在）の小型」としての生徒の面を強調し、「実社会（＝清濁のすべてを混在させ、およそ無いものの無い存在）の縮図」としての学校の面を強調するなら、あながち的外れとも言えないだろう。そして今、こうした理解に基づいて「小さないじめ」を眺めるなら、この種のいじめ全般へのヒステリックな咎め立ては、一応のところ鉾を収めて、実社会での「大きないじめ」と同じく、あくまでも度を越したもののみが咎め立ての対象となるにちがいない」

「新たないじめ観に立つと、なるほど、現実のいじめへの対応も、仰せのように、「いじめ全般へのヒステリックな咎め立てを慎んで、あくまでも度を越したもののみを咎める」となるかもしれませんが、これではしかし、今日のいじめ状況とそう差はないように思われます。果たして、新たないじめ観のメリットをどこに求めたものでしょうか」

「一見すると"そう差はない"と映るかもしれないが、さにあらず。たとえば、世に悪評の高かったアメリカの禁酒法を思い出してもらいたい。アルコールは、人体によくない影響を及ぼすという理由から、その製造・運搬・販売を法的に取り締まろうとした禁酒法は、なるほど、タテマエとして間違っていなかったにせよ、結果的には、アルコールの密造とそれに群がるギャング連中の暗躍をいたずらに刺激したのみであった。紆余曲折をへて、そもそもの禁酒法は解除されたのだが、アルコール問題はしかし、解除の前と後で、果たしてど

れだけの増減を示したのか。ほとんど基本的に変化しなかった、というのが実情であったらしい。アルコールは、健康への良否はともかく、人間社会にはっきりと自らの市民権を確保していたからである。そうである以上、こうした事実を尊重して、泥酔、アル中、迷惑行為など、明らかな行き過ぎのみをチェックするのが、世にいう上策とみなすべきであって、事実、そうされているのである」

「と言うことは、いじめへの対応も、そうしたアルコールにならえと‥‥」

「その通りだ。学校でのいじめも、アルコールと同じく、たとえ放任であっても取り締まりであっても、あまりに極端な態度はかえって有害であると思われてならない。われわれは、実社会での「大きないじめ」に対処するのと同じ姿勢で、学校での「小さないじめ」に対処して何らの不都合もない。すなわち、学校における「小さないじめ」の市民権を一応は是認した上で、その行き過ぎのみをチェックするわけだ。今日のスタイルとの違いは、行き過ぎのチェックにではなく、いじめ自体の学校での市民権を是認するか否かに絞られるだろう。これはしかし、学校を「実社会の縮図」と見るか否か、生徒を「大人の小型」と見るか否かの姿勢とも関わって、われわれの教育イメージの全体的転換を促さずには措かない」

「いじめ理解は、学校理解や生徒理解と有機的に連動していますからね」

「ともあれ、オプティミストとは逆のペシミスト——というよりはリアリスト——の立場で、性善説よりは性悪説に傾きつつ教育を論じるのは、一般に考えられているように、教育への冒瀆であるとは必ずしも言いがたい。逆にむしろ、現実への単に好意的なだけの視点の甘さは、現実自体を敬うより、それへの冒瀆ともなりかねない点を銘記しなくてはならない。われわれは、学校でのいじめに対する真に納得のいくリアルな解明を求めて、いくぶんは冒険的に映るかもしれないアプローチにも、ためらいと怯みをみせてはならないのである」

「同感です」

「あのデュルケームですら、正常な社会を定義して、"犯罪に対する適切な反

作用を備え、一定数の犯罪を生み出すことのできる社会"がそうなのだと語って、無犯罪性よりは、一定数の犯罪と適切な反作用の混在をこそ、あえてナチュラルと位置づけていたのだから」
「心に刻まれてよい指摘でしょう」

(3)
「さて、生徒が「大人の小型」であり、学校が「実社会の縮図」である以上、そうした学校では当然、シビアな現実社会で大人たちが、知恵・力・人脈・富・地位を総動員してくり広げる生存競争が、むろんスケールダウンされ、かつ徹底性・緻密性・組織性に大きく劣るものの、やはり生々しく展開されて別に不思議はなく、そうした展開の目にされない事態こそ、むしろ逆に、まことに不可解と考えられてよい。この点には、賛同の一票を投じてくれるだろうね」
「もちろんです」
「では、子どもの世界である学校が、大人の世界である実社会と変わらず、基本的には、生存競争に彩られた修羅の場であるとイメージするなら、こうしたミニチュア版の「修羅の場」でかなりの年月を強制的に過ごす生徒たちにとって、当の在籍は、そもそも何をポジティブには意味しているのだろうか」
「在籍のポジティブな意味……ですか、ネガティブな意味ならともかく、かなり手ごわい問いですね」
「こう考えてもらいたい。学校という「修羅の場」の住民は、小さな大人たちであって、彼らは、大人の計画した年間スケジュールに従って、大人（＝教師）にコーチされつつ、自らに固有の修羅を展開していくのだ、とね。ならばそこには"2重のカリキュラム"が目にされるのではないだろうか」
「いわゆる"顕在カリキュラム"と"潜在カリキュラム"のことですか」
「まさにその通り。正規の教育課程という表のカリキュラム（＝顕在カリキュラム）と、修羅を介した人間関係の明暗・表裏の学習という裏のカリキュラム（＝潜在カリキュラム）だ。われわれは、後者がもつ生徒への隠れた重みを、もっと積極的に評価してもよいのではあるまいか。裏のカリキュラムは、将来への働

きかけの点で、表のカリキュラムに勝るとも劣らない力を秘めているからだ」
　「そうした点は、自らの生徒体験に照らしても否定できないところです」
　「ならば、リアルな現実を尊重して、あえて生徒の学習内容に「表のカリキュラム」に加えて、「裏のカリキュラム」をも正式に組み入れてみたらどうだろうか。すなわち、生徒が学ぶべき中身を「従来の教科目」プラス「人間関係のイロハ」とするわけだ。すると、今日のいじめ問題は、今日に変わるどうした姿をまとうのか、ひとつ推測してもらいたい」
　「残念ながら、その荷は重すぎるようです」
　「試みに、こう考えてみよう。もし仮に、今日のいじめ問題が大人の世界で展開されていたなら、マスコミに大々的に報道された自殺に代表される悲惨な結末も、果たして、あれほど劇的なニュース価値をもち得たであろうか、とね。察するに、そう大したニュースにはならなかったにちがいない。大人の世界では、各自の職業分野で、反則ギリギリにまで及びつつ、否、時にはあからさまに反則も犯して苛酷な生存競争がくり広げられ、そこでの敗者は、情け容赦なく淘汰されていく。まことにシビアであるものの、これに正面から異を唱える大人はいない。大人なら、これが世の現実なのだと素直に認めて、こうした是認の上に、各自の生存競争に負けないための知恵と汗が必死に絞り合われるからだ」
　「ええ、生きることは一種の生存競争である、と大人なら共通に納得しているはずです」
　「こうした納得に立って事に臨むから、大人では、わが身にこうむる「大きないじめ」の数々も、生存競争のいうならばマイナス要因として、その意味では、克服すべきハードルとして基本的に位置づけられ、これへの抵抗なり、我慢なり、迎合なり、克服なりが、時々の情勢に合わせて効果的に図られていく‥‥」
　「これが出来なくては、とうてい大人の資格はありません」
　「こうしたわけで、「大きないじめ」に対する大人の果敢な姿勢そのものは、基本的に、"生きることは一種の生存競争であって、大きないじめも、そこで

の克服すべきハードルのひとつでしかない"という辛口の納得に依拠していると言ってよい。そうであるなら、学校での「小さないじめ」についても、もし仮に、"学校とは「小さな社会」である以上、そこでも、小さな生存競争はくり広げられて当然であり、生徒は、大きな社会の大きな生存競争のヒナ型を、学校という場で、一応は教師に見張られつつ、せっせと予行演習しているのだ"と捉えるなら、こうしたいじめも、大人の世界の「大きないじめ」と同じく、生存競争の中に織り込まれた克服すべきハードルとして、もっと積極的にイメージされるのではないだろうか」

「これが、先に語られた"「小さな修羅の場」に在籍するポジティブな意味"というわけですね」

「ここに紹介したいじめ把握が、生徒自身にも、両親にも、そして教師にも共有されたとき、今日のいじめ問題は、それ自体が依然として存続する際にも、そもそもの問題性を大きく変容させるのは明らかだろう。小さないじめは、それを介して生徒が、人間関係の明暗・表裏を学び取る"負の契機"以上でも以下でもないからだ」

「かなり辛らつなアピールながら、まっとうな点は否むべくもありません」

「ざっとこのように、学校自体を「無菌の理想社会」から「雑菌に浸透された実社会の縮図」に、生徒自体を「無垢の天使」から「大人の縮図」に大きくイメージ転換し、これに呼応して、学習内容のイメージも「知的教科目中心」から「知的教科目＋人間関係のイロハ」に転換するなら、学校社会の「小さないじめ」も、大人社会の「大きないじめ」と同じく、今日的なトピック性を大幅に失うほかはない。いじめ自体は、むろん肯定されてはならないのだが、その存在を否定するのは至難であり、むしろ、当の存在を是認した上で、あくまでもこの前提に立って人間関係を工夫していくのが得策であろうと思われる。ここでは、「大きないじめ」が社会病理の"ワン・ノブ・ゼム（数あるひとつ）"でしかないように、「小さないじめ」も、学校病理のワン・ノブ・ゼムとして位置づけられている。この位置づけを共有して、生徒も、両親も、教師も、現実のいじめ問題に対応するというスタイルは、果たして、教育にあるまじき振

る舞いなのだろうか」

「"あるまじき振る舞い"か否かはともかく、このスタイルはしかし、教育の世界で大きな抵抗に会うのは事実です」

「その理由はどこにあると考えるかね」

「推測するに、リアルな修羅の場を、大人社会から子ども社会にまで遡らせるのは、大人社会がそうした渦中にあるから、逆に、あえて抵抗を呼ぶのではないでしょうか。せめて子ども社会だけは、そうした修羅から解放された場であってほしい、と願う大人の密かな想いに、ここでの抵抗は支えられていると解釈したいのです」

「その解釈は、おそらくは正しいだろう。けれども、"できるならこうあってほしい"との願いがどれほど強くとも、これに曇らされて、こうあってほしい中身が、"実際にもこうある"とまで思い込まれたのでは、もはや偽善以外の何ものでもない。あくまでも願望は願望にとどめて、現実と混線させてはならないのだ。こうした点に誠実であるなら、子どもに具わる"2つの顔"は、見逃そうにも見逃せないはずで、目下の事態だから、大人の怠慢（ないしは甘さ）を露呈している、と誇られても仕方がないだろう」

「ええ、現実の子どもには、あえて『エミール』の指摘を待つまでもなく、大人とは異なる子ども固有の、いうならば"子どもは子ども"という側面と、大人とも広く共有した"小さな大人"という側面が、見逃しがたく確認されるのですから」

「そうした側面は、さらに中身に立ち入るなら、まことに頼りなくて脆い側面と、驚くほどにしぶとくてタフな側面と言い換えられてもよいだろう。目下のわれわれは、子どもを論じるにあたり、ここに挙げた「子どもは子ども」という側面、「頼りなくて脆い」側面という片方の顔しか視野に入れていない、とあえて訴えたいわけなのだ」

「できるだけ強く、世のマスコミに向けて訴えてください」

「われわれは普通、何らかの対象を立体的に眺めようとすれば、左右の目を同時に用いなくてはならない。片目では、モノの遠近が把めないからだ。それ

と同じく、子どもの立体像を正確に捉えようとすれば、われわれは、「子どもは子ども」という側面、「頼りなくて脆い」側面のみを敏感にキャッチする"甘口の目"に加えて、「小さな大人」という側面、「しぶとくてタフな」側面を敏感にキャッチする"辛口の目"も忘れずに併用しなくてはならない」

「ほう、「甘口の目」と「辛口の目」とは、なかなか穿った命名ですね」

「ここにいう甘口の目は、子どもの顔の半面を見る上で当然に効果的であるにしても、もう半面を見るには適さない。この半面を見るには、それとは別の辛口の目が必要になる。およそこう考えるなら、今日のわが国におけるいじめ問題への対応は、そのほとんどが、甘口の目で眺めた子ども像を中心に講じられていると言ってよいだろう。そして、そうした対応の手詰まりも、どうやら、中心にある子ども像のこの半面性にそもそもの源があるようだ。それゆえ、わが国のいじめ対策に何よりも必要なのは、個々の具体的な臨床上の対応策もさることながら、それらに勝って、今ひとつの辛口の目をきっちりと見開くことだ、と声高に訴えたい」

「およそ教育に関係する者なら、真剣に耳を傾けなくてはなりません」

「この辛口の目の見開きは、ところで、両親と教師に加えて、当の生徒にも要求されなくてはならない。生徒、両親、教師の3者が、共々に2つの目を併用し、子ども自身の立体像を正しく把えたなら、では、いじめに対するどうした対応が、そこから生まれてくるのか。これの具体的な姿については、それが実現した時点で目にされる他はあるまい。とはいえそれは、少なくとも、今よりは効果的な何ものかであるのは間違いないだろう」

「お目にかかる幸運に浴したいものです」

エピローグ

第6章のタイトル「近現代の教育」を目にして、大方の読者は、どうした中身を思い浮かべるだろうか。たとえばそれは、古代、中世、近世、現代と続く日本教育の流れを、あえて後2者に絞って、そこでの特徴を具体的に描き出

す作業であるかもしれない。とはいえ、わが国の教育は、明治維新を境として大々的な転換をとげ、とてもではないが、江戸期と明治期を包括した「近世」を、無理のない統一の色調で描くことなどできないし、「現代」もまた、大正期と昭和期と平成期ではかなり中身を異にするから、教育史タイプの論述を心掛けないかぎり、描き出し自体が覚束なくなるのは否めない。けれども、近・現代の教育史では、とうてい『近現代の日本文化』という全体タイトルにそぐわないから、方向を改めて、世にいう「不易流行」の「流行」よりは「不易」の相に焦点を絞りながら、通時代的な教育現実の紹介にいそしむ、というスタイルを採用してみた。

　その場合に、そもそもの「通時代的な教育現実」とは何なのだろうか。広く「人間の教育」を考える時、その中身は、世の学校教育のみに担われるべくもなく、この世という「修羅の場」で様々に体験されるプラス・マイナスの切実きわまる事柄のすべてが、そうした中身に該当するのは論を俟たない。まさしく「life = school」であって、われわれは、この世に生を享けた時点で「人生（学校）」に入学し、以後、様々な問題に出会って汗と涙の学習をくり返し、臨終とともに「人生（学校）」を卒業していく。こうした「生涯教育(life-long education)」の基本テキストは、日常の体験的事象を措いてなく、当の事象がテキストとして有効か否かは、つまるところ、生起する事象の側によりも、応答する主体の側により多くが担われているにちがいない。ここでは、あまたの体験的事象から「死」と「苛（いじめ）」のみを選んで、これらがもつテキストとしての内包を、できるだけ立体的に描き出してみた。

　ところで、描き出される「中身」はこのように特定するとして、さらに、描き出す「スタイル」についても一言しておかなくてはならない。ここに用いたスタイルは、従来とは大きく様式を異にしていたからである。周知のように、書店でひもとく学術書の類いは、論文スタイルにせよ、随筆スタイルにせよ、報告スタイルにせよ、ひたすらモノローグを採用し、これ以外を目にする機会はそれこそ皆無に近い。けれども、長い歴史をふり返るなら、論述様式そのものは、こうしたモノローグの長広舌に狭く限られていたわけではない。代

表的なところでは、プラトンのあまたの対話篇が挙げられるかもしれない。ここでは、芝居のシナリオさながら、作中人物の交わす生きたセリフのやり取りを模したダイアローグが、思想を展開する上で、堂々と用いられていたからである。この様式はしかし、その後、わずかな例外を除けば、思想の世界でほとんど継承されることもなく、もっぱら主流を占めたのは、われわれに馴染みのモノローグであった。

こうした歴史的事実に目を向けると、モノローグは、いわゆる学問的な論述様式として、ダイアローグ以上に優れていると評価したくなるけれども、これは、果たして正しいのだろうか。学問的な中身を語る上で、当のモノローグが大きな効力を発揮する点は、あまたの実体験から、われわれにも十分に知られているのだが、しかるにダイアローグの方は、残念ながら、ほとんど実体験で試された噂を耳にしない。ともあれ、自らの作品を世に問うかぎりの人間なら、訴えんとする中身を、なるだけありありと相手方に伝えるべく、最も適した様式を本気で模索しないわけにはいかない。この中身にふさわしいのは、論文スタイルか、それとも随筆スタイルか、いやいや、こうしたモノローグよりはダイアローグかもしれないな‥‥と。プラトンもまた、そうした一人ではなかったか。およそこう仮定すると、あまねく類例を欠いて、ゆえに異端の姿を纏いがちなダイアローグも、学問的な中身を展開する上で、あながち不適切とは言い切れないように思われる。

こうした自覚に立って、わたしは、今回のテキスト作成にあたり、そもそもの記述のあり方を、従来とは方向を異にして、モノローグよりはダイアローグに託することにした。これを介して、従来とは異質のどうした効果が具体的に導き出されたか——この点については、あげて読者の評価を待つことにしたい。できうれば、選ばれた方向がそう間違っていなかった、という幅広い肯定の声を期待しながら‥‥

なお、ここに紹介した２つのダイアローグは、それぞれ、すでに掲載済みの２論文、すなわち、「老いと死の人間学」（斎藤・林編『教育人間学の挑戦』第３章、高菅出版、平成15年５月）と「いじめ私論」（「国際教育研究所紀要・第11号」加計国際

学術交流センター、平成 14 年 3 月）を、新たにスタイル転換して、いささか加筆修正したものに他ならない。すでに公表した中身を、さしたる加筆修正もなく、なぜあえて紹介する必要があるのか、の問いに対しては、"論述スタイルを転換すれば、実際に、どうした効果の違いを期待できるか、をわが目で確かめたかったから"とのみ答えておこう。

　こうした試みは、機会が許せば、以後も引き続いて実施してみたいと考えている。

[村島義彦]

近現代の日本文化

2009 年 5 月 1 日　初版第 1 刷発行
2023 年 4 月 1 日　初版第 5 刷発行

編著者　新　保　　　哲

発行者　木　村　慎　也

・定価はカバーに表示　　　　　印刷　新灯印刷／製本　新里製本

発行所　株式会社　北樹出版
〒153-0061　東京都目黒区中目黒1-2-6　電話 (03) 3715-1525(代表)

© Satoru Shinbo 2009, Printed in Japan　　ISBN 978-4-7793-0184-1
(落丁・乱丁の場合はお取り替えします)